中华人民共和国
新法规汇编

2020
第12辑

司法部 编

中国法制出版社

编辑说明

一、《中华人民共和国新法规汇编》是国家出版的法律、行政法规汇编正式版本，是刊登报国务院备案并予以登记的部门规章的指定出版物。

二、本汇编收集的内容包括：上一个月内由全国人民代表大会及其常务委员会通过的法律和有关法律问题的决定，国务院公布的行政法规和国务院文件，报国务院备案并予以登记的部门规章，最高人民法院和最高人民检察院公布的司法解释。另外，还收入了上一个月内报国务院备案并予以登记的地方性法规和地方政府规章目录。

三、本汇编所收的内容，按下列分类顺序编排：法律，行政法规，国务院文件，国务院部门规章，司法解释。每类中按公布的时间顺序排列。报国务院备案并予以登记的地方性法规和地方政府规章目录按 1987 年国务院批准的行政区划顺序排列；同一行政区域报备两件以上者，按公布时间顺序排列。

四、本汇编每年出版 12 辑，每月出版 1 辑。本辑为 2020 年度第 12 辑，收入 2020 年 11 月份内公布的法律 2 件、有关法律问题的决定 1 件、行政法规 1 件、国务院文件 6 件、报国务院备案并经审查予以登记编号的部门规章 8 件、司法解释 5 件，共计 23 件。

五、本汇编在编辑出版过程中，得到了国务院有关部门和有关方面以及广大读者的大力支持和协助，在此谨致谢意。

司法部

2020 年 12 月

目　　录

法　　律

有关法律问题的决定

行政法规

国务院文件

国务院部门规章

司法解释

法律

全国人民代表大会常务委员会关于修改《中华人民共和国著作权法》的决定

（2020 年 11 月 11 日第十三届全国人民代表大会常务委员会第二十三次会议通过　2020 年 11 月 11 日中华人民共和国主席令第 62 号公布　自 2021 年 6 月 1 日起施行）

第十三届全国人民代表大会常务委员会第二十三次会议决定对《中华人民共和国著作权法》作如下修改：

一、将第二条、第九条、第十一条、第十六条、第十九条、第二十二条中的“其他组织”修改为“非法人组织”。

将第九条、第十一条、第十六条、第十九条、第二十一条中的“公民”修改为“自然人”。

二、将第三条中的“包括以下列形式创作的文学、艺术和自然科学、社会科学、工程技术等作品”修改为“是指文学、艺术和科学领域内具有独创性并能以一定形式表现的智力成果，包括”。

将第六项修改为：“（六）视听作品”。

将第九项修改为：“（九）符合作品特征的其他智力成果”。

三、将第四条修改为：“著作权人和与著作权有关的权利人行使权利，不得违反宪法和法律，不得损害公共利益。国家对作品的出版、传播依法进行监督管理。”

四、将第五条第二项修改为：“（二）单纯事实消息”。

五、将第七条、第二十八条中的“国务院著作权行政管理部门”修改为“国家著作权主管部门”。

将第七条中的“主管”修改为“负责”，“各省、自治区、直辖市人民政府的著作权行政管理部门”修改为“县级以上地方主管著作权的部门”。

六、将第八条第一款中的“著作权集体管理组织被授权后，可以以自己的名义为著作权人和与著作权有关的权利人主张权利”修改为“依法设立的著作权集体管理组织是非营利法人，被授权后可以以自己的名义为著作权人和与著作权有关的权利人主张权利”；将“诉讼、仲裁活动”修改为“诉讼、仲裁、调解活动”。

增加两款，作为第二款、第三款：“著作权集体管理组织根据授权向使用者收取使用费。使用费的收取标准由著作权集体管理组织和使用者代表协商确定，协商不成的，可以向国家著作权主管部门申请裁决，对裁决不服的，可以向人民法院提起诉讼；当事人也可以直接向人民法院提起诉讼。

“著作权集体管理组织应当将使用费的收取和转付、管理费的提取和使用、使用费的未分配部分等总体情况定期向社会公布，并应当建立权利信息查询系统，供权利人和使用者查询。国家著作权主管部门应当依法对著作权集体管理组织进行监督、管理。”

将第二款改为第四款，修改为：“著作权集体管理组织的设立方式、权利义务、使用费的收取和分配，以及对其监督和管理等由国务院另行规定。”

七、在第十条第一款第五项中的“翻拍”后增加“数字化”。

将第一款第七项修改为：“（七）出租权，即有偿许可他人临时使用视听作品、计算机软件的原件或者复制件的权利，计算机软件不是出租的主要标的的除外”。

将第一款第十一项、第十二项修改为：“（十一）广播权，即以有线或者无线方式公开传播或者转播作品，以及通过扩音器或者其他传送符号、声音、图像的类似工具向公众传播广播的作品的权利，但不包括本款第十二项规定的权利；

“（十二）信息网络传播权，即以有线或者无线方式向公众提供，使公众可以在其选定的时间和地点获得作品的权利”。

将第十条第一款第十项中的“电影和以类似摄制电影的方法创作的作品”、第十三项中的“电影或者以类似摄制电影”，第四十七条第六项中的“电影和以类似摄制电影”，第五十三条中的“电影作品或者以类似摄制电影的方法创作的作品”修改为“视听作品”。

八、将第十一条第四款改为第十二条第一款，修改为：“在作品上署名的自然人、法人或者非法人组织为作者，且该作品上存在相应权利，但有相反证明的除外。”

增加两款，作为第二款、第三款：“作者等著作权人可以向国家著作权主管部门认定的登记机构办理作品登记。

“与著作权有关的权利参照适用前两款规定。”

九、将第十三条改为第十四条，增加一款，作为第二款：“合作作品的著作权由合作作者通过协商一致行使；不能协商一致，又无正当理由的，任何一方不得阻止他方行使除转让、许可他人专有使用、出质以外的其他权利，但是所得收益应当合理分配给所有合作作者。”

十、增加一条，作为第十六条：“使用改编、翻译、注释、整理、汇编已有作品而产生的作品进行出版、演出和制作录音录像制品，应当取得该作品的著作权人和原作品的著作权人许可，并支付报酬。”

十一、将第十五条改为第十七条，修改为：“视听作品中的电影作品、电视剧作品的著作权由制作者享有，但编剧、导演、摄影、作词、作曲等作者享有署名权，并有权按照与制作者签订的合同获得报酬。

“前款规定以外的视听作品的著作权归属由当事人约定；没有约定或者约定不明确的，由制作者享有，但作者享有署名权和获得报酬的权利。

“视听作品中的剧本、音乐等可以单独使用的作品的作者有权单独行使其著作权。”

十二、将第十六条改为第十八条，在第二款第一项中的“地图”后增加“示意图”。

第二款增加一项，作为第二项：“（二）报社、期刊社、通讯社、广播电台、电视台的工作人员创作的职务作品”。

十三、将第十八条改为第二十条，修改为：“作品原件所有权的转移，不改变作品著作权的归属，但美术、摄影作品原件的展览权由原件所有人享有。

“作者将未发表的美术、摄影作品的原件所有权转让给他人，受让人展览该原件不构成对作者发表权的侵犯。”

十四、将第十九条改为第二十一条，将第一款中的“依照继承法的规定转移”修改为“依法转移”。

十五、将第二十一条改为第二十三条，将第二款、第三款修改为：“法人或者非法人组织的作品、著作权（署名权除外）由法人或者非法人组织享有的职务作品，其发表权的保护期为五十年，截止于作品创作完成后第五十年的12月31日；本法第十条第一款第五项至第十七项规定的权利的保护期为五十年，截止于作品首次发表后第五十年的12月31日，但作品自创作完成后五十年内未发表的，本法不再保护。

“视听作品，其发表权的保护期为五十年，截止于作品创作完成后第五十年的12月31日；本法第十条第一款第五项至第十七项规定的权利的保护期为五十年，截止于作品首次发表后第五十年的12月31日，但作品自创作完成后五十年内未发表的，本法不再保护。”

十六、将第二十二条改为第二十四条，在第一款中的“姓名”后增加“或者名称”；将“并且不得侵犯著作权人依照本法享有的其他权利”修改为“并且不得影响该作品的正常使用，也不得不合理地损害著作权人的合法权益”。

删去第一款第三项中的“时事”。

将第一款第四项中的“作者”修改为“著作权人”。

在第一款第六项中的“翻译”后增加“改编、汇编、播放”。

在第一款第八项中的“美术馆”后增加“文化馆”。

在第一款第九项中的“也未向表演者支付报酬”后增加“且不以营利为目的”。

删去第一款第十项中的“室外”。

将第一款第十一项中的“汉语言文字”修改为“国家通用语言文字”。

将第一款第十二项修改为：“（十二）以阅读障碍者能够感知的无障碍方式向其提供已经发表的作品”。

第一款增加一项，作为第十三项：“（十三）法律、行政法规规定的其他情形”。

将第二款修改为：“前款规定适用于对与著作权有关的权利的限制。”

十七、将第二十三条改为第二十五条，修改为：“为实施义务教育和国家教育规划而编写出版教科书，可以不经著作权人许可，在教科书中汇编已经发表的作品片段或者短小的文字作品、音乐作品或者单幅的美术作品、摄影作品、图形作品，但应当按照规定向著作权人支付报酬，指明作者姓名或者名称、作品名称，并且不得侵犯著作权人依照本法享有的其他权利。

“前款规定适用于对与著作权有关的权利的限制。”

十八、将第二十六条改为第二十八条，修改为：“以著作权中的财产权出质的，由出质人和质权人依法办理出质登记。”

十九、将第四章章名修改为“与著作权有关的权利”。

二十、将第三十七条改为第三十八条，删去第一款中的“（演员、演出单位）”和第二款。

二十一、将第三十八条改为第三十九条，在第一款第五项中的“发行”后增加“出租”。

二十二、增加一条，作为第四十条：“演员为完成本演出单位的演出任务进行的表演为职务表演，演员享有表明身份和保护表演形象不受歪曲的权利，其他权利归属由当事人约定。当事人没有约定或者约定不明确的，职务表演的权利由演出单位享有。

“职务表演的权利由演员享有的，演出单位可以在其业务范围内免费使用该表演。”

二十三、将第四十二条改为第四十四条，将第二款修改为：“被许可人复制、发行、通过信息网络向公众传播录音录像制品，应当同时取得著作权人、表演者许可，并支付报酬；被许可人出租录音录像制品，还应当取得表演者许可，并支付报酬。”

二十四、增加一条，作为第四十五条：“将录音制品用于有线或者无线公开传播，或者通过传送声音的技术设备向公众公开播送的，应当向录音制作者支付报酬。”

二十五、将第四十三条改为第四十六条，将第二款中的“但应当支付报酬”修改为“但应当按照规定支付报酬”。

二十六、将第四十五条改为第四十七条，修改为：“广播电台、电视台有权禁止未经其许可的下列行为：

“（一）将其播放的广播、电视以有线或者无线方式转播；

“（二）将其播放的广播、电视录制以及复制；

“（三）将其播放的广播、电视通过信息网络向公众传播。

“广播电台、电视台行使前款规定的权利，不得影响、限制或者侵害他人行使著作权或者与著作权有关的权利。

“本条第一款规定的权利的保护期为五十年，截止于该广播、电视首次播放后第五十年的12月31日。”

二十七、将第四十六条改为第四十八条，修改为：“电视台播放他人的视听作品、录像制品，应当取得视听作品著作权人或者录像制作者许可，并支付报酬；播放他人的录像制品，还应当取得著作权人许可，并支付报酬。”

二十八、将第五章章名修改为“著作权和与著作权有关的权利的保护”。

二十九、增加一条，作为第四十九条：“为保护著作权和与著作权有关的权利，权利人可以采取技术措施。

“未经权利人许可，任何组织或者个人不得故意避开或者破坏技术措施，不得以避开或者破坏技术措施为目的制造、进口或者向公众提供有关装置或者部件，不得故意为他人避开或者破坏技术措施提供技术服务。但是，法律、行政法规规定可以避开的情形除外。

“本法所称的技术措施，是指用于防止、限制未经权利人许可浏览、欣赏作品、表演、录音录像制品或者通过信息网络向公众提供作品、表演、录音录像制品的有效技术、装置或者部件。”

三十、增加一条，作为第五十条：“下列情形可以避开技术措施，但不得向

他人提供避开技术措施的技术、装置或者部件,不得侵犯权利人依法享有的其他权利:

“(一)为学校课堂教学或者科学研究,提供少量已经发表的作品,供教学或者科研人员使用,而该作品无法通过正常途径获取;

“(二)不以营利为目的,以阅读障碍者能够感知的无障碍方式向其提供已经发表的作品,而该作品无法通过正常途径获取;

“(三)国家机关依照行政、监察、司法程序执行公务;

“(四)对计算机及其系统或者网络的安全性能进行测试;

“(五)进行加密研究或者计算机软件反向工程研究。

“前款规定适用于对与著作权有关的权利的限制。”

三十一、增加一条,作为第五十一条:“未经权利人许可,不得进行下列行为:

“(一)故意删除或者改变作品、版式设计、表演、录音录像制品或者广播、电视上的权利管理信息,但由于技术上的原因无法避免的除外;

“(二)知道或者应当知道作品、版式设计、表演、录音录像制品或者广播、电视上的权利管理信息未经许可被删除或者改变,仍然向公众提供。”

三十二、将第四十七条改为第五十二条,将第八项修改为:“(八)未经视听作品、计算机软件、录音录像制品的著作权人、表演者或者录音录像制作者许可,出租其作品或者录音录像制品的原件或者复制件的,本法另有规定的除外”。

将第十一项中的“权益”修改为“权利”。

三十三、将第四十八条改为第五十三条,修改为:“有下列侵权行为的,应当根据情况,承担本法第五十二条规定的民事责任;侵权行为同时损害公共利益的,由主管著作权的部门责令停止侵权行为,予以警告,没收违法所得,没收、无害化销毁处理侵权复制品以及主要用于制作侵权复制品的材料、工具、设备等,违法经营额五万元以上的,可以并处违法经营额一倍以上五倍以下的罚款;没有违法经营额、违法经营额难以计算或者不足五万元的,可以并处二十五万元以下的罚款;构成犯罪的,依法追究刑事责任:

“(一)未经著作权人许可,复制、发行、表演、放映、广播、汇编、通过信息网络向公众传播其作品的,本法另有规定的除外;

“(二)出版他人享有专有出版权的图书的;

“(三)未经表演者许可,复制、发行录有其表演的录音录像制品,或者通过信息网络向公众传播其表演的,本法另有规定的除外;

“(四)未经录音录像制作者许可,复制、发行、通过信息网络向公众传播其制作的录音录像制品的，本法另有规定的除外；

“（五）未经许可，播放、复制或者通过信息网络向公众传播广播、电视的，本法另有规定的除外；

“（六）未经著作权人或者与著作权有关的权利人许可，故意避开或者破坏技术措施的，故意制造、进口或者向他人提供主要用于避开、破坏技术措施的装置或者部件的，或者故意为他人避开或者破坏技术措施提供技术服务的，法律、行政法规另有规定的除外；

“（七）未经著作权人或者与著作权有关的权利人许可，故意删除或者改变作品、版式设计、表演、录音录像制品或者广播、电视上的权利管理信息的，知道或者应当知道作品、版式设计、表演、录音录像制品或者广播、电视上的权利管理信息未经许可被删除或者改变，仍然向公众提供的，法律、行政法规另有规定的除外；

“（八）制作、出售假冒他人署名的作品的。”

三十四、将第四十九条改为第五十四条，修改为：“侵犯著作权或者与著作权有关的权利的，侵权人应当按照权利人因此受到的实际损失或者侵权人的违法所得给予赔偿；权利人的实际损失或者侵权人的违法所得难以计算的，可以参照该权利使用费给予赔偿。对故意侵犯著作权或者与著作权有关的权利，情节严重的，可以在按照上述方法确定数额的一倍以上五倍以下给予赔偿。

“权利人的实际损失、侵权人的违法所得、权利使用费难以计算的，由人民法院根据侵权行为的情节，判决给予五百元以上五百万元以下的赔偿。

“赔偿数额还应当包括权利人为制止侵权行为所支付的合理开支。

“人民法院为确定赔偿数额，在权利人已经尽了必要举证责任，而与侵权行为相关的账簿、资料等主要由侵权人掌握的，可以责令侵权人提供与侵权行为相关的账簿、资料等；侵权人不提供，或者提供虚假的账簿、资料等的，人民法院可以参考权利人的主张和提供的证据确定赔偿数额。

“人民法院审理著作权纠纷案件，应权利人请求，对侵权复制品，除特殊情况外，责令销毁；对主要用于制造侵权复制品的材料、工具、设备等，责令销毁，且不予补偿；或者在特殊情况下，责令禁止前述材料、工具、设备等进入商业渠道，且不予补偿。”

三十五、增加一条，作为第五十五条：“主管著作权的部门对涉嫌侵犯著作权和与著作权有关的权利的行为进行查处时，可以询问有关当事人，调查与涉嫌违法行为有关的情况；对当事人涉嫌违法行为的场所和物品实施现场检查；查阅、复制与涉嫌违法行为有关的合同、发票、账簿以及其他有关资料；对于涉嫌违法行为的场所和物品,可以查封或者扣押。

“主管著作权的部门依法行使前款规定的职权时,当事人应当予以协助、配合,不得拒绝、阻挠。”

三十六、将第五十条改为第五十六条,修改为:“著作权人或者与著作权有关的权利人有证据证明他人正在实施或者即将实施侵犯其权利、妨碍其实现权利的行为,如不及时制止将会使其合法权益受到难以弥补的损害的,可以在起诉前依法向人民法院申请采取财产保全、责令作出一定行为或者禁止作出一定行为等措施。”

三十七、将第五十一条改为第五十七条,修改为:“为制止侵权行为,在证据可能灭失或者以后难以取得的情况下,著作权人或者与著作权有关的权利人可以在起诉前依法向人民法院申请保全证据。”

三十八、将第五十三条改为第五十九条,增加一款,作为第二款:“在诉讼程序中,被诉侵权人主张其不承担侵权责任的,应当提供证据证明已经取得权利人的许可,或者具有本法规定的不经权利人许可而可以使用的情形。”

三十九、增加一条,作为第六十一条:“当事人因不履行合同义务或者履行合同义务不符合约定而承担民事责任,以及当事人行使诉讼权利、申请保全等,适用有关法律的规定。”

四十、增加一条,作为第六十五条:“摄影作品,其发表权、本法第十条第一款第五项至第十七项规定的权利的保护期在 2021 年 6 月 1 日前已经届满,但依据本法第二十三条第一款的规定仍在保护期内的,不再保护。”

四十一、将第六十条改为第六十六条,删去第二款中的“和政策”。

四十二、删去第三十五条、第四十条第二款、第四十四条、第五十四条、第五十六条。

本决定自 2021 年 6 月 1 日起施行。

《中华人民共和国著作权法》根据本决定作相应修改并对条文顺序作相应调整,重新公布。

中华人民共和国著作权法

（1990 年 9 月 7 日第七届全国人民代表大会常务委员会第十五次会议通过　根据 2001 年 10 月 27 日第九届全国人民代表大会常务委员会第二十四次会议《关于修改〈中华人民共和国著作权法〉的决定》第一次修正　根据 2010 年 2 月 26 日第十一届全国人民代表大会常务委员会第十三次会议《关于修改〈中华人民共和国著作权法〉的决定》第二次修正　根据 2020 年 11 月 11 日第十三届全国人民代表大会常务委员会第二十三次会议《关于修改〈中华人民共和国著作权法〉的决定》第三次修正）

目　录

第一章　总　　则

第一条　为保护文学、艺术和科学作品作者的著作权，以及与著作权有关的权益，鼓励有益于社会主义精神文明、物质文明建设的作品的创作和传播，促进社会主义文化和科学事业的发展与繁荣，根据宪法制定本法。

第二条 中国公民、法人或者非法人组织的作品，不论是否发表，依照本法享有著作权。

外国人、无国籍人的作品根据其作者所属国或者经常居住地国同中国签订的协议或者共同参加的国际条约享有的著作权，受本法保护。

外国人、无国籍人的作品首先在中国境内出版的，依照本法享有著作权。

未与中国签订协议或者共同参加国际条约的国家的作者以及无国籍人的作品首次在中国参加的国际条约的成员国出版的，或者在成员国和非成员国同时出版的，受本法保护。

第三条 本法所称的作品，是指文学、艺术和科学领域内具有独创性并能以一定形式表现的智力成果，包括：

（一）文字作品；

（二）口述作品；

（三）音乐、戏剧、曲艺、舞蹈、杂技艺术作品；

（四）美术、建筑作品；

（五）摄影作品；

（六）视听作品；

（七）工程设计图、产品设计图、地图、示意图等图形作品和模型作品；

（八）计算机软件；

（九）符合作品特征的其他智力成果。

第四条 著作权人和与著作权有关的权利人行使权利，不得违反宪法和法律，不得损害公共利益。国家对作品的出版、传播依法进行监督管理。

第五条 本法不适用于：

（一）法律、法规，国家机关的决议、决定、命令和其他具有立法、行政、司法性质的文件，及其官方正式译文；

（二）单纯事实消息；

（三）历法、通用数表、通用表格和公式。

第六条 民间文学艺术作品的著作权保护办法由国务院另行规定。

第七条 国家著作权主管部门负责全国的著作权管理工作；县级以上地方主管著作权的部门负责本行政区域的著作权管理工作。

第八条 著作权人和与著作权有关的权利人可以授权著作权集体管理组织行使著作权或者与著作权有关的权利。依法设立的著作权集体管理组织是非营利法人，被授权后可以以自己的名义为著作权人和与著作权有关的权利人主张权利，并可以作为当事人进行涉及著作权或者与著作权有关的权利的诉讼、仲裁、调解活动。

著作权集体管理组织根据授权向使用者收取使用费。使用费的收取标准由著作权集体管理组织和使用者代表协商确定，协商不成的，可以向国家著作权主管部门申请裁决，对裁决不服的，可以向人民法院提起诉讼；当事人也可以直接向人民法院提起诉讼。

著作权集体管理组织应当将使用费的收取和转付、管理费的提取和使用、使用费的未分配部分等总体情况定期向社会公布，并应当建立权利信息查询系统，供权利人和使用者查询。国家著作权主管部门应当依法对著作权集体管理组织进行监督、管理。

著作权集体管理组织的设立方式、权利义务、使用费的收取和分配，以及对其监督和管理等由国务院另行规定。

第二章　著　作　权

第一节　著作权人及其权利

第九条　著作权人包括：

（一）作者；

（二）其他依照本法享有著作权的自然人、法人或者非法人组织。

第十条　著作权包括下列人身权和财产权：

（一）发表权，即决定作品是否公之于众的权利；

（二）署名权，即表明作者身份，在作品上署名的权利；

（三）修改权，即修改或者授权他人修改作品的权利；

（四）保护作品完整权，即保护作品不受歪曲、篡改的权利；

（五）复制权，即以印刷、复印、拓印、录音、录像、翻录、翻拍、数字化等方式将作品制作一份或者多份的权利；

（六）发行权，即以出售或者赠与方式向公众提供作品的原件或者复制件的权利；

（七）出租权，即有偿许可他人临时使用视听作品、计算机软件的原件或者复制件的权利，计算机软件不是出租的主要标的的除外；

（八）展览权，即公开陈列美术作品、摄影作品的原件或者复制件的权利；

（九）表演权，即公开表演作品，以及用各种手段公开播送作品的表演的权利；

（十）放映权，即通过放映机、幻灯机等技术设备公开再现美术、摄影、视听作品等的权利；

（十一）广播权，即以有线或者无线方式公开传播或者转播作品，以及通过扩音器或者其他传送符号、声音、图像的类似工具向公众传播广播的作品的权利，但不包括本款第十二项规定的权利；

（十二）信息网络传播权，即以有线或者无线方式向公众提供，使公众可以在其选定的时间和地点获得作品的权利；

（十三）摄制权，即以摄制视听作品的方法将作品固定在载体上的权利；

（十四）改编权，即改变作品，创作出具有独创性的新作品的权利；

（十五）翻译权，即将作品从一种语言文字转换成另一种语言文字的权利；

（十六）汇编权，即将作品或者作品的片段通过选择或者编排，汇集成新作品的权利；

（十七）应当由著作权人享有的其他权利。

著作权人可以许可他人行使前款第五项至第十七项规定的权利，并依照约定或者本法有关规定获得报酬。

著作权人可以全部或者部分转让本条第一款第五项至第十七项规定的权利，并依照约定或者本法有关规定获得报酬。

第二节　著作权归属

第十一条　著作权属于作者，本法另有规定的除外。

创作作品的自然人是作者。

由法人或者非法人组织主持，代表法人或者非法人组织意志创作，并由法人或者非法人组织承担责任的作品，法人或者非法人组织视为作者。

第十二条　在作品上署名的自然人、法人或者非法人组织为作者，且该作品上存在相应权利，但有相反证明的除外。

作者等著作权人可以向国家著作权主管部门认定的登记机构办理作品登记。

与著作权有关的权利参照适用前两款规定。

第十三条　改编、翻译、注释、整理已有作品而产生的作品，其著作权由改编、翻译、注释、整理人享有，但行使著作权时不得侵犯原作品的著作权。

第十四条　两人以上合作创作的作品，著作权由合作作者共同享有。没有参加创作的人，不能成为合作作者。

合作作品的著作权由合作作者通过协商一致行使；不能协商一致，又无正当理由的，任何一方不得阻止他方行使除转让、许可他人专有使用、出质以外的其他权利，但是所得收益应当合理分配给所有合作作者。

合作作品可以分割使用的，作者对各自创作的部分可以单独享有著作权，但行使著作权时不得侵犯合作作品整体的著作权。

第十五条 汇编若干作品、作品的片段或者不构成作品的数据或者其他材料，对其内容的选择或者编排体现独创性的作品，为汇编作品，其著作权由汇编人享有，但行使著作权时，不得侵犯原作品的著作权。

第十六条 使用改编、翻译、注释、整理、汇编已有作品而产生的作品进行出版、演出和制作录音录像制品，应当取得该作品的著作权人和原作品的著作权人许可，并支付报酬。

第十七条 视听作品中的电影作品、电视剧作品的著作权由制作者享有，但编剧、导演、摄影、作词、作曲等作者享有署名权，并有权按照与制作者签订的合同获得报酬。

前款规定以外的视听作品的著作权归属由当事人约定；没有约定或者约定不明确的，由制作者享有，但作者享有署名权和获得报酬的权利。

视听作品中的剧本、音乐等可以单独使用的作品的作者有权单独行使其著作权。

第十八条 自然人为完成法人或者非法人组织工作任务所创作的作品是职务作品，除本条第二款的规定以外，著作权由作者享有，但法人或者非法人组织有权在其业务范围内优先使用。作品完成两年内，未经单位同意，作者不得许可第三人以与单位使用的相同方式使用该作品。

有下列情形之一的职务作品，作者享有署名权，著作权的其他权利由法人或者非法人组织享有，法人或者非法人组织可以给予作者奖励：

（一）主要是利用法人或者非法人组织的物质技术条件创作，并由法人或者非法人组织承担责任的工程设计图、产品设计图、地图、示意图、计算机软件等职务作品；

（二）报社、期刊社、通讯社、广播电台、电视台的工作人员创作的职务作品；

（三）法律、行政法规规定或者合同约定著作权由法人或者非法人组织享有的职务作品。

第十九条 受委托创作的作品，著作权的归属由委托人和受托人通过合同约定。合同未作明确约定或者没有订立合同的，著作权属于受托人。

第二十条 作品原件所有权的转移，不改变作品著作权的归属，但美术、摄影作品原件的展览权由原件所有人享有。

作者将未发表的美术、摄影作品的原件所有权转让给他人，受让人展览该原件不构成对作者发表权的侵犯。

第二十一条 著作权属于自然人的，自然人死亡后，其本法第十条第一款第五项至第十七项规定的权利在本法规定的保护期内，依法转移。

著作权属于法人或者非法人组织的,法人或者非法人组织变更、终止后,其本法第十条第一款第五项至第十七项规定的权利在本法规定的保护期内,由承受其权利义务的法人或者非法人组织享有;没有承受其权利义务的法人或者非法人组织的,由国家享有。

第三节　权利的保护期

第二十二条　作者的署名权、修改权、保护作品完整权的保护期不受限制。

第二十三条　自然人的作品,其发表权、本法第十条第一款第五项至第十七项规定的权利的保护期为作者终生及其死亡后五十年,截止于作者死亡后第五十年的12月31日;如果是合作作品,截止于最后死亡的作者死亡后第五十年的12月31日。

法人或者非法人组织的作品、著作权(署名权除外)由法人或者非法人组织享有的职务作品,其发表权的保护期为五十年,截止于作品创作完成后第五十年的12月31日;本法第十条第一款第五项至第十七项规定的权利的保护期为五十年,截止于作品首次发表后第五十年的12月31日,但作品自创作完成后五十年内未发表的,本法不再保护。

视听作品,其发表权的保护期为五十年,截止于作品创作完成后第五十年的12月31日;本法第十条第一款第五项至第十七项规定的权利的保护期为五十年,截止于作品首次发表后第五十年的12月31日,但作品自创作完成后五十年内未发表的,本法不再保护。

第四节　权利的限制

第二十四条　在下列情况下使用作品,可以不经著作权人许可,不向其支付报酬,但应当指明作者姓名或者名称、作品名称,并且不得影响该作品的正常使用,也不得不合理地损害著作权人的合法权益:

(一)为个人学习、研究或者欣赏,使用他人已经发表的作品;

(二)为介绍、评论某一作品或者说明某一问题,在作品中适当引用他人已经发表的作品;

(三)为报道新闻,在报纸、期刊、广播电台、电视台等媒体中不可避免地再现或者引用已经发表的作品;

(四)报纸、期刊、广播电台、电视台等媒体刊登或者播放其他报纸、期刊、广播电台、电视台等媒体已经发表的关于政治、经济、宗教问题的时事性文章,但著作权人声明不许刊登、播放的除外;

（五）报纸、期刊、广播电台、电视台等媒体刊登或者播放在公众集会上发表的讲话，但作者声明不许刊登、播放的除外；

（六）为学校课堂教学或者科学研究，翻译、改编、汇编、播放或者少量复制已经发表的作品，供教学或者科研人员使用，但不得出版发行；

（七）国家机关为执行公务在合理范围内使用已经发表的作品；

（八）图书馆、档案馆、纪念馆、博物馆、美术馆、文化馆等为陈列或者保存版本的需要，复制本馆收藏的作品；

（九）免费表演已经发表的作品，该表演未向公众收取费用，也未向表演者支付报酬，且不以营利为目的；

（十）对设置或者陈列在公共场所的艺术作品进行临摹、绘画、摄影、录像；

（十一）将中国公民、法人或者非法人组织已经发表的以国家通用语言文字创作的作品翻译成少数民族语言文字作品在国内出版发行；

（十二）以阅读障碍者能够感知的无障碍方式向其提供已经发表的作品；

（十三）法律、行政法规规定的其他情形。

前款规定适用于对与著作权有关的权利的限制。

第二十五条 为实施义务教育和国家教育规划而编写出版教科书，可以不经著作权人许可，在教科书中汇编已经发表的作品片段或者短小的文字作品、音乐作品或者单幅的美术作品、摄影作品、图形作品，但应当按照规定向著作权人支付报酬，指明作者姓名或者名称、作品名称，并且不得侵犯著作权人依照本法享有的其他权利。

前款规定适用于对与著作权有关的权利的限制。

第三章 著作权许可使用和转让合同

第二十六条 使用他人作品应当同著作权人订立许可使用合同，本法规定可以不经许可的除外。

许可使用合同包括下列主要内容：

（一）许可使用的权利种类；

（二）许可使用的权利是专有使用权或者非专有使用权；

（三）许可使用的地域范围、期间；

（四）付酬标准和办法；

（五）违约责任；

（六）双方认为需要约定的其他内容。

第二十七条 转让本法第十条第一款第五项至第十七项规定的权利，应当订立书面合同。

权利转让合同包括下列主要内容：

（一）作品的名称；

（二）转让的权利种类、地域范围；

（三）转让价金；

（四）交付转让价金的日期和方式；

（五）违约责任；

（六）双方认为需要约定的其他内容。

第二十八条 以著作权中的财产权出质的，由出质人和质权人依法办理出质登记。

第二十九条 许可使用合同和转让合同中著作权人未明确许可、转让的权利，未经著作权人同意，另一方当事人不得行使。

第三十条 使用作品的付酬标准可以由当事人约定，也可以按照国家著作权主管部门会同有关部门制定的付酬标准支付报酬。当事人约定不明确的，按照国家著作权主管部门会同有关部门制定的付酬标准支付报酬。

第三十一条 出版者、表演者、录音录像制作者、广播电台、电视台等依照本法有关规定使用他人作品的，不得侵犯作者的署名权、修改权、保护作品完整权和获得报酬的权利。

第四章 与著作权有关的权利

第一节 图书、报刊的出版

第三十二条 图书出版者出版图书应当和著作权人订立出版合同，并支付报酬。

第三十三条 图书出版者对著作权人交付出版的作品，按照合同约定享有的专有出版权受法律保护，他人不得出版该作品。

第三十四条 著作权人应当按照合同约定期限交付作品。图书出版者应当按照合同约定的出版质量、期限出版图书。

图书出版者不按照合同约定期限出版，应当依照本法第六十一条的规定承担民事责任。

图书出版者重印、再版作品的，应当通知著作权人，并支付报酬。图书脱销后，图书出版者拒绝重印、再版的，著作权人有权终止合同。

第三十五条 著作权人向报社、期刊社投稿的，自稿件发出之日起十五日内未收到报社通知决定刊登的，或者自稿件发出之日起三十日内未收到期刊社通知决定刊登的，可以将同一作品向其他报社、期刊社投稿。双方另有约定的除外。

作品刊登后，除著作权人声明不得转载、摘编的外，其他报刊可以转载或者作为文摘、资料刊登，但应当按照规定向著作权人支付报酬。

第三十六条 图书出版者经作者许可，可以对作品修改、删节。

报社、期刊社可以对作品作文字性修改、删节。对内容的修改，应当经作者许可。

第三十七条 出版者有权许可或者禁止他人使用其出版的图书、期刊的版式设计。

前款规定的权利的保护期为十年，截止于使用该版式设计的图书、期刊首次出版后第十年的12月31日。

第二节 表 演

第三十八条 使用他人作品演出，表演者应当取得著作权人许可，并支付报酬。演出组织者组织演出，由该组织者取得著作权人许可，并支付报酬。

第三十九条 表演者对其表演享有下列权利：

（一）表明表演者身份；

（二）保护表演形象不受歪曲；

（三）许可他人从现场直播和公开传送其现场表演，并获得报酬；

（四）许可他人录音录像，并获得报酬；

（五）许可他人复制、发行、出租录有其表演的录音录像制品，并获得报酬；

（六）许可他人通过信息网络向公众传播其表演，并获得报酬。

被许可人以前款第三项至第六项规定的方式使用作品，还应当取得著作权人许可，并支付报酬。

第四十条 演员为完成本演出单位的演出任务进行的表演为职务表演，演员享有表明身份和保护表演形象不受歪曲的权利，其他权利归属由当事人约定。当事人没有约定或者约定不明确的，职务表演的权利由演出单位享有。

职务表演的权利由演员享有的，演出单位可以在其业务范围内免费使用该表演。

第四十一条 本法第三十九条第一款第一项、第二项规定的权利的保护期不受限制。

本法第三十九条第一款第三项至第六项规定的权利的保护期为五十年，截止于该表演发生后第五十年的12月31日。

第三节 录音录像

第四十二条 录音录像制作者使用他人作品制作录音录像制品，应当取得著作权人许可，并支付报酬。

录音制作者使用他人已经合法录制为录音制品的音乐作品制作录音制品，可以不经著作权人许可，但应当按照规定支付报酬；著作权人声明不许使用的不得使用。

第四十三条 录音录像制作者制作录音录像制品，应当同表演者订立合同，并支付报酬。

第四十四条 录音录像制作者对其制作的录音录像制品，享有许可他人复制、发行、出租、通过信息网络向公众传播并获得报酬的权利；权利的保护期为五十年，截止于该制品首次制作完成后第五十年的12月31日。

被许可人复制、发行、通过信息网络向公众传播录音录像制品，应当同时取得著作权人、表演者许可，并支付报酬；被许可人出租录音录像制品，还应当取得表演者许可，并支付报酬。

第四十五条 将录音制品用于有线或者无线公开传播，或者通过传送声音的技术设备向公众公开播送的，应当向录音制作者支付报酬。

第四节 广播电台、电视台播放

第四十六条 广播电台、电视台播放他人未发表的作品，应当取得著作权人许可，并支付报酬。

广播电台、电视台播放他人已发表的作品，可以不经著作权人许可，但应当按照规定支付报酬。

第四十七条 广播电台、电视台有权禁止未经其许可的下列行为：

（一）将其播放的广播、电视以有线或者无线方式转播；

（二）将其播放的广播、电视录制以及复制；

（三）将其播放的广播、电视通过信息网络向公众传播。

广播电台、电视台行使前款规定的权利，不得影响、限制或者侵害他人行使著作权或者与著作权有关的权利。

本条第一款规定的权利的保护期为五十年，截止于该广播、电视首次播放后第五十年的12月31日。

第四十八条 电视台播放他人的视听作品、录像制品，应当取得视听作品著作权人或者录像制作者许可，并支付报酬；播放他人的录像制品，还应当取得著作权人许可，并支付报酬。

第五章　著作权和与著作权有关的权利的保护

第四十九条　为保护著作权和与著作权有关的权利，权利人可以采取技术措施。

未经权利人许可，任何组织或者个人不得故意避开或者破坏技术措施，不得以避开或者破坏技术措施为目的制造、进口或者向公众提供有关装置或者部件，不得故意为他人避开或者破坏技术措施提供技术服务。但是，法律、行政法规规定可以避开的情形除外。

本法所称的技术措施，是指用于防止、限制未经权利人许可浏览、欣赏作品、表演、录音录像制品或者通过信息网络向公众提供作品、表演、录音录像制品的有效技术、装置或者部件。

第五十条　下列情形可以避开技术措施，但不得向他人提供避开技术措施的技术、装置或者部件，不得侵犯权利人依法享有的其他权利：

（一）为学校课堂教学或者科学研究，提供少量已经发表的作品，供教学或者科研人员使用，而该作品无法通过正常途径获取；

（二）不以营利为目的，以阅读障碍者能够感知的无障碍方式向其提供已经发表的作品，而该作品无法通过正常途径获取；

（三）国家机关依照行政、监察、司法程序执行公务；

（四）对计算机及其系统或者网络的安全性能进行测试；

（五）进行加密研究或者计算机软件反向工程研究。

前款规定适用于对与著作权有关的权利的限制。

第五十一条　未经权利人许可，不得进行下列行为：

（一）故意删除或者改变作品、版式设计、表演、录音录像制品或者广播、电视上的权利管理信息，但由于技术上的原因无法避免的除外；

（二）知道或者应当知道作品、版式设计、表演、录音录像制品或者广播、电视上的权利管理信息未经许可被删除或者改变，仍然向公众提供。

第五十二条　有下列侵权行为的，应当根据情况，承担停止侵害、消除影响、赔礼道歉、赔偿损失等民事责任：

（一）未经著作权人许可，发表其作品的；

（二）未经合作作者许可，将与他人合作创作的作品当作自己单独创作的作品发表的；

（三）没有参加创作，为谋取个人名利，在他人作品上署名的；

（四）歪曲、篡改他人作品的；

（五）剽窃他人作品的；

（六）未经著作权人许可，以展览、摄制视听作品的方法使用作品，或者以改编、翻译、注释等方式使用作品的，本法另有规定的除外；

（七）使用他人作品，应当支付报酬而未支付的；

（八）未经视听作品、计算机软件、录音录像制品的著作权人、表演者或者录音录像制作者许可，出租其作品或者录音录像制品的原件或者复制件的，本法另有规定的除外；

（九）未经出版者许可，使用其出版的图书、期刊的版式设计的；

（十）未经表演者许可，从现场直播或者公开传送其现场表演，或者录制其表演的；

（十一）其他侵犯著作权以及与著作权有关的权利的行为。

第五十三条 有下列侵权行为的，应当根据情况，承担本法第五十二条规定的民事责任；侵权行为同时损害公共利益的，由主管著作权的部门责令停止侵权行为，予以警告，没收违法所得，没收、无害化销毁处理侵权复制品以及主要用于制作侵权复制品的材料、工具、设备等，违法经营额五万元以上的，可以并处违法经营额一倍以上五倍以下的罚款；没有违法经营额、违法经营额难以计算或者不足五万元的，可以并处二十五万元以下的罚款；构成犯罪的，依法追究刑事责任：

（一）未经著作权人许可，复制、发行、表演、放映、广播、汇编、通过信息网络向公众传播其作品的，本法另有规定的除外；

（二）出版他人享有专有出版权的图书的；

（三）未经表演者许可，复制、发行录有其表演的录音录像制品，或者通过信息网络向公众传播其表演的，本法另有规定的除外；

（四）未经录音录像制作者许可，复制、发行、通过信息网络向公众传播其制作的录音录像制品的，本法另有规定的除外；

（五）未经许可，播放、复制或者通过信息网络向公众传播广播、电视的，本法另有规定的除外；

（六）未经著作权人或者与著作权有关的权利人许可，故意避开或者破坏技术措施的，故意制造、进口或者向他人提供主要用于避开、破坏技术措施的装置或者部件的，或者故意为他人避开或者破坏技术措施提供技术服务的，法律、行政法规另有规定的除外；

（七）未经著作权人或者与著作权有关的权利人许可，故意删除或者改变作品、版式设计、表演、录音录像制品或者广播、电视上的权利管理信息的，知道或者应当知道作品、版式设计、表演、录音录像制品或者广播、电视上的权利管理信息未经许可被删除或者改变，仍然向公众提供的，法律、行政法规另有规定的除外；

（八）制作、出售假冒他人署名的作品的。

第五十四条 侵犯著作权或者与著作权有关的权利的，侵权人应当按照权利人因此受到的实际损失或者侵权人的违法所得给予赔偿；权利人的实际损失或者侵权人的违法所得难以计算的，可以参照该权利使用费给予赔偿。对故意侵犯著作权或者与著作权有关的权利，情节严重的，可以在按照上述方法确定数额的一倍以上五倍以下给予赔偿。

权利人的实际损失、侵权人的违法所得、权利使用费难以计算的，由人民法院根据侵权行为的情节，判决给予五百元以上五百万元以下的赔偿。

赔偿数额还应当包括权利人为制止侵权行为所支付的合理开支。

人民法院为确定赔偿数额，在权利人已经尽了必要举证责任，而与侵权行为相关的账簿、资料等主要由侵权人掌握的，可以责令侵权人提供与侵权行为相关的账簿、资料等；侵权人不提供，或者提供虚假的账簿、资料等的，人民法院可以参考权利人的主张和提供的证据确定赔偿数额。

人民法院审理著作权纠纷案件，应权利人请求，对侵权复制品，除特殊情况外，责令销毁；对主要用于制造侵权复制品的材料、工具、设备等，责令销毁，且不予补偿；或者在特殊情况下，责令禁止前述材料、工具、设备等进入商业渠道，且不予补偿。

第五十五条 主管著作权的部门对涉嫌侵犯著作权和与著作权有关的权利的行为进行查处时，可以询问有关当事人，调查与涉嫌违法行为有关的情况；对当事人涉嫌违法行为的场所和物品实施现场检查；查阅、复制与涉嫌违法行为有关的合同、发票、账簿以及其他有关资料；对于涉嫌违法行为的场所和物品，可以查封或者扣押。

主管著作权的部门依法行使前款规定的职权时，当事人应当予以协助、配合，不得拒绝、阻挠。

第五十六条 著作权人或者与著作权有关的权利人有证据证明他人正在实施或者即将实施侵犯其权利、妨碍其实现权利的行为，如不及时制止将会使其合法权益受到难以弥补的损害的，可以在起诉前依法向人民法院申请采取财产保全、责令作出一定行为或者禁止作出一定行为等措施。

第五十七条 为制止侵权行为，在证据可能灭失或者以后难以取得的情况下，著作权人或者与著作权有关的权利人可以在起诉前依法向人民法院申请保全证据。

第五十八条 人民法院审理案件，对于侵犯著作权或者与著作权有关的权利的，可以没收违法所得、侵权复制品以及进行违法活动的财物。

第五十九条 复制品的出版者、制作者不能证明其出版、制作有合法授权的，复制品的发行者或者视听作品、计算机软件、录音录像制品的复制品的出租者不能证明其发行、出租的复制品有合法来源的，应当承担法律责任。

在诉讼程序中，被诉侵权人主张其不承担侵权责任的，应当提供证据证明已经取得权利人的许可，或者具有本法规定的不经权利人许可而可以使用的情形。

第六十条 著作权纠纷可以调解，也可以根据当事人达成的书面仲裁协议或者著作权合同中的仲裁条款，向仲裁机构申请仲裁。

当事人没有书面仲裁协议，也没有在著作权合同中订立仲裁条款的，可以直接向人民法院起诉。

第六十一条 当事人因不履行合同义务或者履行合同义务不符合约定而承担民事责任，以及当事人行使诉讼权利、申请保全等，适用有关法律的规定。

第六章 附 则

第六十二条 本法所称的著作权即版权。

第六十三条 本法第二条所称的出版，指作品的复制、发行。

第六十四条 计算机软件、信息网络传播权的保护办法由国务院另行规定。

第六十五条 摄影作品，其发表权、本法第十条第一款第五项至第十七项规定的权利的保护期在 2021 年 6 月 1 日前已经届满，但依据本法第二十三条第一款的规定仍在保护期内的，不再保护。

第六十六条 本法规定的著作权人和出版者、表演者、录音录像制作者、广播电台、电视台的权利，在本法施行之日尚未超过本法规定的保护期的，依照本法予以保护。

本法施行前发生的侵权或者违约行为，依照侵权或者违约行为发生时的有关规定处理。

第六十七条 本法自 1991 年 6 月 1 日起施行。

中华人民共和国退役军人保障法

（2020 年 11 月 11 日第十三届全国人民代表大会常务委员会第二十三次会议通过　2020 年 11 月 11 日中华人民共和国主席令第 63 号公布　自 2021 年 1 月 1 日起施行）

目　　录

第一章　总　　则

第一条　为了加强退役军人保障工作，维护退役军人合法权益，让军人成为全社会尊崇的职业，根据宪法，制定本法。

第二条　本法所称退役军人，是指从中国人民解放军依法退出现役的军官、军士和义务兵等人员。

第三条　退役军人为国防和军队建设做出了重要贡献，是社会主义现代化建设的重要力量。

尊重、关爱退役军人是全社会的共同责任。国家关心、优待退役军人，加强退役军人保障体系建设，保障退役军人依法享有相应的权益。

第四条　退役军人保障工作坚持中国共产党的领导，坚持为经济社会发展服务、为国防和军队建设服务的方针，遵循以人为本、分类保障、服务优先、依法管理的原则。

第五条　退役军人保障应当与经济发展相协调，与社会进步相适应。

退役军人安置工作应当公开、公平、公正。

退役军人的政治、生活等待遇与其服现役期间所做贡献挂钩。

国家建立参战退役军人特别优待机制。

第六条 退役军人应当继续发扬人民军队优良传统，模范遵守宪法和法律法规，保守军事秘密，践行社会主义核心价值观，积极参加社会主义现代化建设。

第七条 国务院退役军人工作主管部门负责全国的退役军人保障工作。县级以上地方人民政府退役军人工作主管部门负责本行政区域的退役军人保障工作。

中央和国家有关机关、中央军事委员会有关部门、地方各级有关机关应当在各自职责范围内做好退役军人保障工作。

军队各级负责退役军人有关工作的部门与县级以上人民政府退役军人工作主管部门应当密切配合，做好退役军人保障工作。

第八条 国家加强退役军人保障工作信息化建设，为退役军人建档立卡，实现有关部门之间信息共享，为提高退役军人保障能力提供支持。

国务院退役军人工作主管部门应当与中央和国家有关机关、中央军事委员会有关部门密切配合，统筹做好信息数据系统的建设、维护、应用和信息安全管理等工作。

第九条 退役军人保障工作所需经费由中央和地方财政共同负担。退役安置、教育培训、抚恤优待资金主要由中央财政负担。

第十条 国家鼓励和引导企业、社会组织、个人等社会力量依法通过捐赠、设立基金、志愿服务等方式为退役军人提供支持和帮助。

第十一条 对在退役军人保障工作中做出突出贡献的单位和个人，按照国家有关规定给予表彰、奖励。

第二章 移交接收

第十二条 国务院退役军人工作主管部门、中央军事委员会政治工作部门、中央和国家有关机关应当制定全国退役军人的年度移交接收计划。

第十三条 退役军人原所在部队应当将退役军人移交安置地人民政府退役军人工作主管部门，安置地人民政府退役军人工作主管部门负责接收退役军人。

退役军人的安置地，按照国家有关规定确定。

第十四条 退役军人应当在规定时间内，持军队出具的退役证明到安置地人民政府退役军人工作主管部门报到。

第十五条 安置地人民政府退役军人工作主管部门在接收退役军人时，向退役军人发放退役军人优待证。

退役军人优待证全国统一制发、统一编号，管理使用办法由国务院退役军人工作主管部门会同有关部门制定。

第十六条 军人所在部队在军人退役时，应当及时将其人事档案移交安置地人民政府退役军人工作主管部门。

安置地人民政府退役军人工作主管部门应当按照国家人事档案管理有关规定，接收、保管并向有关单位移交退役军人人事档案。

第十七条 安置地人民政府公安机关应当按照国家有关规定，及时为退役军人办理户口登记，同级退役军人工作主管部门应当予以协助。

第十八条 退役军人原所在部队应当按照有关法律法规规定，及时将退役军人及随军未就业配偶的养老、医疗等社会保险关系和相应资金，转入安置地社会保险经办机构。

安置地人民政府退役军人工作主管部门应当与社会保险经办机构、军队有关部门密切配合，依法做好有关社会保险关系和相应资金转移接续工作。

第十九条 退役军人移交接收过程中，发生与其服现役有关的问题，由原所在部队负责处理；发生与其安置有关的问题，由安置地人民政府负责处理；发生其他移交接收方面问题的，由安置地人民政府负责处理，原所在部队予以配合。

退役军人原所在部队撤销或者转隶、合并的，由原所在部队的上级单位或者转隶、合并后的单位按照前款规定处理。

第三章 退役安置

第二十条 地方各级人民政府应当按照移交接收计划，做好退役军人安置工作，完成退役军人安置任务。

机关、群团组织、企业事业单位和社会组织应当依法接收安置退役军人，退役军人应当接受安置。

第二十一条 对退役的军官，国家采取退休、转业、逐月领取退役金、复员等方式妥善安置。

以退休方式移交人民政府安置的，由安置地人民政府按照国家保障与社会化服务相结合的方式，做好服务管理工作，保障其待遇。

以转业方式安置的，由安置地人民政府根据其德才条件以及服现役期间的职务、等级、所做贡献、专长等和工作需要安排工作岗位，确定相应的职务职级。

服现役满规定年限，以逐月领取退役金方式安置的，按照国家有关规定逐月领取退役金。

以复员方式安置的，按照国家有关规定领取复员费。

第二十二条 对退役的军士，国家采取逐月领取退役金、自主就业、安排工作、退休、供养等方式妥善安置。

服现役满规定年限，以逐月领取退役金方式安置的，按照国家有关规定逐月领取退役金。

服现役不满规定年限，以自主就业方式安置的，领取一次性退役金。

以安排工作方式安置的，由安置地人民政府根据其服现役期间所做贡献、专长等安排工作岗位。

以退休方式安置的，由安置地人民政府按照国家保障与社会化服务相结合的方式，做好服务管理工作，保障其待遇。

以供养方式安置的，由国家供养终身。

第二十三条 对退役的义务兵，国家采取自主就业、安排工作、供养等方式妥善安置。

以自主就业方式安置的，领取一次性退役金。

以安排工作方式安置的，由安置地人民政府根据其服现役期间所做贡献、专长等安排工作岗位。

以供养方式安置的，由国家供养终身。

第二十四条 退休、转业、逐月领取退役金、复员、自主就业、安排工作、供养等安置方式的适用条件，按照相关法律法规执行。

第二十五条 转业军官、安排工作的军士和义务兵，由机关、群团组织、事业单位和国有企业接收安置。对下列退役军人，优先安置：

（一）参战退役军人；

（二）担任作战部队师、旅、团、营级单位主官的转业军官；

（三）属于烈士子女、功臣模范的退役军人；

（四）长期在艰苦边远地区或者特殊岗位服现役的退役军人。

第二十六条 机关、群团组织、事业单位接收安置转业军官、安排工作的军士和义务兵的，应当按照国家有关规定给予编制保障。

国有企业接收安置转业军官、安排工作的军士和义务兵的，应当按照国家规定与其签订劳动合同，保障相应待遇。

前两款规定的用人单位依法裁减人员时，应当优先留用接收安置的转业和安排工作的退役军人。

第二十七条 以逐月领取退役金方式安置的退役军官和军士，被录用为公务员或者聘用为事业单位工作人员的，自被录用、聘用下月起停发退役金，其待遇按照公务员、事业单位工作人员管理相关法律法规执行。

第二十八条 国家建立伤病残退役军人指令性移交安置、收治休养制度。军队有关部门应当及时将伤病残退役军人移交安置地人民政府安置。安置地人民政府应当妥善解决伤病残退役军人的住房、医疗、康复、护理和生活困难。

第二十九条 各级人民政府加强拥军优属工作，为军人和家属排忧解难。

符合条件的军官和军士退出现役时，其配偶和子女可以按照国家有关规定随调随迁。

随调配偶在机关或者事业单位工作，符合有关法律法规规定的，安置地人民政府负责安排到相应的工作单位；随调配偶在其他单位工作或者无工作单位的，安置地人民政府应当提供就业指导，协助实现就业。

随迁子女需要转学、入学的，安置地人民政府教育行政部门应当予以及时办理。对下列退役军人的随迁子女，优先保障：

（一）参战退役军人；

（二）属于烈士子女、功臣模范的退役军人；

（三）长期在艰苦边远地区或者特殊岗位服现役的退役军人；

（四）其他符合条件的退役军人。

第三十条 军人退役安置的具体办法由国务院、中央军事委员会制定。

第四章 教育培训

第三十一条 退役军人的教育培训应当以提高就业质量为导向，紧密围绕社会需求，为退役军人提供有特色、精细化、针对性强的培训服务。

国家采取措施加强对退役军人的教育培训，帮助退役军人完善知识结构，提高思想政治水平、职业技能水平和综合职业素养，提升就业创业能力。

第三十二条 国家建立学历教育和职业技能培训并行并举的退役军人教育培训体系，建立退役军人教育培训协调机制，统筹规划退役军人教育培训工作。

第三十三条 军人退役前，所在部队在保证完成军事任务的前提下，可以根据部队特点和条件提供职业技能储备培训，组织参加高等教育自学考试和各类高等学校举办的高等学历继续教育，以及知识拓展、技能培训等非学历继续教育。

部队所在地县级以上地方人民政府退役军人工作主管部门应当为现役军人所在部队开展教育培训提供支持和协助。

第三十四条 退役军人在接受学历教育时，按照国家有关规定享受学费和助学金资助等国家教育资助政策。

高等学校根据国家统筹安排，可以通过单列计划、单独招生等方式招考退役军人。

第三十五条 现役军人入伍前已被普通高等学校录取或者是正在普通高等学校就学的学生，服现役期间保留入学资格或者学籍，退役后两年内允许入学或者复学，可以按照国家有关规定转入本校其他专业学习。达到报考研究生条件的，按照国家有关规定享受优惠政策。

第三十六条 国家依托和支持普通高等学校、职业院校（含技工院校）、专业培训机构等教育资源，为退役军人提供职业技能培训。退役军人未达到法定退休年龄需要就业创业的，可以享受职业技能培训补贴等相应扶持政策。

军人退出现役，安置地人民政府应当根据就业需求组织其免费参加职业教育、技能培训，经考试考核合格的，发给相应的学历证书、职业资格证书或者职业技能等级证书并推荐就业。

第三十七条 省级人民政府退役军人工作主管部门会同有关部门加强动态管理，定期对为退役军人提供职业技能培训的普通高等学校、职业院校（含技工院校）、专业培训机构的培训质量进行检查和考核，提高职业技能培训质量和水平。

第五章 就业创业

第三十八条 国家采取政府推动、市场引导、社会支持相结合的方式，鼓励和扶持退役军人就业创业。

第三十九条 各级人民政府应当加强对退役军人就业创业的指导和服务。

县级以上地方人民政府退役军人工作主管部门应当加强对退役军人就业创业的宣传、组织、协调等工作，会同有关部门采取退役军人专场招聘会等形式，开展就业推荐、职业指导，帮助退役军人就业。

第四十条 服现役期间因战、因公、因病致残被评定残疾等级和退役后补评或者重新评定残疾等级的残疾退役军人，有劳动能力和就业意愿的，优先享受国家规定的残疾人就业优惠政策。

第四十一条 公共人力资源服务机构应当免费为退役军人提供职业介

绍、创业指导等服务。

国家鼓励经营性人力资源服务机构和社会组织为退役军人就业创业提供免费或者优惠服务。

退役军人未能及时就业的，在人力资源和社会保障部门办理求职登记后，可以按照规定享受失业保险待遇。

第四十二条 机关、群团组织、事业单位和国有企业在招录或者招聘人员时，对退役军人的年龄和学历条件可以适当放宽，同等条件下优先招录、招聘退役军人。退役的军士和义务兵服现役经历视为基层工作经历。

退役的军士和义务兵入伍前是机关、群团组织、事业单位或者国有企业人员的，退役后可以选择复职复工。

第四十三条 各地应当设置一定数量的基层公务员职位，面向服现役满五年的高校毕业生退役军人招考。

服现役满五年的高校毕业生退役军人可以报考面向服务基层项目人员定向考录的职位，同服务基层项目人员共享公务员定向考录计划。

各地应当注重从优秀退役军人中选聘党的基层组织、社区和村专职工作人员。

军队文职人员岗位、国防教育机构岗位等，应当优先选用符合条件的退役军人。

国家鼓励退役军人参加稳边固边等边疆建设工作。

第四十四条 退役军人服现役年限计算为工龄，退役后与所在单位工作年限累计计算。

第四十五条 县级以上地方人民政府投资建设或者与社会共建的创业孵化基地和创业园区，应当优先为退役军人创业提供服务。有条件的地区可以建立退役军人创业孵化基地和创业园区，为退役军人提供经营场地、投资融资等方面的优惠服务。

第四十六条 退役军人创办小微企业，可以按照国家有关规定申请创业担保贷款，并享受贷款贴息等融资优惠政策。

退役军人从事个体经营，依法享受税收优惠政策。

第四十七条 用人单位招用退役军人符合国家规定的，依法享受税收优惠等政策。

第六章 抚恤优待

第四十八条 各级人民政府应当坚持普惠与优待叠加的原则，在保障退役军人享受普惠性政策和公共服务基础上，结合服现役期间所做贡献和各地实际情况给予优待。

对参战退役军人，应当提高优待标准。

第四十九条 国家逐步消除退役军人抚恤优待制度城乡差异、缩小地区差异，建立统筹平衡的抚恤优待量化标准体系。

第五十条 退役军人依法参加养老、医疗、工伤、失业、生育等社会保险，并享受相应待遇。

退役军人服现役年限与入伍前、退役后参加职工基本养老保险、职工基本医疗保险、失业保险的缴费年限依法合并计算。

第五十一条 退役军人符合安置住房优待条件的，实行市场购买与军地集中统建相结合，由安置地人民政府统筹规划、科学实施。

第五十二条 军队医疗机构、公立医疗机构应当为退役军人就医提供优待服务，并对参战退役军人、残疾退役军人给予优惠。

第五十三条 退役军人凭退役军人优待证等有效证件享受公共交通、文化和旅游等优待，具体办法由省级人民政府制定。

第五十四条 县级以上人民政府加强优抚医院、光荣院建设，充分利用现有医疗和养老服务资源，收治或者集中供养孤老、生活不能自理的退役军人。

各类社会福利机构应当优先接收老年退役军人和残疾退役军人。

第五十五条 国家建立退役军人帮扶援助机制，在养老、医疗、住房等方面，对生活困难的退役军人按照国家有关规定给予帮扶援助。

第五十六条 残疾退役军人依法享受抚恤。

残疾退役军人按照残疾等级享受残疾抚恤金，标准由国务院退役军人工作主管部门会同国务院财政部门综合考虑国家经济社会发展水平、消费物价水平、全国城镇单位就业人员工资水平、国家财力情况等因素确定。残疾抚恤金由县级人民政府退役军人工作主管部门发放。

第七章 褒扬激励

第五十七条 国家建立退役军人荣誉激励机制，对在社会主义现代化建设中做出突出贡献的退役军人予以表彰、奖励。退役军人服现役期间获得表彰、奖励的，退役后按照国家有关规定享受相应待遇。

第五十八条 退役军人安置地人民政府在接收退役军人时，应当举行迎接仪式。迎接仪式由安置地人民政府退役军人工作主管部门负责实施。

第五十九条 地方人民政府应当为退役军人家庭悬挂光荣牌，定期开展走访慰问活动。

第六十条 国家、地方和军队举行重大庆典活动时,应当邀请退役军人代表参加。

被邀请的退役军人参加重大庆典活动时,可以穿着退役时的制式服装,佩戴服现役期间和退役后荣获的勋章、奖章、纪念章等徽章。

第六十一条 国家注重发挥退役军人在爱国主义教育和国防教育活动中的积极作用。机关、群团组织、企业事业单位和社会组织可以邀请退役军人协助开展爱国主义教育和国防教育。县级以上人民政府教育行政部门可以邀请退役军人参加学校国防教育培训,学校可以聘请退役军人参与学生军事训练。

第六十二条 县级以上人民政府退役军人工作主管部门应当加强对退役军人先进事迹的宣传,通过制作公益广告、创作主题文艺作品等方式,弘扬爱国主义精神、革命英雄主义精神和退役军人敬业奉献精神。

第六十三条 县级以上地方人民政府负责地方志工作的机构应当将本行政区域内下列退役军人的名录和事迹,编辑录入地方志:

(一)参战退役军人;

(二)荣获二等功以上奖励的退役军人;

(三)获得省部级或者战区级以上表彰的退役军人;

(四)其他符合条件的退役军人。

第六十四条 国家统筹规划烈士纪念设施建设,通过组织开展英雄烈士祭扫纪念活动等多种形式,弘扬英雄烈士精神。退役军人工作主管部门负责烈士纪念设施的修缮、保护和管理。

国家推进军人公墓建设。符合条件的退役军人去世后,可以安葬在军人公墓。

第八章 服务管理

第六十五条 国家加强退役军人服务机构建设,建立健全退役军人服务体系。县级以上人民政府设立退役军人服务中心,乡镇、街道、农村和城市社区设立退役军人服务站点,提升退役军人服务保障能力。

第六十六条 退役军人服务中心、服务站点等退役军人服务机构应当加强与退役军人联系沟通,做好退役军人就业创业扶持、优抚帮扶、走访慰问、权益维护等服务保障工作。

第六十七条 县级以上人民政府退役军人工作主管部门应当加强退役军人思想政治教育工作,及时掌握退役军人的思想情况和工作生活状况,指导接收安置单位和其他组织做好退役军人的思想政治工作和有关保障工作。

接收安置单位和其他组织应当结合退役军人工作和生活状况，做好退役军人思想政治工作和有关保障工作。

第六十八条 县级以上人民政府退役军人工作主管部门、接收安置单位和其他组织应当加强对退役军人的保密教育和管理。

第六十九条 县级以上人民政府退役军人工作主管部门应当通过广播、电视、报刊、网络等多种渠道宣传与退役军人相关的法律法规和政策制度。

第七十条 县级以上人民政府退役军人工作主管部门应当建立健全退役军人权益保障机制，畅通诉求表达渠道，为退役军人维护其合法权益提供支持和帮助。退役军人的合法权益受到侵害，应当依法解决。公共法律服务有关机构应当依法为退役军人提供法律援助等必要的帮助。

第七十一条 县级以上人民政府退役军人工作主管部门应当依法指导、督促有关部门和单位做好退役安置、教育培训、就业创业、抚恤优待、褒扬激励、拥军优属等工作，监督检查退役军人保障相关法律法规和政策措施落实情况，推进解决退役军人保障工作中存在的问题。

第七十二条 国家实行退役军人保障工作责任制和考核评价制度。县级以上人民政府应当将退役军人保障工作完成情况，纳入对本级人民政府负责退役军人有关工作的部门及其负责人、下级人民政府及其负责人的考核评价内容。

对退役军人保障政策落实不到位、工作推进不力的地区和单位，由省级以上人民政府退役军人工作主管部门会同有关部门约谈该地区人民政府主要负责人或者该单位主要负责人。

第七十三条 退役军人工作主管部门及其工作人员履行职责，应当自觉接受社会监督。

第七十四条 对退役军人保障工作中违反本法行为的检举、控告，有关机关和部门应当依法及时处理，并将处理结果告知检举人、控告人。

第九章 法律责任

第七十五条 退役军人工作主管部门及其工作人员有下列行为之一的，由其上级主管部门责令改正，对直接负责的主管人员和其他直接责任人员依法给予处分：

（一）未按照规定确定退役军人安置待遇的；

（二）在退役军人安置工作中出具虚假文件的；

（三）为不符合条件的人员发放退役军人优待证的；

（四）挪用、截留、私分退役军人保障工作经费的；

（五）违反规定确定抚恤优待对象、标准、数额或者给予退役军人相关待遇的；

（六）在退役军人保障工作中利用职务之便为自己或者他人谋取私利的；

（七）在退役军人保障工作中失职渎职的；

（八）有其他违反法律法规行为的。

第七十六条 其他负责退役军人有关工作的部门及其工作人员违反本法有关规定的，由其上级主管部门责令改正，对直接负责的主管人员和其他直接责任人员依法给予处分。

第七十七条 违反本法规定，拒绝或者无故拖延执行退役军人安置任务的，由安置地人民政府退役军人工作主管部门责令限期改正；逾期不改正的，予以通报批评。对该单位主要负责人和直接责任人员，由有关部门依法给予处分。

第七十八条 退役军人弄虚作假骗取退役相关待遇的，由县级以上地方人民政府退役军人工作主管部门取消相关待遇，追缴非法所得，并由其所在单位或者有关部门依法给予处分。

第七十九条 退役军人违法犯罪的，由省级人民政府退役军人工作主管部门按照国家有关规定中止、降低或者取消其退役相关待遇，报国务院退役军人工作主管部门备案。

退役军人对省级人民政府退役军人工作主管部门作出的中止、降低或者取消其退役相关待遇的决定不服的，可以依法申请行政复议或者提起行政诉讼。

第八十条 违反本法规定，构成违反治安管理行为的，依法给予治安管理处罚；构成犯罪的，依法追究刑事责任。

第十章 附　　则

第八十一条 中国人民武装警察部队依法退出现役的警官、警士和义务兵等人员，适用本法。

第八十二条 本法有关军官的规定适用于文职干部。

军队院校学员依法退出现役的，参照本法有关规定执行。

第八十三条 参试退役军人参照本法有关参战退役军人的规定执行。

参战退役军人、参试退役军人的范围和认定标准、认定程序，由中央军事委员会有关部门会同国务院退役军人工作主管部门等部门规定。

第八十四条 军官离职休养和军级以上职务军官退休后，按照国务院和中央军事委员会的有关规定安置管理。

本法施行前已经按照自主择业方式安置的退役军人的待遇保障，按照国务院和中央军事委员会的有关规定执行。

第八十五条 本法自 2021 年 1 月 1 日起施行。

有关法律问题的决定

全国人民代表大会常务委员会关于香港特别行政区立法会议员资格问题的决定

（2020 年 11 月 11 日第十三届全国人民代表大会常务委员会第二十三次会议通过）

第十三届全国人民代表大会常务委员会第二十三次会议审议了《国务院关于提请就香港特别行政区立法会议员资格问题作出决定的议案》。上述议案是应香港特别行政区行政长官的请求而提出的。会议认为，为了全面准确贯彻落实“一国两制”方针和《中华人民共和国香港特别行政区基本法》，维护国家主权、安全和发展利益，维护香港长期繁荣稳定，必须确保香港特别行政区有关公职人员包括立法会议员符合拥护中华人民共和国香港特别行政区基本法、效忠中华人民共和国香港特别行政区的法定要求和条件。为此，全国人民代表大会常务委员会同意国务院 2020 年 11 月 7 日提出的议案，根据《中华人民共和国宪法》第五十二条、第五十四条、第六十七条第一项的规定和《中华人民共和国香港特别行政区基本法》、《全国人民代表大会关于建立健全香港特别行政区维护国家安全的法律制度和执行机制的决定》、《中华人民共和国香港特别行政区维护国家安全法》的有关规定以及《全国人民代表大会常务委员会关于〈中华人民共和国香港特别行政区基本法〉第一百零四条的解释》、《全国人民代表大会常务委员会关于香港特别行政区第六届立法会继续履行职责的决定》，作出如下决定：

一、香港特别行政区立法会议员，因宣扬或者支持“港独”主张、拒绝承认国家对香港拥有并行使主权、寻求外国或者境外势力干预香港特别行政区事务，或者具有其他危害国家安全等行为，不符合拥护中华人民共和国香港特别行政区基本法、效忠中华人民共和国香港特别行政区的法定要求和条件，一经依法认定，即时丧失立法会议员的资格。

二、本决定适用于在原定于2020年9月6日举行的香港特别行政区第七届立法会选举提名期间，因上述情形被香港特别行政区依法裁定提名无效的第六届立法会议员。

今后参选或者出任立法会议员的，如遇有上述情形，均适用本决定。

三、依据上述规定丧失立法会议员资格的，由香港特别行政区政府宣布。

行政法规

国务院关于修改和废止部分行政法规的决定

（2020年11月29日中华人民共和国国务院令第732号公布
自公布之日起施行）

为了贯彻实施《中华人民共和国外商投资法》（以下简称外商投资法），国务院对与外商投资法不符的行政法规进行了清理。经过清理，国务院决定：

一、对22部行政法规的部分条款予以修改。

二、废止《外国企业或者个人在中国境内设立合伙企业管理办法》（2009年11月25日中华人民共和国国务院令第567号公布）。

本决定自公布之日起施行。

附件：国务院决定修改的行政法规

附件

国务院决定修改的行政法规

一、删去《中华人民共和国国家金库条例》第十六条第二款。

二、将《外债统计监测暂行规定》第三条第二款、第三款中的“外资银行和中外合资银行”修改为“外资银行”。

第五条第一款中的“中外合资经营企业、中外合作经营企业和外资企业”修改为“外商投资企业”。

三、将《旅馆业治安管理办法》第二条中的“中外合资、中外合作”修改为“外商投资”。

四、将《中华人民共和国渔业法实施细则》第十六条、第三十六条中的“中外合资、中外合作经营”修改为“外商投资”。

五、删去《中华人民共和国城镇国有土地使用权出让和转让暂行条例》第五十二条。

六、将《国有资产评估管理办法》第三条第三项中的"中外合资经营企业或者中外合作经营企业"修改为"外商投资企业"。

七、删去《关于外商参与打捞中国沿海水域沉船沉物管理办法》第三条第四项、第六条第二项、第七条、第八条、第十二条第一项中的"中外合作"。

第五条、第八条、第十四条第二款中的"中华人民共和国交通部"修改为"国务院交通运输主管部门"。

第九条第一款中的"工商行政管理部门"修改为"市场监督管理部门",删去第二款。

删去第十九条。

八、将《实施国际著作权条约的规定》第四条第三项中的"中外合资经营企业、中外合作经营企业和外资企业"修改为"外商投资企业"。

九、将《农业化学物质产品行政保护条例》第八条第四项中的"中国企业法人(包括外资企业、中外合资经营企业和中外合作经营企业)"修改为"中国企业"。

十、将《城市房地产开发经营管理条例》第六条中的"还应当依照外商投资企业法律、行政法规的规定,办理有关审批手续"修改为"还应当符合外商投资法律、行政法规的规定"。

十一、将《广播电视管理条例》第十条第二款中的"外资经营、中外合资经营和中外合作经营"修改为"外商投资"。

第十三条第一款修改为:"设区的市、自治州以上人民政府广播电视行政部门设立的广播电台、电视台或者设区的市、自治州以上人民政府教育行政部门设立的电视台变更台名、节目设置范围或者节目套数,省级以上人民政府广播电视行政部门设立的广播电台、电视台或者省级以上人民政府教育行政部门设立的电视台变更台标的,应当经国务院广播电视行政部门批准。县、不设区的市人民政府广播电视行政部门设立的广播电台、电视台变更台名、节目设置范围或者节目套数的,应当经省级人民政府广播电视行政部门批准。"

十二、删去《中华人民共和国民用航空器国籍登记条例》第二条第一款第二项中的"企业法人的注册资本中有外商出资的,外商在该企业法人的注册资本或者实收资本中所占比例不超过35%,其代表在董事会、股东大会(股东会)的表决权不超过35%,该企业法人的董事长由中国公民担任"。

十三、将《中华人民共和国台湾同胞投资保护法实施细则》第八条第一项修改为:"(一)举办全部或者部分由台湾同胞投资者投资的企业(以下简称台湾同胞投资企业）”。

删去第十条、第十一条。

第十八条改为第十六条，第一款修改为：“台湾同胞投资企业依法享有经营管理的自主权。”

十四、将《印刷业管理条例》第十条第一款修改为：“企业申请从事出版物印刷经营活动，应当持营业执照向所在地省、自治区、直辖市人民政府出版行政部门提出申请，经审核批准的，发给印刷经营许可证。”

第十四条修改为：“国家允许外国投资者与中国投资者共同投资设立从事出版物印刷经营活动的企业，允许设立从事包装装潢印刷品和其他印刷品印刷经营活动的外商投资企业。”

十五、删去《中华人民共和国技术进出口管理条例》第二十二条。

第三十九条改为第三十八条，将其中的“本条例第三十八条规定的文件”修改为“本条例第三十七条规定的文件”。

十六、将《音像制品管理条例》第三十五条中的“中外合作经营企业”修改为“外商投资企业”。

十七、将《出版管理条例》第三十九条中的“中外合资经营企业、中外合作经营企业、外资企业”修改为“外商投资企业”。

十八、删去《中华人民共和国认证认可条例》第十一条。

第十三条改为第十二条，将第一款中的“工商行政管理部门”修改为“市场监督管理部门”。

删去第三十二条、第三十五条第一款、第三十六条、第五十二条、第六十四条第一款、第六十五条第一款、第七十条第三项中的“检查机构”。

第三十三条改为第三十二条，删去第一款中的“检查机构”，第二款修改为：“未经指定的认证机构、实验室不得从事列入目录产品的认证以及与认证有关的检查、检测活动。”

第五十五条改为第五十四条，修改为：“县级以上地方人民政府市场监督管理部门在国务院认证认可监督管理部门的授权范围内，依照本条例的规定对认证活动实施监督管理。

“国务院认证认可监督管理部门授权的县级以上地方人民政府市场监督管理部门，以下称地方认证监督管理部门。”

十九、将《营业性演出管理条例》第十条第一款修改为：“外国投资者可以依法在中国境内设立演出经纪机构、演出场所经营单位；不得设立文艺表演团体。”删去第二款、第三款，第四款改为第二款，修改为：“外商投资的演出经纪机构申请从事营业性演出经营活动、外商投资的演出场所经营单位申请从事演出场所经营活动，应当向国务院文化主管部门提出申请。国务院文化主管部门应当自收到申请之日起20日内作出决定。批准的，颁发营业性演出许可证；不批准的，应当书面通知申请人并说明理由。”

第十一条第一款中的“设立合资、合作、独资经营的演出经纪机构、演出场所经营单位”修改为“设立演出经纪机构、演出场所经营单位以及由内地方控股的文艺表演团体”，第二款修改为：“台湾地区的投资者可以在大陆投资设立演出经纪机构、演出场所经营单位，不得设立文艺表演团体。”第三款中的“演出经纪机构申请从事营业性演出经营活动”修改为“演出经纪机构、文艺表演团体申请从事营业性演出经营活动”。

二十、将《娱乐场所管理条例》第六条修改为：“外国投资者可以依法在中国境内设立娱乐场所。”

第九条第一款中的“中外合资经营、中外合作经营”修改为“外商投资”。

二十一、删去《旅行社条例》第二十一条第二款。

二十二、将《保安服务管理条例》第二十二条中的“外商独资、中外合资、中外合作”修改为“外商投资”。

此外，对相关行政法规中的条文序号作相应调整。

国务院文件

国务院办公厅关于印发全国深化“放管服”改革优化营商环境电视电话会议重点任务分工方案的通知

（2020 年 11 月 1 日　国办发〔2020〕43 号）

《全国深化“放管服”改革优化营商环境电视电话会议重点任务分工方案》已经国务院同意，现印发给你们，请结合实际认真贯彻落实。

全国深化“放管服”改革优化营商环境电视电话会议重点任务分工方案

党中央、国务院高度重视深化“放管服”改革优化营商环境工作。2020 年 9 月 11 日，李克强总理在全国深化“放管服”改革优化营商环境电视电话会议上发表重要讲话，部署进一步深化“放管服”改革，加快打造市场化法治化国际化营商环境，不断激发市场主体活力和发展内生动力。为确保会议确定的重点任务落到实处，现制定如下分工方案。

一、把实施好宏观政策和深化“放管服”改革结合起来，提高宏观政策实施的时效性和精准性

（一）研究将财政资金直达机制实施中的好做法制度化，落实减税降费政策，为保就业、保民生、保市场主体提供支撑。（财政部、国家发展改革委、工业和信息化部、民政部、人力资源社会保障部、交通运输部、人民银行、税务总局、市场监管总局、银保监会等国务院相关部门及各地区按职责分工负责）

具体措施：

1. 及时总结财政资金直达基层的经验做法，进一步完善财政资金直达机制，优化完善直达资金监控系统功能，督促各地区加强直达资金日常监控，确

保资金落实到位、规范使用。（财政部牵头，国务院相关部门及各地区按职责分工负责）

2. 简化税费优惠政策适用程序，利用大数据等技术甄别符合条件的纳税人、缴费人，精准推送优惠政策信息。督促中央执收单位和各地区加强非税收入退付管理，确保取消、停征、免征及降低征收标准的收费基金项目及时落实到相关企业和个人。（财政部、税务总局牵头，国务院相关部门及各地区按职责分工负责）

3. 2020 年底前开展涉企收费专项治理，对公用事业、港口物流等领域涉企收费开展检查，整治部分园区、楼宇、商业综合体等转供电主体违法加价等行为，坚决避免减税降费红利被截留。（市场监管总局牵头，国家发展改革委、住房城乡建设部、交通运输部、海关总署等国务院相关部门及各地区按职责分工负责）

4. 清理规范中小企业融资中的不合理附加费用，整治银行强制搭售产品、超公示标准收费、收费与服务项目不符等违规行为。加强银行服务项目和收费公示，建立健全银行业违规收费投诉举报机制。（银保监会及各地区按职责分工负责）

5. 2020 年底前组织开展行业协会商会收费情况全面自查，2021 年 3 月底前对行业协会商会乱收费自查、退还违法违规所得等情况开展检查，确保乱收费问题整改到位。（市场监管总局、民政部牵头，国务院相关部门及各地区按职责分工负责）

（二）让企业特别是中小微企业融资更加便利、更加优惠，推动国有大型商业银行创新对中小微企业的信贷服务模式，利用大数据等技术解决"首贷难"、"续贷难"等问题。督促金融机构优化普惠型小微企业贷款延期操作程序，做到应延尽延，并引导金融机构适当降低利率水平。加强水电气、纳税、社保等信用信息归集共享，为增加普惠金融服务创造条件。（人民银行、银保监会牵头，国家发展改革委、财政部、人力资源社会保障部、住房城乡建设部、税务总局、市场监管总局、国家医保局、国家能源局等国务院相关部门及各地区按职责分工负责）

具体措施：

1. 鼓励商业银行运用大数据等技术建立风险定价和管控模型，优化再造对中小微企业的信贷发放流程和模式，推行线上服务、"不见面"审批等便捷信贷服务。（人民银行、银保监会及各地区按职责分工负责）

2. 完善商业银行绩效评价，督促商业银行改进贷款尽职免责标准和流程，引导商业银行落实普惠型小微企业贷款政策。督促金融机构公开普惠型小微

企业贷款延期操作程序，压缩办理时限，做到应延尽延。（财政部、人民银行、银保监会按职责分工负责）

3. 完善水电气、纳税、社保等领域信用评价标准和指标体系，充分运用各类信用信息平台，加强相关信用信息共享以及在信贷发放方面的应用，支持普惠金融更好发展。（国家发展改革委、人民银行、银保监会牵头，人力资源社会保障部、住房城乡建设部、税务总局、市场监管总局、国家医保局、国家能源局等国务院相关部门及各地区按职责分工负责）

（三）稳定和扩大就业，破除影响就业特别是新就业形态的各种不合理限制，加快调整相关准入标准、职业资格、社会保障、人事管理等政策，适应并促进多元化的新就业形态。把灵活就业、共享用工岗位信息纳入公共就业服务范围，对设立劳务市场或零工市场给予支持、提供便利。（人力资源社会保障部牵头，国务院相关部门及各地区按职责分工负责）

具体措施：

1. 简化应届高校毕业生就业手续，推动取消应届高校毕业生报到证，并加强教育、人力资源社会保障、公安等部门业务协同和就业信息共享，做好就业保障和服务。对非公单位接收应届高校毕业生，取消由所在地公共就业人才服务机构在就业协议书上签章的环节。（教育部、人力资源社会保障部、公安部等国务院相关部门及各地区按职责分工负责）

2. 加大就业服务供给，督促地方清理对职业资格培训和技能培训类民办学校在管理人员从业经验、培训工种数量等方面设定的不合理要求。推进流动人员人事档案信息互联，加快推行“一点存档、多点服务”。（人力资源社会保障部牵头，国务院相关部门及各地区按职责分工负责）

3. 推进企业技能人才自主评价，支持企业依据国家职业技能标准自主开展技能人才评定，对没有国家职业技能标准的可自主开发评价规范。获得企业发放的职业技能相关证书的人才符合相关条件的，可享受职业培训、职业技能鉴定补贴等政策。（人力资源社会保障部牵头，国务院相关部门及各地区按职责分工负责）

4. 优化外国人来华工作许可，指导地方试点持人才签证的外国人才免办工作许可，授权副省级城市和计划单列市科技主管部门受理签发外国高端人才确认函。（科技部牵头，国务院相关部门及各地区按职责分工负责）

（四）继续优化常态化疫情防控，提高快速处置和精准管控能力，促进客运、餐饮、旅游、住宿等服务业加快恢复。动态调整优化外防输入管控措施，为中外人员往来创造安全便利的条件，提升国际货物运输保障能力。及时清理取消疫情防控中恢复或新增的审批事项，防止将一些临时性审批长期化。（国务院办公厅、国家发展改革委、交通运输部、商务部、文化和旅游部、国家卫生健康委、海关总署、市场监管总局、国家移民局、国家邮政局等国务院相关部门及各地区按职责分工负责)

具体措施:

1. 总结推广疫情防控中服务企业的经验做法,将行之有效、市场主体认可的做法规范化、制度化。及时清理取消不合时宜的管控措施和临时性审批事项。(各地区、各部门负责)

2. 适时调整优化精准防控措施,支持分区分级加快恢复客运服务,对出现散发病例的区域加强交通运输疫情防控,落实客运场站和交通运输工具消毒通风、人员防护、乘客测温等措施。(交通运输部、国家卫生健康委等国务院相关部门及各地区按职责分工负责)

3. 2020 年底前制定出台餐饮服务常态化疫情防控的指导意见,完善住宿业疫情防控指南,支持餐饮业、住宿业在做好疫情防控前提下尽快恢复发展。修订完善旅游景区、剧场等演出场所、互联网上网服务营业场所、娱乐场所恢复开放的疫情防控指南。(商务部、文化和旅游部、国家卫生健康委等国务院相关部门及各地区按职责分工负责)

二、放要放出活力、放出创造力

(五)系统梳理现有各层级审批和各种具有审批性质的管理措施并形成清单,分类推进行政审批制度改革。(国务院办公厅牵头,各地区、各部门负责)

具体措施:

1. 编制公布中央层面设定的行政许可事项清单,出台规范行政许可事项清单管理的规定,对清单内行政许可事项,逐项明确设定依据、实施机关、许可条件、办理程序、办理时限、申请材料、适用范围、有效期限、中介服务等要素。(国务院办公厅牵头,国务院相关部门按职责分工负责)

2. 2021 年 6 月底前建立健全行政许可设定审查机制,严格控制新设行政许可等管理措施,加强对行政许可实施情况的监督。(国务院办公厅负责)

(六)大幅精简各类重复审批,对重复审批进行清理,能整合的整合,该取消的取消,同时要强化责任意识,明确"谁审批谁负责",绝不能"一批了之"。(国务院办公厅牵头,各地区、各部门负责)

具体措施:

1. 2021 年 6 月底前研究提出新一批取消、下放和改变管理方式的行政许可事项。(国务院办公厅牵头,国务院相关部门按职责分工负责)

2. 深化投资审批制度改革,进一步简化、整合投资项目报建手续,指导地方探索创新投资管理服务方式,不断精简优化审批程序、审批事项和申报材

料。（国家发展改革委牵头，国务院相关部门及各地区按职责分工负责）

3. 进一步压减中央层面、地方层面设立的工程建设项目审批事项和条件，精简规范工程建设项目全流程涉及的技术审查、中介服务事项，压缩审批时间。（住房城乡建设部牵头，国务院相关部门及各地区按职责分工负责）

（七）下决心取消对微观经济活动造成不必要干预的审批，以及可以由事前审批转为事中事后监管的审批。从放管结合的角度出发，加快清理不涉及重大项目布局又不触及安全底线的审批，切实改变"以批代管"的情况，进一步降低准入门槛。（国务院办公厅牵头，国务院相关部门及各地区按职责分工负责）

具体措施：

1. 大幅压减涉及工业产品的行政许可事项和强制性认证事项，广泛推行产品系族管理，解决重复检验检测、重复审批认证等问题。（国务院办公厅、市场监管总局、司法部牵头，国务院相关部门及各地区按职责分工负责）

2. 严格控制强制性认证目录，推动将强制性认证目录中适用自我声明方式的产品种类扩大至30%以上，进一步整合划分过细的认证单元。增加指定的认证机构数量，对不涉及产品安全的变更无需申报，压缩认证时间和成本。（市场监管总局牵头，国务院相关部门及各地区按职责分工负责）

3. 优化药店开设审批，在全国范围内对申请开办只经营乙类非处方药的零售企业审批实行告知承诺制，推动取消药品零售企业筹建审批，督促地方清理对开办药店设定的间距限制等不合理条件，并同步加强事中事后监管。（国家药监局牵头，国务院相关部门及各地区按职责分工负责）

4. 2020年底前制定出台深化汽车生产流通领域"放管服"改革的有关意见。简化优化汽车生产准入管理措施，统一汽车产品准入检测标准，推行企业自检自证和产品系族管理，有序放开代工生产等。（工业和信息化部、商务部牵头，国务院相关部门及各地区按职责分工负责）

5. 针对数字经济领域市场准入事项数量多、条件高、手续繁问题，研究提出放宽数字经济领域市场准入的改革举措。推动实现移动应用程序（APP）多部门联合检查检测，避免重复检测。简化优化网约车行业市场准入制度。（国务院办公厅、国家发展改革委牵头，工业和信息化部、公安部、交通运输部、中央网信办等相关单位按职责分工负责）

（八）全面清理规范公告备案、计划目录、布局限制、认证检测等各类管理措施，以及借信息化平台建设之名新增的审批环节，严防变相审批和违规乱设审批。（国务院办公厅牵头，各地区、各部门负责）

具体措施：

1. 编制公布中央层面设定的行政备案事项清单。推动制定行政备案条例，明确设定行政备案事项的权限，规范实施备案程序，严防以备案之名行审批之实。（国务院办公厅牵头，司法部等国务院相关部门按职责分工负责）

2. 系统梳理中央层面设定的企业年检、年报事项，分批次推进年检改年报，推动年报事项"多报合一、信息共享"。（国务院办公厅牵头，国务院相关部门按职责分工负责）

（九）改革创新审批方式，深化"证照分离"改革，在生产许可、项目投资审批、证明事项等领域，广泛推行承诺制，实现政府定标准、企业或个人作承诺、过程强监管、失信严惩戒，大幅提高核准审批效率。（国务院办公厅、市场监管总局、司法部牵头，国务院相关部门及各地区按职责分工负责）

具体措施：

1. 着力推进"照后减证"和简化审批，2021 年底前在全国实现"证照分离"改革全覆盖，对所有涉企经营许可事项实行分类改革，其中，取消审批、改为备案或实行告知承诺的事项力争达到 100 项以上，自由贸易试验区力争达到 150 项。（国务院办公厅、市场监管总局、司法部牵头，国务院相关部门及各地区按职责分工负责）

2. 全面推行证明事项和涉企经营许可事项告知承诺制，明确实行告知承诺制的事项范围、适用对象、工作流程和监管措施等。对具备条件的建设工程企业资质审批实行告知承诺管理。（司法部、国务院办公厅、住房城乡建设部等国务院相关部门及各地区按职责分工负责）

3. 在自由贸易试验区试点商事主体登记确认制改革，最大程度尊重企业登记注册自主权。（市场监管总局及相关地区按职责分工负责）

（十）提升企业注销便利度，强化税务、社保、金融、市场监管等环节协同办理，扩大简易注销范围，让市场主体进得来、退得出。（市场监管总局牵头，人力资源社会保障部、人民银行、海关总署、税务总局等国务院相关部门及各地区按职责分工负责）

具体措施：

1. 2021 年 6 月底前修改完善《企业注销指引》，推进部门间数据共享和业务协同，优化税务注销等程序，实现办理进度和结果实时共享。进一步扩大简易注销试点地域范围。（市场监管总局牵头，人力资源社会保障部、人民银行、海关总署、税务总局等国务院相关部门及各地区按职责分工负责）

2. 探索开展长期吊销未注销企业强制注销试点，明确强制注销的适用情形、具体条件和办理程序，并依法保障当事人合法权利，进一步提高市场主体

退出效率。（市场监管总局牵头，国务院相关部门及各地区按职责分工负责）

三、管要管出公平、管出质量

（十一）提高监管执法规范性和透明度，完善"双随机、一公开"监管、信用监管、"互联网+监管"、跨部门协同监管等有效做法，减少人为干预，压缩自由裁量空间，使监管既"无事不扰"又"无处不在"。增强监管的威慑力，降低企业合规成本、提高违规成本，防止"劣币驱逐良币"。（国务院办公厅、市场监管总局、国家发展改革委、人民银行、司法部等国务院相关部门及各地区按职责分工负责）

具体措施：

1. 组织对各地区落实行政执法公示制度、执法全过程记录制度、重大执法决定法制审核制度的有关情况开展抽查。2021年底前制定出台进一步规范行政裁量权基准制度的指导意见，推动各地区、各相关部门加快明确执法裁量基准。（司法部牵头，国务院相关部门及各地区按职责分工负责）

2. 指导地方将"双随机、一公开"监管与企业信用风险分类管理等结合起来，减少对守法诚信企业的检查次数。拓展部门联合"双随机、一公开"监管覆盖范围，将更多事项纳入联合抽查范围。进一步充实执法检查人员名录库，缓解基层"双随机、一公开"监管执法人员不足问题。（市场监管总局牵头，国务院相关部门及各地区按职责分工负责）

3. 持续推进"互联网+监管"，加强部分重点监管领域数据汇集，进一步完善国家"互联网+监管"系统风险预警模型，形成风险预警线索推送、处置和反馈机制，提升监管智能化水平。（国务院办公厅牵头，国务院相关部门及各地区按职责分工负责）

4. 依法依规推进社会信用体系建设，2020年底前制定出台进一步规范公共信用信息纳入范围、失信惩戒和信用修复的有关意见。（国家发展改革委、人民银行牵头，国务院相关部门及各地区按职责分工负责）

（十二）加快完善各领域监管标准体系，实施标准"领跑者"制度，鼓励行业制定更高水平自律标准，推动产品竞争力提高和产业转型升级。根据不同行业特点，合理分配国家、区域、省市县之间的监管力量，加强薄弱环节建设。（国务院办公厅、市场监管总局、生态环境部、交通运输部、农业农村部、文化和旅游部等国务院相关部门及各地区按职责分工负责）

具体措施：

1. 督促国务院相关部门按照法律法规和"三定"规定梳理明确重点监管事项，制定中央层面重点监管事项清单，逐步制订完善监管规则和标准，并向社会公开。（国务院办公厅牵头，国务院相关部门按职责分工负责）

2. 制定完善市场监管、生态环境保护、交通运输、农业、文化市场等领域行政执法事项目录清单，从源头上减少不必要的执法事项，规范行政执法行为，提高行政执法能力。（市场监管总局、生态环境部、交通运输部、农业农村部、文化和旅游部等国务院相关部门按职责分工负责）

3. 引导企业进行企业标准自我声明公开，在更多领域推行企业标准"领跑者"机制，引入第三方机构科学评估企业标准的质量，推动企业标准水平持续提升。（市场监管总局牵头，国务院相关部门及各地区按职责分工负责）

4. 督促地方城市管理部门规范执法行为，制定公布城管执法标准和要求，加大对随意执法等行为的查处力度，降低对市场主体正常生产经营活动的影响。（住房城乡建设部、司法部等国务院相关部门及各地区按职责分工负责）

（十三）守好安全和质量底线，对疫苗、药品、特种设备、危险化学品等领域实行全主体、全品种、全链条的严格监管。（应急部、市场监管总局、工业和信息化部、生态环境部、交通运输部、国家药监局等国务院相关部门及各地区按职责分工负责）

具体措施：

1. 加强疫苗全过程监管，向疫苗生产企业派驻检查员，开展日常监督检查和督促整改。省级药品监督管理部门每年对疫苗生产企业进行全覆盖监督检查，国家药品监督管理部门每年对在产的疫苗生产企业进行100%全覆盖巡查和重点抽查。（国家药监局及各地区按职责分工负责）

2. 加强全国特种设备安全状况分析，开展隐患排查整治，在生产环节对有投诉举报和涉嫌存在质量问题的生产单位实施重点检查，在使用环节对风险分析确定的重点设备使用单位实施专项检查，并加强对其他特种设备生产单位和使用单位的监督检查。（市场监管总局牵头，国务院相关部门及各地区按职责分工负责）

3. 重点整治定点医疗机构及其他服务机构的不规范诊疗行为，以及医疗保险经办机构的违规支付医保待遇、拖欠定点医药机构费用等问题。建立欺诈骗保问题线索移送机制，对欺诈骗保行为加强部门联合排查。（国家医保局、市场监管总局、国家卫生健康委等国务院相关部门及各地区按职责分工负责）

（十四）强化市场主体责任，加大对制售假冒伪劣、侵犯知识产权等违法犯罪行为的发现和惩处力度，对直接关系人民群众身体健康和生命安全的领域，加快推出惩罚性赔偿和巨额罚款等制度。（市场监管总局、国家知识产权局、公安部、司法部等国务院相关部门及各地区按职责分工负责）

具体措施：

1. 2020 年底前制定完善行政执法过程中的商标、专利侵权判断标准。加快在专利等领域引入惩罚性赔偿制度。加大对侵犯商标、专利、商业秘密等知识产权，以及制售假冒伪劣学生用品、成品油、汽车配件等违法犯罪行为的打击力度，挂牌督办一批重点案件。（市场监管总局、国家知识产权局、公安部、司法部等国务院相关部门及各地区按职责分工负责）

2. 完善食品工业企业质量安全追溯平台功能，扩大婴幼儿配方乳粉质量安全追溯试点，便利消费者查询。（工业和信息化部等国务院相关部门及各地区按职责分工负责）

3. 开展移动应用程序（APP）违法违规收集使用个人信息专项治理，督促电信和互联网企业加强网络数据安全合规性评估，完善与企业投诉举报联动处理机制，及时核实处理用户投诉举报。（中央网信办、工业和信息化部、公安部、市场监管总局等相关单位及各地区按职责分工负责）

（十五）创新包容审慎监管，改革按区域、按行业监管的习惯做法，探索创新监管标准和模式，发挥平台监管和行业自律作用。在部分领域实施柔性监管、智慧监管等，对一些看不准、可能存在风险的，可以划定可控范围，探索试点经验再推广。（国务院办公厅、国家发展改革委、科技部、工业和信息化部、商务部、市场监管总局、中央网信办等相关单位及各地区按职责分工负责）

具体措施：

1. 系统总结近年来推进“互联网＋”行动的经验做法，分析存在的问题和薄弱环节，2021 年 3 月底前有针对性地研究提出进一步推进“互联网＋”行动的新举措，加快培育经济发展新动能。（国家发展改革委牵头，国务院相关部门按职责分工负责）

2. 2021 年底前制定出台对新产业新业态实行包容审慎监管的指导意见。探索开展“沙盒监管”、触发式监管等包容审慎监管试点。（国务院办公厅牵头，国家发展改革委、人民银行、市场监管总局等国务院相关部门及各地区按职责分工负责）

3. 2020 年底前制定出台引导平台经济有序竞争的有关文件，为平台经济发展营造良好环境。依法查处互联网领域滥用市场支配地位限制交易、不正当竞争等违法行为，维护市场价格秩序，引导企业合法合规经营。2021 年 6 月底前制定出台网络交易监督管理规定。（市场监管总局牵头，国务院相关部门按职责分工负责）

4. 便利企业获取各类创新资源，加强专利等知识产权信息服务，对专利权人有意愿开放许可的专利，集中公开相关专利基础数据、交易费用等信息，方便企业获取和实施。引导学术论文等数据服务提供商降低论文等资源获取费用,推动研究机构、高校等依法依规向社会开放最新研究成果信息。大幅压减网站备案登记时间。(教育部、科技部、工业和信息化部、国家知识产权局等国务院相关部门及各地区按职责分工负责)

5. 优化互联网医疗发展环境,鼓励支持医疗机构对接互联网平台,开展互联网复诊、互联网健康咨询、远程辅助诊断等服务,研究制定互联网健康咨询流程和标准,探索根据病种分级分类实施互联网问诊管理,实现线上咨询、线下诊疗衔接。(国家卫生健康委等国务院相关部门及各地区按职责分工负责)

四、服要服出便利、服出实惠

(十六)全面推行"不见面"办事,进一步拓展"互联网+政务服务",提供"24小时不打烊"的在线政务服务。除法律法规有特殊规定的事项外,原则上都要做到网上全程可办。对现场核验、签字、领取等环节,可以采取电子认证、"快递+政务服务"等方式解决。完善全国一体化政务服务平台,年底前地方和部门平台要与国家平台完成对接,在更大范围实现"一网通办"。同时,兼顾好老年人、视障听障残疾人等群众的需求,采取必要的线下补充手段,有针对性地提供人工指导和服务,绝不能出现歧视现象。(国务院办公厅牵头,各地区、各部门负责)

具体措施:

1. 完善全国一体化政务服务平台,2020年底前实现各省(自治区、直辖市)和国务院部门政务服务平台与国家政务服务平台应接尽接、政务服务事项应上尽上,推动60种高频电子证照全国标准化应用,在更大范围实现"一网通办"。制定全国一体化政务服务平台移动端建设指引,督促各地区、各部门规范政务服务移动应用程序(APP)建设。对限定仅线上办理等不合理做法及时进行纠正,允许企业和群众自主选择线上或线下办理方式,并加强对老年人、视障听障残疾人等群体的引导和服务。(国务院办公厅牵头,国务院相关部门及各地区按职责分工负责)

2. 优化完善全国规范统一的电子税务局,拓展"非接触式"办税缴费服务,2021年底前基本实现企业办税缴费事项网上办理、个人办税缴费事项掌上办理。全面推行税务证明事项告知承诺制,扩大将涉税资料事前报送改为留存备查的范围,减轻企业办税负担。(税务总局及各地区按职责分工负责)

3. 优化水电气暖网等公用事业服务,清理报装过程中的附加审批要件和手续,加快实现报装、查询、缴费等业务全程网上办。优化外线施工办理流程,对涉及的工程规划许可、绿化许可、路政许可、占掘路许可、物料堆放许可等环节实行并联审批,探索实行接入工程告知承诺制。(国家发展改革委、工业和

信息化部、住房城乡建设部、国家能源局等国务院相关部门及各地区按职责分工负责）

4. 持续优化公证服务，加快推进高频公证服务事项“一网通办”，实现申请受理、身份认证、材料提交和缴费等各环节全程网上办。2021 年 3 月底前研究制定降低企业公证事项和公证事务收费办法和标准。（司法部、国家发展改革委等国务院相关部门及各地区按职责分工负责）

5. 优化医疗服务，参保群众可自主选择使用社保卡（含电子社保卡）、医保电子凭证就医购药。推进居民健康档案及身份识别、电子病历、诊疗信息、报告单结果等信息在不同医院互通互认，并严格保护个人隐私，减少群众重复办卡，避免不必要的重复检查。（国家卫生健康委、国家医保局、人力资源社会保障部及各地区按职责分工负责）

（十七）推动政务服务“跨省通办”，推进标准化建设和电子证照跨省互认，从教育、社保、医疗、养老、婚育和企业登记、经营许可办理等领域入手，加快推进政务服务“跨省通办”，2020 年要有所突破，2021 年底前要基本实现高频事项全覆盖。建立权威高效的数据共享机制，推动数据信息标准化，加快政务数据共享，并保障数据安全、保护隐私，防止滥用或泄露。（国务院办公厅牵头，教育部、民政部、人力资源社会保障部、国家卫生健康委、市场监管总局、中央网信办等相关单位及各地区按职责分工负责）

具体措施：

1. 加快推进高频政务服务事项“跨省通办”，加强全国一体化政务服务平台“跨省通办”服务能力，2020 年底前实现市场主体登记注册、职业资格证书核验、学历公证、驾驶证公证等 58 项事项异地办理，2021 年底前实现工业产品生产许可证、就医结算备案、社保卡申领、户口迁移等 74 项事项异地办理。加快实现相关高频政务服务事项“省内通办”。（国务院办公厅牵头，公安部、司法部、人力资源社会保障部、教育部、市场监管总局、国家医保局等国务院相关部门及各地区按职责分工负责）

2. 2020 年底前制定出台关于建立权威高效的数据共享协调机制的指导意见。通过全国一体化政务服务平台，推进国务院部门重点垂直管理业务信息系统与地方政务服务平台的对接，编制国家层面政务服务数据目录清单和第三批国务院部门数据共享责任清单。（国务院办公厅牵头，各地区、各部门负责）

（十八）推动更多事项集成办理，充分发挥地方政务大厅等“一站式”服务功能，加快实现一窗受理、限时办结、最多跑一次。对多个关联事项探索实现“一件事一次办”，减少办事环节和所需证明材料。整合非紧急类政务服务热

线，力争做到“一号响应”。（国务院办公厅牵头，国务院相关部门及各地区按职责分工负责）

具体措施：

1. 完善省、市、县、乡镇综合性政务大厅集中服务模式，提升政务服务标准化水平，持续改进窗口服务，推进线上线下全面融合，普遍推行首问负责、一次告知、一窗受理、并联办理、限时办结等制度。2020 年底前制定发布政务服务评价工作指南和政务服务“一次一评”、“一事一评”工作规范，推动各地区、各部门规范化实施政务服务“好差评”制度。（国务院办公厅牵头，各地区、各部门负责）

2. 大力推行“一件事一次办”，从企业和群众“办成一件事”角度出发，将涉及的相关审批服务事项打包，提供“开办餐馆”、“开办旅馆”等套餐式、主题式集成服务，公布标准化的办事指南和流程图，由一家牵头部门统一受理、配合部门分头办理，实行一表申请、一套材料、一次提交、限时办结，避免企业和群众来回跑。（各地区、各部门负责）

3. 2020 年底前研究制定整合非紧急类政务服务热线工作方案，推动各地区、各部门加快整合相关热线。（国务院办公厅牵头，国务院相关部门及各地区按职责分工负责）

4. 加强不动产抵押贷款和登记业务协同，在银行等金融机构推广应用不动产登记电子证明，便利企业和群众融资。2020 年底前将全国所有市县抵押登记业务办理时间压缩至 5 个工作日以内，2021 年底前在全国所有市县实现不动产抵押登记全程网上办。（自然资源部、银保监会及各地区按职责分工负责）

5. 细化制定商标审查审理标准，提高商标实质性审查效率，明确近似商标判断、不以使用为目的的恶意商标认定等方面的具体规定。2020 年底前将商标变更、续展业务办理时限压缩一半，分别减至 1 个月、半个月。（国家知识产权局负责）

（十九）提供公平可及的基本民生保障服务，进一步简化社保参保、转移接续等手续，扩大养老、医疗、失业等保险覆盖面。建立困难群众主动发现机制，借助大数据筛选等办法，使符合条件的困难群众及时得到保障。对因灾因病因残遭遇困难的群众，可以先行给予临时救助，绝不能发生冲击社会道德底线的事件。（人力资源社会保障部、民政部、国家卫生健康委、应急部、国家医保局、国务院扶贫办、中国残联等相关单位及各地区按职责分工负责）

具体措施：

1. 2020 年底前实现养老保险关系转移接续“一地办理”。推动将城乡各类用人单位全部纳入失业保险覆盖范围,研究建立灵活就业人员参加失业保险新模式,2021 年底前制定出台失业保险关系转移办法。简化工伤保险领域证明材料和事项,压减工伤认定和劳动能力鉴定办理时限,2021 年 3 月底前研究建立新就业形态人员职业伤害保险制度。(人力资源社会保障部等国务院相关部门及各地区按职责分工负责)

2. 2021 年 6 月底前制定全国统一的门诊费用跨省直接结算政策,12 月底前实现门诊费用跨省直接结算。推动实现医保关系转移接续线上办理。修订完善定点医药机构管理办法,清理医保定点机构不必要的申请条件和要求,督促地方加快清理与医保管理无关的申请条件,缩短办理时限,将更多符合条件的医药机构纳入定点管理,并同步加强事中事后监管。(国家医保局及各地区按职责分工负责)

3. 加强社会救助相关部门间数据共享,对低保对象、特困人员、临时救助对象、残疾人、教育救助对象、住房救助对象、医疗救助对象等信息进行大数据分析,变“人找政策”为“政策找人”。畅通困难群众求助热线,完善特殊困难残疾人访视制度,对符合条件的困难群众及时开展救助。(民政部、人力资源社会保障部、中国残联等相关单位及各地区按职责分工负责)

(二十)严格执行外商投资法及配套法规,清理与外商投资法不符的行政法规、部门规章、规范性文件,确保内外资企业一视同仁、公平竞争。落实好外资准入负面清单,清单之外不得设限。采取有效措施吸引外资,进一步做好安商稳商、招商引商工作。(商务部、国家发展改革委、司法部牵头,国务院相关部门及各地区按职责分工负责)

具体措施:

1. 开展与外商投资法不符的法规规章等专项清理。修订出台 2020 年版鼓励外商投资产业目录,进一步扩大外商投资范围。制定发布外商投资指引,便利外国投资者来华投资。(商务部、国家发展改革委、司法部牵头,国务院相关部门及各地区按职责分工负责)

2. 支持有条件的地方建立外商投资“一站式”服务体系,联通相关部门信息系统,实现外资企业一次登录、一次认证、一次提交材料,即可办理企业注册、预约开户、外汇登记等高频事项。(商务部、市场监管总局、人民银行等国务院相关部门及相关地区按职责分工负责)

(二十一)优化通关作业流程,放开口岸服务准入、引入竞争机制,提高服务效率并降低收费标准。完善出口退税、出口信贷、信用保险等政策,支持进出口市场多元化,扶持中小微外贸企业发展。推进跨境电商综合试验区建设和市场采购贸易方式试点,发挥外贸综合服务企业作用。(海关总署、国家发展改革委、财政部、交通运输部、商务部、人民银行、税务总局、市场监管总局、银保监会、国家外汇局等国务院相关部门及各地区按职责分工负责）

具体措施：

1. 优化风险布控规则，推动降低守法企业和低风险商品查验率。推行灵活查验，对于有特殊运输要求的出入境货物，灵活采取预约查验、下厂查验、入库查验等方式，减少货物搬倒和企业查验等待时间。在有条件的海运口岸推行集装箱设备交接单、提货单、装箱单等单证电子化流转。（海关总署牵头，国务院相关部门及各地区按职责分工负责）

2. 加快出口退税进度，将正常出口退税业务平均办理时间压减至 8 个工作日以内，2021 年全面推广无纸化单证备案。（税务总局、海关总署、人民银行等国务院相关部门及各地区按职责分工负责）

3. 督促新增跨境电商综合试验区、市场采购贸易方式试点地区抓紧制定实施方案。总结并推广跨境电商企业对企业出口监管改革试点经验，完善跨境电商进出口退换货便利化管理措施。推动各类公共海外仓向跨境电商企业共享仓储容量、货物物流等数据信息，方便企业利用海外仓资源。（商务部、海关总署等国务院相关部门及各地区按职责分工负责）

4. 支持更多符合条件的银行提供跨境电商结售汇服务，缩短真实性审核时间，加快资金结算速度。（国家外汇局负责）

五、调动好各方面积极性，形成推动改革的工作合力

（二十二）提高改革协同性，下放审批监管事项时要同步下沉相关专业人员和技术力量，合理分配监管力量，创新监管方式，提升基层承接能力。部门之间要加强统筹协调，提升“放管服”改革的整体成效。（各地区、各部门负责）

（二十三）支持地方探索创新，鼓励地方从当地实际出发，先行先试推进“放管服”改革。通过综合授权等方式，支持地方深化“放管服”改革，形成更多可复制推广的经验做法，以点带面推动全国营商环境优化。（国务院职能转变协调办牵头，国务院相关部门及相关地区按职责分工负责）

具体措施：

2021 年 3 月底前设立首批营商环境创新试点城市，对标国际先进和最佳实践，聚焦市场主体和群众关切，在深化“放管服”改革优化营商环境方面推出一批有含金量的改革举措，支持试点城市先行先试，加快形成可在全国复制推广的制度创新成果，并根据试点情况适时扩大试点城市范围。（国务院职能转变协调办牵头，国务院相关部门及相关地区按职责分工负责）

（二十四）建立健全常态化政企沟通机制，充分听取各方面意见，对企业诉求"接诉即办"。以企业和群众的获得感和满意度作为评判标准,引入第三方评价机制,完善好差评制度,倒逼政府部门深化改革、改进服务。对改革进度慢、政策不落实的地区和单位,要及时督促整改;对严重损害营商环境和企业、群众利益的,要公开曝光、严肃问责。对锐意改革的地区和单位要表扬激励,成熟经验和典型做法要尽快复制推广。(国务院办公厅牵头,各地区、各部门负责)

(二十五)发挥法治引领和保障作用,坚持依法行政、依法办事,政府部门要主动与立法及司法机构沟通协调,及时推动相关法律法规调整和授权工作。落实好《优化营商环境条例》,巩固已有改革成果,将行之有效并可长期坚持的做法逐步上升为制度规范,以法治手段维护公平竞争环境,保障各项改革依法有序推进。(各地区、各部门负责)

具体措施:

抓好《优化营商环境条例》组织实施和督促落实。2020 年 11 月底前委托第三方机构对条例实施情况进行首轮评估,梳理分析条例执行中的经验做法和存在问题,并有针对性地提出改进措施。在中国政府网设立"优化营商环境进行时"平台,及时宣介和通报营商环境改革相关情况。(国务院办公厅牵头,各地区、各部门负责)

各地区要完善深化"放管服"改革和优化营商环境工作机制,一体化推进相关领域改革,配齐配强工作力量,抓好各项改革任务落地。各部门要结合各自职责,加强协同配合,形成改革合力。国务院办公厅要发挥对深化"放管服"改革和优化营商环境工作的牵头抓总作用,强化统筹协调、业务指导和督促落实,定期对重点改革举措实施情况开展评估,建立优化营商环境工作年度报告制度,总结推广经验做法,并及时纠正改革中出现的跑偏走样等问题,确保改革取得实效。各地区、各部门工作中取得的重大进展、存在的突出问题,要及时向国务院报告。

国务院办公厅关于防止耕地"非粮化"稳定粮食生产的意见

(2020 年 11 月 4 日　国办发〔2020〕44 号)

近年来,我国农业结构不断优化,区域布局趋于合理,粮食生产连年丰收,有力保障了国家粮食安全,为稳定经济社会发展大局提供坚实支撑。与此同时，部分地区也出现耕地“非粮化”倾向，一些地方把农业结构调整简单理解为压减粮食生产，一些经营主体违规在永久基本农田上种树挖塘，一些工商资本大规模流转耕地改种非粮作物等，这些问题如果任其发展，将影响国家粮食安全。各地区各部门要坚持以习近平新时代中国特色社会主义思想为指导，增强“四个意识”、坚定“四个自信”、做到“两个维护”，认真落实党中央、国务院决策部署，采取有力举措防止耕地“非粮化”，切实稳定粮食生产，牢牢守住国家粮食安全的生命线。经国务院同意，现提出以下意见。

一、充分认识防止耕地“非粮化”稳定粮食生产的重要性紧迫性

（一）坚持把确保国家粮食安全作为“三农”工作的首要任务。随着我国人口增长、消费结构不断升级和资源环境承载能力趋紧，粮食产需仍将维持紧平衡态势。新冠肺炎疫情全球大流行，国际农产品市场供给不确定性增加，必须以稳定国内粮食生产来应对国际形势变化带来的不确定性。各地区各部门要始终绷紧国家粮食安全这根弦，把稳定粮食生产作为农业供给侧结构性改革的前提，着力稳政策、稳面积、稳产量，坚持耕地管控、建设、激励多措并举，不断巩固提升粮食综合生产能力，确保谷物基本自给、口粮绝对安全，切实把握国家粮食安全主动权。

（二）坚持科学合理利用耕地资源。耕地是粮食生产的根基。我国耕地总量少，质量总体不高，后备资源不足，水热资源空间分布不匹配，确保国家粮食安全，必须处理好发展粮食生产和发挥比较效益的关系，不能单纯以经济效益决定耕地用途，必须将有限的耕地资源优先用于粮食生产。各地区各部门要认真落实重要农产品保障战略，进一步优化区域布局和生产结构，实施最严格的耕地保护制度，科学合理利用耕地资源，防止耕地“非粮化”，切实提高保障国家粮食安全和重要农产品有效供给水平。

（三）坚持共同扛起保障国家粮食安全的责任。我国人多地少的基本国情决定了必须举全国之力解决 14 亿人口的吃饭大事。各地区都有保障国家粮食安全的责任和义务，粮食主产区要努力发挥优势，巩固提升粮食综合生产能力，继续为全国作贡献；产销平衡区和主销区要保持应有的自给率，确保粮食种植面积不减少、产能有提升、产量不下降，共同维护好国家粮食安全。

二、坚持问题导向，坚决防止耕地“非粮化”倾向

（四）明确耕地利用优先序。对耕地实行特殊保护和用途管制，严格控制耕地转为林地、园地等其他类型农用地。永久基本农田是依法划定的优质耕地，要重点用于发展粮食生产，特别是保障稻谷、小麦、玉米三大谷物的种植面积。一般耕地应主要用于粮食和棉、油、糖、蔬菜等农产品及饲草饲料生产。耕地在优先满足粮食和食用农产品生产基础上，适度用于非食用农产品生产，对市场明显过剩的非食用农产品，要加以引导，防止无序发展。

（五）加强粮食生产功能区监管。各地区要把粮食生产功能区落实到地块，引导种植目标作物，保障粮食种植面积。组织开展粮食生产功能区划定情况“回头看”，对粮食种植面积大但划定面积少的进行补划，对耕地性质发生改变、不符合划定标准的予以剔除并及时补划。引导作物一年两熟以上的粮食生产功能区至少生产一季粮食，种植非粮作物的要在一季后能够恢复粮食生产。不得擅自调整粮食生产功能区，不得违规在粮食生产功能区内建设种植和养殖设施，不得违规将粮食生产功能区纳入退耕还林还草范围，不得在粮食生产功能区内超标准建设农田林网。

（六）稳定非主产区粮食种植面积。粮食产销平衡区和主销区要按照重要农产品区域布局及分品种生产供给方案要求，制定具体实施方案并抓好落实，扭转粮食种植面积下滑势头。产销平衡区要着力建成一批旱涝保收、高产稳产的口粮田，保证粮食基本自给。主销区要明确粮食种植面积底线，稳定和提高粮食自给率。

（七）有序引导工商资本下乡。鼓励和引导工商资本到农村从事良种繁育、粮食加工流通和粮食生产专业化社会化服务等。尽快修订农村土地经营权流转管理办法，督促各地区抓紧建立健全工商资本流转土地资格审查和项目审核制度，强化租赁农地监测监管，对工商资本违反相关产业发展规划大规模流转耕地不种粮的“非粮化”行为，一经发现要坚决予以纠正，并立即停止其享受相关扶持政策。

（八）严禁违规占用永久基本农田种树挖塘。贯彻土地管理法、基本农田保护条例有关规定，落实耕地保护目标和永久基本农田保护任务。严格规范永久基本农田上农业生产经营活动，禁止占用永久基本农田从事林果业以及挖塘养鱼、非法取土等破坏耕作层的行为，禁止闲置、荒芜永久基本农田。利用永久基本农田发展稻渔、稻虾、稻蟹等综合立体种养，应当以不破坏永久基本农田为前提，沟坑占比要符合稻渔综合种养技术规范通则标准。推动制订和完善相关法律法规，明确对占用永久基本农田从事林果业、挖塘养鱼等的处罚措施。

三、强化激励约束，落实粮食生产责任

（九）严格落实粮食安全省长责任制。各省、自治区、直辖市人民政府要切实承担起保障本地区粮食安全的主体责任，稳定粮食种植面积，将粮食生产目标任务分解到市县。要坚决遏制住耕地“非粮化”增量，同时对存量问题摸清情况，从实际出发，分类稳妥处置，不搞“一刀切”。国家发展改革委、农业农村部、国家粮食和储备局等部门要将防止耕地“非粮化”作为粮食安全省长责任制考核重要内容，提高粮食种植面积、产量和高标准农田建设等考核指标权重，细化对粮食主产区、产销平衡区和主销区的考核要求。严格考核并强化结果运用，对成绩突出的省份进行表扬，对落实不力的省份进行通报约谈，并与相关支持政策和资金相衔接。

（十）完善粮食生产支持政策。落实产粮大县奖励政策，健全粮食主产区利益补偿机制，着力保护和调动地方各级政府重农抓粮、农民务农种粮的积极性。将省域内高标准农田建设产生的新增耕地指标调剂收益优先用于农田建设再投入和债券偿还、贴息等。加大粮食生产功能区政策支持力度，相关农业资金向粮食生产功能区倾斜，优先支持粮食生产功能区内目标作物种植，加快把粮食生产功能区建成“一季千斤、两季一吨”的高标准粮田。加强对种粮主体的政策激励，支持家庭农场、农民合作社发展粮食适度规模经营，大力推进代耕代种、统防统治、土地托管等农业生产社会化服务，提高种粮规模效益。完善小麦稻谷最低收购价政策，继续实施稻谷补贴和玉米大豆生产者补贴，继续推进三大粮食作物完全成本保险和收入保险试点。积极开展粮食生产薄弱环节机械化技术试验示范，着力解决水稻机插、玉米籽粒机收等瓶颈问题，加快丘陵山区农田宜机化改造。支持建设粮食产后烘干、加工设施，延长产业链条，提高粮食经营效益。

（十一）加强耕地种粮情况监测。农业农村部、自然资源部要综合运用卫星遥感等现代信息技术，每半年开展一次全国耕地种粮情况监测评价，建立耕地“非粮化”情况通报机制。各地区要对本区域耕地种粮情况进行动态监测评价，发现问题及时整改，重大情况及时报告。定期对粮食生产功能区内目标作物种植情况进行监测评价，实行信息化、精细化管理，及时更新电子地图和数据库。

（十二）加强组织领导。各省、自治区、直辖市人民政府要按照本意见要求，抓紧制定工作方案，完善相关政策措施，稳妥有序抓好贯彻落实，于2020年年底前将有关落实情况报国务院，并抄送农业农村部、自然资源部。各有关部门要按照职责分工，切实做好相关工作。农业农村部、自然资源部要会同有关部门做好对本意见执行情况的监督检查。

国务院关于深入开展爱国卫生运动的意见

（2020年11月14日　国发〔2020〕15号）

爱国卫生运动是我们党把群众路线运用于卫生防病工作的成功实践，是贯彻预防为主方针的伟大创举。党的十八大以来，爱国卫生运动进一步强化党和政府领导，组织发动群众开展了一系列活动，有效改善了城乡环境卫生状况，群众健康素养显著提升，疾病防控取得显著成效。当前，爱国卫生工作仍存在一些薄弱环节，城乡区域发展不平衡不充分的问题仍然突出，工作方式方法比较单一，信息化程度还不高，基层机构和能力弱化。新冠肺炎疫情防控暴露出爱国卫生工作在环境卫生长效管理、群众组织动员和健康素养提升等方面仍存在短板。为深入贯彻习近平总书记关于爱国卫生工作的重要指示精神，落实党中央、国务院决策部署，继承和发扬爱国卫生运动优良传统，充分发挥爱国卫生运动的制度优势、组织优势、文化优势和群众优势，将爱国卫生运动与传染病、慢性病防控等紧密结合，全面改善人居环境，加快形成文明健康、绿色环保的生活方式，有效保障人民群众健康，提出以下意见。

一、总体要求

（一）指导思想。以习近平新时代中国特色社会主义思想为指导，全面贯彻党的十九大和十九届二中、三中、四中、五中全会精神，坚持以人民健康为中心，政府主导、跨部门协作、全社会动员，预防为主、群防群控，丰富工作内涵，创新方式方法，总结推广新冠肺炎疫情防控中的有效经验做法，突出问题和结果导向，强化大数据应用和法治化建设，着力改善人居环境，有效防控传染病和慢性病，提高群众健康素养和全民健康水平，为实现健康中国目标奠定坚实基础。

（二）总体目标。公共卫生设施不断完善，城乡环境面貌全面改善，文明健康、绿色环保的生活方式广泛普及，卫生城镇覆盖率持续提升，健康城市建设深入推进，健康细胞建设广泛开展，爱祖国、讲卫生、树文明、重健康的浓厚文化氛围普遍形成，爱国卫生运动传统深入全民，从部门到地方、从社会到个人、全方位多层次推进爱国卫生运动的整体联动新格局基本建立，社会健康综合治理能力全面提高。

二、完善公共卫生设施，改善城乡人居环境

（三）推进城乡环境卫生综合整治。以重点场所、薄弱环节为重点，全面推进城乡环境卫生综合整治，建立健全环境卫生管理长效机制，补齐公共卫生环境短板。推进农贸市场合理布局和标准化建设，规范市场功能分区设置，逐步取消市场活禽交易，维护好市场及周边环境卫生。加强小餐饮店、小作坊等食品生产经营场所环境卫生整治，推进餐饮业“明厨亮灶”。持续抓好城市老旧小区、城中村、城乡结合部、背街小巷、建筑工地等环境卫生管理。推进村庄清洁行动，深入持久开展农村人居环境整治。加强大气、水、土壤污染治理，严格实行污染物排放总量控制，严厉打击违法排污行为。逐步建立环境与健康调查、监测和风险评估制度,定期开展城乡环境卫生状况评价。

(四)加快垃圾污水治理。加强城市生活垃圾和污水处理设施建设,做好生活垃圾分类投放、分类收集、分类运输、分类处理,逐步实现城市生活垃圾减量化和资源化、无害化处理。通过政策鼓励、宣传教育等,引导群众主动参与垃圾分类。持续推进县域生活垃圾和污水统筹治理,有条件的地方垃圾污水处理设施和服务向农村延伸。因地制宜加强农村生活污水处理设施建设,确保污水不乱排。建立完善农村垃圾收运处置体系,开展垃圾源头减量、就地分类和资源化利用。积极开展农业面源污染治理,推进农药化肥减量增效、农膜回收利用、畜禽粪污和农作物秸秆资源化利用。加快医疗废物处置设施建设,完善医疗废物和污水处理。

(五)全面推进厕所革命。扎实推进农村户用卫生厕所建设改造,引导农村新建住房配套建设卫生厕所,人口规模较大村庄配套建设公共卫生厕所,强化管理维护,逐步扩大厕所粪污无害化处理和资源化利用覆盖面。推进学校厕所改造建设,提升规范化卫生管理水平,抓好粪污无害化处理。深入推进旅游厕所提档升级,提升管理维护水平。大力开展农贸市场、医疗卫生机构、客运站等重点公共场所厕所环境整治,有效改善厕所环境卫生状况。

(六)切实保障饮用水安全。依法严格饮用水水源保护区管理。完善水源保护、自来水生产、安全供水全过程监管体系,加强对饮用水水源、水厂供水和用水点的水质监测。推进规模化供水工程建设以及人口分散区域的小型供水工程规范化改造,不断提高农村供水保障水平。加快城市供水设施建设改造,提高供水能力,扩大供水范围。加强城市二次供水规范化管理。

(七)强化病媒生物防制。健全病媒生物监测网络,加强病媒生物监测,发生传染病疫情时增加监测频率、扩大监测范围,及时掌握病媒生物密度、种属和孳生情况,科学制定防制方案。坚持日常防制和集中防制、专业防制和常规防制相结合,积极开展以环境治理为主、药物防制为辅的病媒生物防制工作。消除病媒生物孳生环境,切断传染病传播途径,有效防控登革热、寨卡病毒病等媒介传染病。强化病媒消杀队伍建设,提升病媒生物防制能力。

三、开展健康知识科普,倡导文明健康、绿色环保的生活方式

(八)培养文明卫生习惯。广泛开展健康科普进村镇、进社区、进机关、进企业、进学校、进家庭活动,宣传公共卫生安全、重大疾病防控及不同季节重点流行疾病防控等卫生健康知识,引导群众践行健康强国理念,推广不随地吐痰、正确规范洗手、室内经常通风、科学佩戴口罩、保持社交距离、注重咳嗽礼仪、推广分餐公筷、看病网上预约等新冠肺炎疫时好习惯,筑牢传染病防控第一道防线。树立良好的饮食风尚,深入开展减油、减盐、减糖行动,革除滥食野生动物陋习，在机关、企事业单位和餐饮行业积极推广分餐制，倡导聚餐使用公勺公筷。将健康教育纳入国民教育体系，作为中小学素质教育的重要内容，以“小手拉大手”促进全社会形成文明卫生习惯。通过设立文明引导员、开展“随手拍”等方式，形成约束有力的社会监督机制，促进文明卫生习惯长效化。及时借鉴推广有关地方经验，通过出台法规规章强化落实个人公共卫生责任。

（九）倡导自主自律健康生活。充分利用爱国卫生月等各类活动，发挥权威专家作用，加大健康生活方式科普力度，引导群众主动学习掌握健康技能，养成戒烟限酒、适量运动、合理膳食、心理平衡的健康生活方式，有效预防高血压、糖尿病等慢性病。针对妇女、儿童青少年、职业人群、老年人等人群及其关注的健康问题，做好精准宣传和健康干预。以多种教育教学形式对学生进行健康干预，科学指导学生有效防控近视、肥胖等。利用人工智能、可穿戴设备等新技术手段，开展参与式健康活动，推广使用家庭健康工具包。加快无烟机关、无烟家庭、无烟医院、无烟学校等无烟环境建设。健全全民健身公共服务体系，完善体育健身设施，实施国家体育锻炼标准，广泛开展全民健身赛事活动，加强科学健身指导服务，营造良好的全民健身氛围。

（十）践行绿色环保生活理念。积极开展生态道德宣传教育，引导群众尊重自然、顺应自然、保护自然，切实增强节约意识、环保意识和生态意识。大力开展节约型机关、绿色家庭、绿色学校、绿色社区创建等行动，倡导简约适度、绿色低碳生活，引导群众争做生态环境的保护者、建设者。倡导珍惜水、电等资源能源，树立爱粮节粮等意识，拒绝“舌尖上的浪费”。完善城市慢行系统，优先发展公共交通，加快构建绿色低碳交通体系，大力倡导绿色出行。倡导使用环保用品，推动塑料产品替代和限制使用，加快推进不可降解塑料袋、一次性餐具等的限制禁止工作，解决过度包装问题。

（十一）促进群众心理健康。加强心理健康科普宣传，传播自尊自信、理性平和、乐观积极的理念和相关知识，引导形成和谐向上的家庭和社会氛围。健全传染病、地震、洪涝灾害等突发公共事件处置中的社会心理健康监测预警机制，强化心理健康促进和心理疏导、危机干预。建立健全政府、社会组织、专业机构、高等院校和科研院所共同参与的心理健康咨询服务机制，充分发挥“互联网+”作用，为群众提供方便可及的心理健康服务。加强心理健康服务志愿者队伍建设，支持拓展心理健康宣传疏导等志愿服务。

四、加强社会健康管理，协同推进健康中国建设

（十二）大力推进卫生城镇创建。完善国家卫生城镇创建标准，引导各地全面提升公共卫生环境设施建设和管理水平，营造干净整洁舒适的宜居环境。优化国家卫生城镇评审流程，完善长效化动态管理机制，探索建立定期抽查制度。充分利用信息化技术手段开展国家卫生城镇评审工作,切实提升工作效率,减轻基层负担。按照国家有关规定,采取评比、表彰等措施鼓励各地积极主动创建国家卫生城镇,有效破解环境卫生管理难题,打造良好生活环境。

(十三)全面开展健康城市建设。适应经济社会发展和健康中国建设需要,因地制宜开展健康城市建设,打造卫生城市升级版,建成一批健康城市建设样板。修订完善健康城市建设评价指标体系,将健康中国行动相关要求纳入评价范围,探索开展基于大数据的第三方评价,推动健康中国行动落地见效。推动各地把全生命周期健康管理理念贯穿城市规划、建设、管理全过程各环节,健全完善相关法规规章,制订出台并不断完善城市卫生健康、法治、教育、社会保障、交通、食品、药品、体育健身、养老服务等各领域的综合策略和干预措施。加快建设适应城镇化快速发展、城市人口密集集中特点的公共卫生体系,强化健康风险防控,从源头上消除影响健康的各种隐患。建立健康影响评估制度,推动各地系统评估各项经济社会发展规划、政策法规及重大工程项目对健康的影响,全力推动将健康融入所有政策。

(十四)加快健康细胞建设。制订健康村镇、健康社区、健康单位(企业)、健康学校、健康家庭等健康细胞建设标准,引导和规范各地健康细胞建设。鼓励各地根据自身经济发展水平、文化特点等,以整洁宜居的环境、便民优质的服务、和谐文明的文化为主要内容,培育一批健康细胞建设特色样板,发挥辐射带动作用。有针对性采取措施,着力推动全社会健康环境改善、健康服务优化、健康教育普及和健康行为养成,推动公共卫生服务下沉,筑牢健康中国建设的微观基础。

五、创新工作方式方法,提升科学管理水平

(十五)加强法治化保障。推进实施基本医疗卫生与健康促进法、传染病防治法等法律法规,落实相关工作要求。制定出台全国层面的爱国卫生法规,将实践证明行之有效的好经验、好做法凝练提升为法律制度,进一步明确爱国卫生工作的目标任务、工作方法、管理措施和各方责任,指导各地及时修订完善地方爱国卫生法规规章。完善爱国卫生工作相关技术标准,推进工作规范化、标准化。

(十六)强化社会动员。加快爱国卫生与基层治理工作融合,推动形成自上而下行政动员与自下而上主动参与结合、平战结合的群众动员机制。推进村(居)民委员会公共卫生委员会建设和社区网格化管理,以基层爱国卫生工作人员为主,以家庭医生、计生专干、专业社会工作者、物业服务人员、志愿者等组成的兼职爱国卫生队伍为辅,推动组建居民健康管理互助小组,提高基层公共卫生工作能力水平。依托乡镇人民政府(街道办事处)、村(居)民委员会等基层组织及机关、企事业单位，发挥工会、共青团、妇联等群团组织作用，推广周末大扫除、卫生清洁日活动及制定村规民约、居民公约等有效经验，推动爱国卫生运动融入群众日常生活。通过政府购买服务等方式，支持社会组织、专业社会工作者和志愿者积极参与。

（十七）加强政策研究和技术支撑。深入开展环境卫生治理、社会健康管理等爱国卫生政策理论研究，充分发挥社会组织、专业机构、高等院校和科研院所等作用，加强爱国卫生工作技术指导、政策咨询和宣传引导。建立健全专家咨询制度，开展政策效果分析，推进爱国卫生专业技术开发，建立健全规范化的技术培训制度。加强爱国卫生信息化建设，充分利用大数据、人工智能等新技术开展爱国卫生工作，提高科学决策和精细管理能力。

六、强化组织实施

（十八）加强组织领导。各地要进一步统一思想、提高认识，把爱国卫生工作列入政府重要议事日程，纳入政府绩效考核指标，常抓不懈推动工作落实。各部门要加强工作协调联动，按照职责分工扎实部署推进本领域相关工作。各级爱国卫生运动委员会要把爱国卫生运动与群众性精神文明创建活动有机结合，制订具体工作方案和计划，明确责任分工、细化目标任务，确保各项工作取得实效。要及时总结和推广各地各部门典型经验和做法，建立定期通报机制，对工作突出、成效明显的给予表扬，对作出重要贡献的按照国家有关规定予以表彰，对措施不力、工作滑坡的给予批评并督促整改。

（十九）加强工作保障。各地要进一步强化爱国卫生工作体系建设，在部门设置、职能调整、人员配备、经费投入等方面予以保障，街道（乡镇）、社区（村）、机关、企事业单位要明确专兼职爱国卫生工作人员，推动爱国卫生各项工作落实到城乡基层。加强爱国卫生工作人员能力建设，提高统筹谋划、协调动员、科学管理等能力水平。

（二十）加强宣传引导。充分利用各类媒体特别是互联网、移动客户端等新媒体，全方位、多层次宣传爱国卫生运动，提升宣传效果，凝聚全社会共识，引导群众关心关注、积极参与。畅通监督渠道，主动接受社会和群众监督，及时回应社会关切，认真解决群众反映的问题，不断提高群众满意度和获得感，营造良好的社会氛围。

（二十一）加强国际合作。积极参与全球卫生治理，围绕全球公共卫生面临的问题和挑战，开展多层面国际交流合作，推动构建人类卫生健康共同体。加强与有关国际组织、世界各国的沟通交流与合作，学习借鉴健康城市、控烟等领域工作理念和经验做法，讲好爱国卫生运动的中国故事，不断促进爱国卫生运动深入开展。

国务院办公厅印发关于切实解决老年人运用智能技术困难实施方案的通知

（2020 年 11 月 15 日　国办发〔2020〕45 号）

《关于切实解决老年人运用智能技术困难的实施方案》已经国务院同意，现印发给你们，请结合实际认真贯彻落实。

各地区、各部门要落实主体责任，加强工作统筹，建立工作台账，明确时间表和路线图，聚焦涉及老年人的高频事项和服务场景，坚持传统服务方式与智能化服务创新并行，切实解决老年人在运用智能技术方面遇到的突出困难，确保各项工作做实做细、落实到位，为老年人提供更周全、更贴心、更直接的便利化服务。

关于切实解决老年人运用智能技术困难的实施方案

随着我国互联网、大数据、人工智能等信息技术快速发展，智能化服务得到广泛应用，深刻改变了生产生活方式，提高了社会治理和服务效能。但同时，我国老龄人口数量快速增长，不少老年人不会上网、不会使用智能手机，在出行、就医、消费等日常生活中遇到不便，无法充分享受智能化服务带来的便利，老年人面临的“数字鸿沟”问题日益凸显。为进一步推动解决老年人在运用智能技术方面遇到的困难，让老年人更好共享信息化发展成果，制定本实施方案。

一、总体要求

（一）指导思想。

以习近平新时代中国特色社会主义思想为指导，全面贯彻党的十九大和十九届二中、三中、四中、五中全会精神，认真落实党中央、国务院决策部署，坚持以人民为中心的发展思想，满足人民日益增长的美好生活需要，持续推动充分兼顾老年人需要的智慧社会建设，坚持传统服务方式与智能化服务创新并行，切实解决老年人在运用智能技术方面遇到的困难。要适应统筹推进疫情防控和经济社会发展工作要求，聚焦老年人日常生活涉及的高频事项，做实做细为老年人服务的各项工作，增进包括老年人在内的全体人民福祉，让老年人在信息化发展中有更多获得感、幸福感、安全感。

（二）基本原则。

——坚持传统服务与智能创新相结合。在各类日常生活场景中，必须保留老年人熟悉的传统服务方式，充分保障在运用智能技术方面遇到困难的老年人的基本需求；紧贴老年人需求特点，加强技术创新，提供更多智能化适老产品和服务，促进智能技术有效推广应用，让老年人能用、会用、敢用、想用。坚持“两条腿”走路，使智能化管理适应老年人，并不断改进传统服务方式，为老年人提供更周全、更贴心、更直接的便利化服务。

——坚持普遍适用与分类推进相结合。强化问题导向和需求导向，针对老年人在运用智能技术方面遇到的突出共性问题，采取普遍适用的政策措施；对不同年龄段、不同教育背景、不同生活环境和习惯的老年人，分类梳理问题，采取有针对性、差异化的解决方案。

——坚持线上服务与线下渠道相结合。线上服务更加突出人性化，充分考虑老年人习惯，便利老年人使用；线下渠道进一步优化流程、简化手续，不断改善老年人服务体验，与线上服务融合发展、互为补充，有效发挥兜底保障作用。

——坚持解决突出问题与形成长效机制相结合。围绕老年人出行、就医等高频事项和服务场景，抓紧解决目前最突出、最紧迫的问题，切实保障老年人基本服务需要；在此基础上，逐步总结积累经验，不断提升智能化服务水平，完善服务保障措施，建立长效机制，有效解决老年人面临的“数字鸿沟”问题。

（三）工作目标。

在政策引导和全社会的共同努力下，有效解决老年人在运用智能技术方面遇到的困难，让广大老年人更好地适应并融入智慧社会。到2020年底前，集中力量推动各项传统服务兜底保障到位，抓紧出台实施一批解决老年人运用智能技术最迫切问题的有效措施，切实满足老年人基本生活需要。到2021年底前，围绕老年人出行、就医、消费、文娱、办事等高频事项和服务场景，推动老年人享受智能化服务更加普遍，传统服务方式更加完善。到2022年底前，老年人享受智能化服务水平显著提升、便捷性不断提高，线上线下服务更加高效协同，解决老年人面临的“数字鸿沟”问题的长效机制基本建立。

二、重点任务

（一）做好突发事件应急响应状态下对老年人的服务保障。

1. 完善“健康码”管理，便利老年人通行。在新冠肺炎疫情低风险地区，除机场、铁路车站、长途客运站、码头和出入境口岸等特殊场所外，一般不用查验“健康码”。对需查验“健康码”的情形，通过技术手段将疫情防控相关信息自动整合到“健康码”，简化操作以适合老年人使用，优化代办代查等服务，继续推行“健康码”全国互通互认，便利老年人跨省通行。各地不得将“健康码”作为人员通行的唯一凭证，对老年人等群体可采取凭有效身份证件登记、持纸质证明通行、出示“通信行程卡”作为辅助行程证明等替代措施。有条件的地区和场所要为不使用智能手机的老年人设立“无健康码通道”，做好服务引导和健康核验。在充分保障个人信息安全前提下，推进“健康码”与身份证、社保卡、老年卡、市民卡等互相关联，逐步实现“刷卡”或“刷脸”通行。对因“健康码”管理不当造成恶劣影响的，根据有关规定追究相关单位负责人的责任。（国家卫生健康委、国务院办公厅、工业和信息化部牵头，相关部门及各地区按职责分工负责）

2. 保障居家老年人基本服务需要。在常态化疫情防控下，为有效解决老年人无法使用智能技术获取线上服务的困难，组织、引导、便利城乡社区组织、机构和各类社会力量进社区、进家庭，建设改造一批社区便民消费服务中心、老年服务站等设施，为居家老年人特别是高龄、空巢、失能、留守等重点群体，提供生活用品代购、餐饮外卖、家政预约、代收代缴、挂号取药、上门巡诊、精神慰藉等服务，满足基本生活需求。（商务部、民政部、住房城乡建设部、国家卫生健康委等相关部门按职责分工负责）

3. 在突发事件处置中做好帮助老年人应对工作。在自然灾害、事故灾难、公共卫生事件、社会安全事件等突发事件处置中，需采取必要智能化管理和服务措施的，要在应急预案中统筹考虑老年人需要，提供突发事件风险提醒、紧急避难场所提示、“一键呼叫”应急救援、受灾人群转移安置、救灾物资分配发放等线上线下相结合的应急救援和保障服务，切实解决在应急处置状态下老年人遇到的困难。（应急部、公安部、国家卫生健康委等相关部门及各地区按职责分工负责）

（二）便利老年人日常交通出行。

4. 优化老年人打车出行服务。保持巡游出租车扬召服务，对电召服务要提高电话接线率。引导网约车平台公司优化约车软件，增设“一键叫车”功能，鼓励提供电召服务，对老年人订单优先派车。鼓励有条件的地区在医院、居民集中居住区、重要商业区等场所设置出租车候客点、临时停靠点，依托信息化技术提供便捷叫车服务。（交通运输部及各地区按职责分工负责）

5. 便利老年人乘坐公共交通。铁路、公路、水运、民航客运等公共交通在推行移动支付、电子客票、扫码乘车的同时，保留使用现金、纸质票据、凭证、证件等乘车的方式。推进交通一卡通全国互通与便捷应用，支持具备条件的社保卡增加交通出行功能，鼓励有条件的地区推行老年人凭身份证、社保卡、老年卡等证件乘坐城市公共交通。（交通运输部、人力资源社会保障部、人民银行、国家铁路局、中国民航局、中国国家铁路集团有限公司及各地区按职责分工负责）

6. 提高客运场站人工服务质量。进一步优化铁路、公路、水运、民航客运场站及轨道交通站点等窗口服务，方便老年人现场购票、打印票证等。高速公路服务区、收费站等服务窗口要为老年人提供咨询、指引等便利化服务和帮助。（交通运输部、国家铁路局、中国民航局、中国国家铁路集团有限公司及各地区按职责分工负责）

（三）便利老年人日常就医。

7. 提供多渠道挂号等就诊服务。医疗机构、相关企业要完善电话、网络、现场等多种预约挂号方式，畅通家人、亲友、家庭签约医生等代老年人预约挂号的渠道。医疗机构应提供一定比例的现场号源，保留挂号、缴费、打印检验报告等人工服务窗口，配备导医、志愿者、社会工作者等人员，为老年人提供就医指导服务。（国家卫生健康委负责）

8. 优化老年人网上办理就医服务。简化网上办理就医服务流程，为老年人提供语音引导、人工咨询等服务，逐步实现网上就医服务与医疗机构自助挂号、取号叫号、缴费、打印检验报告、取药等智能终端设备的信息联通，促进线上线下服务结合。推动通过身份证、社保卡、医保电子凭证等多介质办理就医服务，鼓励在就医场景中应用人脸识别等技术。（国家卫生健康委、公安部、人力资源社会保障部、国家医保局等相关部门按职责分工负责）

9. 完善老年人日常健康管理服务。搭建社区、家庭健康服务平台，由家庭签约医生、家人和有关市场主体等共同帮助老年人获得健康监测、咨询指导、药品配送等服务，满足居家老年人的健康需求。推进“互联网+医疗健康”，提供老年人常见病、慢性病复诊以及随访管理等服务。（国家卫生健康委负责）

（四）便利老年人日常消费。

10. 保留传统金融服务方式。任何单位和个人不得以格式条款、通知、声明、告示等方式拒收现金。要改善服务人员的面对面服务，零售、餐饮、商场、公园等老年人高频消费场所，水电气费等基本公共服务费用、行政事业性费用缴纳，应支持现金和银行卡支付。强化支付市场监管，加大对拒收现金、拒绝银行卡支付等歧视行为的整改整治力度。采用无人销售方式经营的场所应以适当方式满足消费者现金支付需求，提供现金支付渠道或转换手段。（人民银行、国家发展改革委、市场监管总局、银保监会等相关部门按职责分工负责）

11. 提升网络消费便利化水平。完善金融科技标准规则体系，推动金融机构、非银行支付机构、网络购物平台等优化用户注册、银行卡绑定和支付流程，打造大字版、语音版、民族语言版、简洁版等适老手机银行APP，提升手机银行产品的易用性和安全性，便利老年人进行网上购物、订餐、家政、生活缴费等日常消费。平台企业要提供技术措施，保障老年人网上支付安全。（人民银行、国家发展改革委、市场监管总局、银保监会、证监会等相关部门按职责分工负责）

（五）便利老年人文体活动。

12. 提高文体场所服务适老化程度。需要提前预约的公园、体育健身场馆、旅游景区、文化馆、图书馆、博物馆、美术馆等场所，应保留人工窗口和电话专线，为老年人保留一定数量的线下免预约进入或购票名额。同时，在老年人进入文体场馆和旅游景区、获取电子讲解、参与全民健身赛事活动、使用智能健身器械等方面，提供必要的信息引导、人工帮扶等服务。（文化和旅游部、住房城乡建设部、体育总局及各地区按职责分工负责）

13. 丰富老年人参加文体活动的智能化渠道。引导公共文化体育机构、文体和旅游类企业提供更多适老化智能产品和服务，同时开展丰富的传统文体活动。针对广场舞、群众歌咏等方面的普遍文化需求，开发设计适老智能应用，为老年人社交娱乐提供便利。探索通过虚拟现实、增强现实等技术，帮助老年人便捷享受在线游览、观赛观展、体感健身等智能化服务。（文化和旅游部、体育总局及各地区按职责分工负责）

（六）便利老年人办事服务。

14. 优化“互联网+政务服务”应用。依托全国一体化政务服务平台，进一步推进政务数据共享，优化政务服务，实现社会保险待遇资格认证、津贴补贴领取等老年人高频服务事项便捷办理，让老年人办事少跑腿。各级政务服务平台应具备授权代理、亲友代办等功能，方便不使用或不会操作智能手机的老年人网上办事。（国务院办公厅牵头，相关部门及各地区按职责分工负责）

15. 设置必要的线下办事渠道。医疗、社保、民政、金融、电信、邮政、信访、出入境、生活缴费等高频服务事项，应保留线下办理渠道，并向基层延伸，为老年人提供便捷服务。实体办事大厅和社区综合服务设施应合理布局，配备引导人员，设置现场接待窗口，优先接待老年人，推广“一站式”服务，进一步改善老年人办事体验。（相关部门及各地区按职责分工负责）

（七）便利老年人使用智能化产品和服务应用。

16. 扩大适老化智能终端产品供给。推动手机等智能终端产品适老化改造，使其具备大屏幕、大字体、大音量、大电池容量、操作简单等更多方便老年人使用的特点。积极开发智能辅具、智能家居和健康监测、养老照护等智能化终端产品。发布智慧健康养老产品及服务推广目录，开展应用试点示范，按照适老化要求推动智能终端持续优化升级。建设智慧健康养老终端设备的标准及检测公共服务平台，提升适老产品设计、研发、检测、认证能力。（工业和信息化部、国家发展改革委、民政部、国家卫生健康委、市场监管总局等相关部门按职责分工负责）

17. 推进互联网应用适老化改造。组织开展互联网网站、移动互联网应用改造专项行动，重点推动与老年人日常生活密切相关的政务服务、社区服务、新闻媒体、社交通讯、生活购物、金融服务等互联网网站、移动互联网应用适老化改造，使其更便于老年人获取信息和服务。优化界面交互、内容朗读、操作提示、语音辅助等功能，鼓励企业提供相关应用的“关怀模式”、“长辈模式”，将无障碍改造纳入日常更新维护。（工业和信息化部、民政部、人民银行、银保监会、证监会等相关部门按职责分工负责）

18. 为老年人提供更优质的电信服务。持续开展电信普遍服务试点，推进行政村移动网络深度覆盖，加强偏远地区养老服务机构、老年活动中心等宽带网络覆盖。开展精准降费，引导基础电信企业为老年人提供更大力度的资费优惠，合理降低使用手机、宽带网络等服务费用，推出更多老年人用得起的电信服务。（工业和信息化部、财政部、国务院国资委等相关部门按职责分工负责）

19. 加强应用培训。针对老年人在日常生活中的应用困难，组织行业培训机构和专家开展专题培训，提高老年人对智能化应用的操作能力。鼓励亲友、村（居）委会、老年协会、志愿者等为老年人运用智能化产品提供相应帮助。引导厂商针对老年人常用的产品功能，设计制作专门的简易使用手册和视频教程。（教育部、民政部、人力资源社会保障部、国家卫生健康委、市场监管总局、银保监会、证监会等相关部门按职责分工负责）

20. 开展老年人智能技术教育。将加强老年人运用智能技术能力列为老年教育的重点内容，通过体验学习、尝试应用、经验交流、互助帮扶等，引导老年人了解新事物、体验新科技，积极融入智慧社会。推动各类教育机构针对老年人研发全媒体课程体系，通过老年大学（学校）、养老服务机构、社区教育机构等，采取线上线下相结合的方式，帮助老年人提高运用智能技术的能力和水平。（教育部、民政部、国家卫生健康委等相关部门按职责分工负责）

三、保障措施

（一）健全工作机制。建立国家发展改革委、国家卫生健康委牵头，国务院各有关部门参加的部际联席会议机制，明确责任分工，加强统筹推进。各地区要建立相应的协调推进机制，细化措施，确保任务落实到位。各地区、各部门要加强工作协同和信息共享，形成统筹推进、分工负责、上下联动的工作格局，加快建立解决老年人面临“数字鸿沟”问题的长效机制。（国家发展改革委、国家卫生健康委牵头，相关部门及各地区按职责分工负责）

（二）完善法规规范。加快推动制修订涉及现金支付、消费者权益保护、防止诈骗、无障碍改造等相关法律法规和部门规章，切实保障老年人使用智能技术过程中的各项合法权益。各地区要围绕出行、就医、消费、办事等老年人日常生活需求，推动相关地方性法规制修订工作。加快推进相关智能产品与服务标准规范制修订工作，进一步明确有关适老化的内容。（司法部、人民银行、市场监管总局牵头，相关部门及各地区按职责分工负责）

（三）加强督促落实。各地区、各部门要明确时间表、路线图，建立工作台账，强化工作落实，及时跟踪分析涉及本地区、本部门的相关政策措施实施进展及成效，确保各项工作措施做实做细、落实到位。要定期组织开展第三方评估，对各地区公共服务适老化程度进行评价，相关结果纳入积极应对人口老龄化综合评估。（国家发展改革委、国家卫生健康委牵头，相关部门及各地区按职责分工负责）

（四）保障信息安全。规范智能化产品和服务中的个人信息收集、使用等活动，综合运用多种安全防护手段和风险控制措施，加强技术监测和监督检查，及时曝光并处置违法违规获取个人信息等行为。实施常态化综合监管，加强与媒体等社会力量合作，充分依托各类举报投诉热线，严厉打击电信网络诈骗等违法行为，切实保障老年人安全使用智能化产品、享受智能化服务。（中央网信办、工业和信息化部、公安部等相关部门按职责分工负责）

（五）开展普及宣传。将促进老年人融入智慧社会作为人口老龄化国情教育重点，加强正面宣传和舆论监督，弘扬尊重和关爱老年人的社会风尚。开展智慧助老行动，将解决老年人运用智能技术困难相关工作，纳入老年友好城市、老年友好社区、老年宜居环境等建设中统筹推进。对各地区有益做法、典型案例及时进行宣传报道，组织开展经验交流。（中央宣传部、中央网信办、国家发展改革委、住房城乡建设部、国家卫生健康委等相关部门按职责分工负责）

国务院办公厅关于对国务院第七次大督查发现的典型经验做法给予表扬的通报

（2020 年 11 月 19 日　国办发〔2020〕46 号）

为进一步推动中央经济工作会议部署和《政府工作报告》提出的目标任务落到实处，国务院部署开展了第七次大督查。从督查情况看，各有关地区在以习近平同志为核心的党中央坚强领导下，以习近平新时代中国特色社会主义思想为指导，认真贯彻党中央、国务院重大决策部署，迎难而上、担当作为，统筹推进新冠肺炎疫情防控和经济社会发展，做好“六稳”工作、落实“六保”任务，全力稳住经济基本盘，着力保障和改善民生，各项工作取得积极成效。在对 14 个省（自治区、直辖市）和新疆生产建设兵团开展实地督查时发现，有关地区围绕稳就业保民生、保市场主体、深化“放管服”改革优化营商环境、扩大内需和稳外贸稳外资、秋冬季新冠肺炎疫情防控等方面，结合本地实际，勇于担当、真抓实干，形成了一批具有代表性、典型性的经验做法。

为表扬先进，宣传典型，进一步激励各地区各部门主动作为、狠抓落实，推动形成开拓创新、比学赶超的生动局面，经国务院同意，对北京市做实做细做好深化“放管服”改革工作打造国际一流营商环境等 43 项典型经验做法予以通报表扬。希望受到表扬的地方珍惜荣誉，再接再厉，充分发挥示范引领和带动作用，取得新的更大成绩。

各地区各部门要全面贯彻党的十九大和十九届二中、三中、四中、五中全会精神，统筹推进“五位一体”总体布局，协调推进“四个全面”战略布局，坚持稳中求进工作总基调，坚持新发展理念，按照推动高质量发展、构建新发展格局的要求，抓好新冠肺炎疫情常态化防控，持续做好“六稳”工作、落实“六保”任务，积极应对各种风险挑战。要学习借鉴典型经验做法，发扬实干精神，勇于攻坚克难，增强抓落实的主动性和自觉性，力戒形式主义、官僚主义，确保完成全年经济社会发展主要目标任务，为决胜全面建成小康社会、顺利开启全面建设社会主义现代化国家新征程作出应有贡献。

附件：国务院第七次大督查发现的典型经验做法（共 43 项）

附件

国务院第七次大督查发现的典型经验做法

（共 43 项）

1. 北京市做实做细做好深化“放管服”改革工作打造国际一流营商环境。

2. 北京市建立完善“接诉即办”机制提升城市治理效能。

3. 北京市出口退税全程网上办理和实地核查容缺办理成效明显。

4. 河北省石家庄市打出金融“组合拳”助力实体经济发展。

5. 河北省张家口市加快推动氢能产业全链条发展。

6. 河北省唐山市开展“春雨金服”行动助企惠企。

7. 黑龙江省坚持科技创新模式创新全力稳住粮食生产基本盘。

8. 黑龙江省哈尔滨市积极推动信用体系建设法治化规范化标准化。

9. 黑龙江省齐齐哈尔市实施零售药店“证照联办、许可合一”做到准入即准营。

10. 上海市为新设企业免费同步发放电子营业执照和电子印章积极拓展相关应用领域。

11. 上海市推出线上“点单式”服务平台便利企业申领就业补贴。

12. 上海市徐汇区运用“一网统管”平台实现精准救助。

13. 江苏省大力推动公共资源领域“不见面”交易。

14. 江苏省常州市打造智慧“五云”就业服务新体系。

15. 江苏省苏州市开发“政策计算器”变企业找政策为政策找企业。

16. 浙江省构建“一图一码一库一平台一指数”新冠肺炎疫情防控机制。

17. 浙江省优化企业投资项目审批流程大幅压缩审批时间。

18. 浙江省杭州市依托“城市大脑”提升政府数字治理能力。

19. 福建省构建生态环境亲清服务平台助力企业“绿色领跑”。

20. 福建省创新“1234”稳就业工作法保持就业形势总体平稳。

21. 福建省将乐县打造“绿水青山”赢得“金山银山”。

22. 河南省水利厅、濮阳市探索供水“四化”新路径保障农村饮水安全。

23. 河南省漯河市坚持“三链同构”推动食品产业向纵深发展。

24. 河南省鹤壁市建立“五位一体”服务机制为企业保驾护航。

25. 湖北省开展“大培训、大练兵、大督导”活动提升新冠肺炎疫情防控能力。

26. 湖北省加大稳岗返还力度降门槛简程序惠企业稳就业。

27. 湖北省宜昌市推行“六多合一”改革破解项目审批和企业开办难点堵点。

28. 湖南省实现施工图审查“零跑腿、零接触、零付费”。

29. 湖南省长沙市以产业链建设为抓手推动先进制造业高质量发展。

30. 湖南省湘潭市开展“送政策、送岗位、送服务”活动实现企业稳行业稳重点人群稳。

31. 广东省广州市越秀区推动“四个结合”释放北京路步行街消费升级新活力。

32. 广东省深圳市推进产学研资深度融合激发创新创业活力。

33. 广东省东莞市全面提升服务企业水平有效稳住外贸基本盘。

34. 陕西省咸阳市多措并举为市场主体减负让利。

35. 陕西省商洛市精准施策力保重点群体就业。

36. 陕西省紫阳县开展“五窗联动”实现政务服务快捷高效。

37. 青海省综合施策促进就业形势稳定向好。

38. 青海省西宁市推进居家和社区养老服务改革打造高原幸福养老之城。

39. 青海省尖扎县通过产业帮扶让易地扶贫搬迁群众捧上“金饭碗”。

40. 新疆维吾尔自治区优化税务服务实现监管“无事不扰、无处不在”。

41. 新疆维吾尔自治区助力南疆贫困人口脱贫增收。

42. 新疆维吾尔自治区克拉玛依市深化商事制度改革做到便民利民可复制。

43. 新疆生产建设兵团全力推动高校毕业生就业创业培育新时代戍边人。

国务院办公厅关于推进人工影响天气工作高质量发展的意见

(2020 年 11 月 24 日　国办发〔2020〕47 号)

近年来,我国人工影响天气工作快速发展,作业能力和管理水平不断提升,在服务农业生产、支持防灾减灾救灾、助力生态文明建设和保障重大活动等方面发挥了重要作用。为推进人工影响天气工作高质量发展,经国务院同意,现提出以下意见。

一、总体要求

(一)指导思想。以习近平新时代中国特色社会主义思想为指导,深入贯彻党的十九大和十九届二中、三中、四中、五中全会精神，认真落实党中央、国务院决策部署，坚持以人民为中心的发展思想，贯彻新发展理念，准确把握人工影响天气工作的基础性、公益性定位，完善体制机制，强化能力建设，加快科技创新，提高作业水平，更好服务经济社会发展，为防灾减灾救灾、国家重大战略实施和人民群众安全福祉提供坚实保障。

（二）基本原则。

坚持以人为本，服务发展。把保障人民群众生命财产安全放在首位，聚焦实施乡村振兴、主体功能区等重大战略，积极开展人工影响天气作业，最大限度降低灾害损失。

坚持政府主导，统筹协调。落实地方政府属地责任，明确相关部门职责，加快构建政府主导、部门联动、军地协同、齐抓共管的人工影响天气工作格局，科学规划，统筹资源，形成工作合力。

坚持科技引领，创新驱动。把创新作为引领发展的第一动力，加强基础理论研究，实现关键技术突破，加快成果转化应用，创新人才培养机制，不断提升人工影响天气工作质量和效益。

坚持安全至上，防控结合。牢固树立安全生产是人工影响天气工作底线要求的观念，紧盯关键领域和薄弱环节，不断完善管理制度，健全监管机制，落实监管措施，提高风险防范和安全作业能力。

（三）发展目标。到2025年，形成组织完善、服务精细、保障有力的人工影响天气工作体系，基础研究和关键技术研发取得重要突破，现代化水平和精细化服务能力稳步提升，安全风险综合防范能力明显增强，体制机制和政策环境更加优化，人工增雨（雪）作业影响面积达到550万平方公里以上，人工防雹作业保护面积达到58万平方公里以上。到2035年，推动我国人工影响天气业务、科技、服务能力达到世界先进水平。

二、做好重点领域服务保障

（四）强化农业生产服务。开展粮食生产功能区、重要农产品生产保护区和特色农产品优势区干旱、冰雹等灾害评估与区划工作。加大重点区域、重要农事季节的抗旱、防雹作业力度，强化动态监测和区域联防，减轻灾害损失，保障国家粮食安全和重要农产品供给。（中国气象局、农业农村部和地方人民政府按职责分工负责。以下均需地方人民政府负责，不再列出）

（五）支持生态保护与修复。针对重要生态系统保护和修复需求，因地制宜制定常态化人工影响天气作业工作计划。提升青藏高原生态屏障区、黄河重点生态区、长江重点生态区、东北森林带、北方防沙带、南方丘陵山地带以及重要河流水源区的人工影响天气保障能力。积极开展重点区域人工影响天气作业，发挥其在水源涵养、水土保持、植被恢复、生物多样性保护、水库增蓄水等方面的作用。（中国气象局、自然资源部、水利部、农业农村部、国家林草局等按职责分工负责）

（六）做好重大应急保障服务。完善应对森林草原火灾火险、异常高温干旱等事件的人工影响天气应急工作机制，及时启动相应的人工影响天气作业。加强强对流等极端天气监测预警。根据重大活动需要，建立人工影响天气试验演练工作机制，制定工作方案，加强技术储备，保障重大活动顺利开展。提升军民联合应急保障能力。（中国气象局、水利部、农业农村部、应急部、国家林草局、中央军委联合参谋部等按职责分工负责）

三、增强基础业务能力

（七）提升监测能力。聚焦人工影响天气重点作业区域优化探测装备布局。统筹提升气象卫星监测能力，加快补上云降水空中探测短板，补充布设云降水地面探测设备，构建监测精密、技术先进的"天基—空基—地基"云水资源立体探测系统，为人工影响天气监测预警、指挥作业和效果评估提供基础支撑。（中国气象局、国家发展改革委、财政部、国家国防科工局等按职责分工负责）

（八）提升作业能力。发展高性能增雨飞机，推进作业飞机驻地专业保障基地和设施建设，提升精准催化、实时通信和专业保障水平。加快地面固定作业点标准化建设，推进火箭、高射炮、烟炉等作业装备自动化、标准化、信息化改造和列装。推广应用高效、安全、绿色作业弹药。建设监测与作业一体化的智能物联站点。探索大型无人机等人工影响天气作业新方式、新手段。（中国气象局、国家发展改革委、工业和信息化部、财政部、国家国防科工局、中国民航局等按职责分工负责）

（九）提升指挥能力。推进国家和地方人工影响天气指挥平台建设，提升指挥调度和区域协同水平。做好汛期气候趋势监测，提前研判人工影响天气作业需求。发展多源融合云降水同化分析和数值预报系统，提高作业条件识别和效果评估能力。加强空中交通管制部门与气象部门的信息融合，建立智能识别、科学指挥、精准作业、定量评估的人工影响天气一体化业务系统。（中国气象局、国家发展改革委、财政部、中国民航局、中央军委联合参谋部等按职责分工负责）

四、强化科技创新和人才支撑

（十）聚焦关键核心技术攻关。完善人工影响天气科技创新体系。支持人工影响天气基础研究、应用研究，加大重大科技攻关力度，深入开展全球气候变化背景下的云降水和人工影响天气机理研究，着力在云水资源评估、作业条件监测预报、作业催化、效果检验和效益评价等关键技术上实现突破。加快重大技术装备研发,推进人工智能、大数据、互联网等新技术应用。加强国际交流,提高技术创新开放合作水平。(科技部、教育部、工业和信息化部、中科院、中国气象局、国家自然科学基金委等按职责分工负责)

(十一)改善科学试验基础条件。建设国家级人工影响天气科学试验基地和重点实验室。分类建设人工影响天气科学试验示范区,持续开展人工增雨(雪)、防雹、消云减雨、消雾、改善空气质量等科学试验,逐步提高科技水平和科技成果转化成效。(科技部、国家发展改革委、教育部、工业和信息化部、中科院、中国气象局、国家国防科工局、国家自然科学基金委等按职责分工负责)

(十二)加强人才和专业队伍建设。围绕重大科技攻关,加强人工影响天气科技创新团队和高层次人才队伍建设,培养相关专业科技人才。统筹各类专业队伍集约发展,加强基层专业化作业队伍建设,强化技术培训,健全聘用管理制度和激励机制,配强骨干力量。健全人工影响天气作业人员劳动保护、人身意外伤害和公众责任保险等保障制度,按规定落实津补贴政策,保障合理待遇。(教育部、科技部、财政部、人力资源社会保障部、国家卫生健康委、中科院、中国气象局、国家自然科学基金委等按职责分工负责)

五、健全安全监管体系

(十三)落实安全生产领导责任。严格落实《地方党政领导干部安全生产责任制规定》,健全安全投入保障制度,强化风险分级管控和隐患排查治理,确保人工影响天气工作安全责任措施落实落地。制定安全事故处置应急预案,加强应急演练,依法组织开展应急救援和调查处理工作。(中国气象局、应急部等负责督促落实)

(十四)加强重点环节安全监管。健全部门紧密协作的联合监管机制,加强作业装备、弹药的生产、购销、运输、存储、使用等安全管理,依法加强对作业人员的备案和培训,落实空域申请、作业安全保卫、作业站点巡查等工作制度,切实消除安全隐患。(中国气象局、工业和信息化部、公安部、应急部、国家粮食和储备局、国家国防科工局、中国民航局、中央军委装备发展部、中央军委国防动员部等按职责分工负责)

(十五)提高安全技术水平。开展人工影响天气作业装备质量提升行动,加快列装更高安全性能的作业装备,限期淘汰落后和老旧装备。作业装备生产企业要按照国家有关标准规范和要求组织生产。加强安全技术防范和信息化管理,推广物联网、智能识别、电子芯片、信息安全等技术应用。推进人工影响天气安全管理智能化平台建设,实现对重点场所、重要装备、重大危险源的远程监控和实时风险监控预警。(工业和信息化部、中国气象局、国家发展改

革委、科技部、国家国防科工局、中国民航局、国家自然科学基金委等按职责分工负责)

六、完善保障机制

(十六)强化组织领导。充分发挥国家人工影响天气协调会议制度作用,全面加强对全国人工影响天气工作的统筹规划、政策指导和区域协调。地方各级人民政府要加强对本地区人工影响天气工作的领导和协调,将其纳入当地经济社会发展规划统筹考虑,健全管理体制和运行机制,稳定人员队伍,提升队伍素质。(国家人工影响天气协调会议制度各成员单位等按职责分工负责)

(十七)完善联动机制。加强中央与地方之间、部门之间、区域之间、军地之间的沟通协调,建立上下衔接、分工协作、统筹集约的人工影响天气工作机制,协同做好人工影响天气工程建设、科技研发攻关、业务运行保障以及监管、协调和服务等方面工作。优先保障人工影响天气作业空域,按照有关规定对开展飞行作业实行收费优惠或减免。(国家人工影响天气协调会议制度各成员单位等按职责分工负责)

(十八)切实加大投入。将人工影响天气工作相关经费列入政府预算。完善中央和地方共同投入机制,加大对中西部地区的支持力度,优化投入结构,重点支持人工影响天气能力建设、运行和作业保障等。通过中央财政科技计划(专项、基金等)支持人工影响天气基础科学研究和重大共性关键技术研发。地方政府加强服务地方的应用研究和特色技术研发。(国家发展改革委、财政部、科技部、中国气象局、国家自然科学基金委等按职责分工负责)

(十九)依法依规管理。严格执行气象法、人工影响天气管理条例、民用爆炸物品安全管理条例等法律法规,完善配套规章制度。加强对法律法规实施情况的监督检查,确保各类组织依法依规开展人工影响天气相关活动。加快推进人工影响天气标准化体系建设,提高规范化管理水平。(中国气象局、工业和信息化部、公安部、应急部、国家国防科工局等按职责分工负责)

(二十)加强科普宣传。将人工影响天气作为公益性科普宣传的重要内容,纳入国民素质教育体系,融入国家公园、国家气象科普基地、防灾减灾基地和科普场馆等内容建设。开展多种形式的科普教育,提高全社会对人工影响天气的科学认识。对在人工影响天气工作中成绩突出的单位和个人,按照国家有关规定给予表彰。(中国气象局、教育部、科技部、人力资源社会保障部、自然资源部、生态环境部、应急部、中科院、国家林草局等按职责分工负责)

国务院部门规章

农业农村部关于废止《农业基本建设项目管理办法》的决定

（2020 年 9 月 27 日农业农村部令 2020 年第 7 号公布　自公布之日起施行　国司备字[2020002995]）

为了贯彻党中央、国务院关于机构改革、政府职能转变的决策部署，进一步推进农业建设领域简政放权、放管结合、优化服务，农业农村部决定废止《农业基本建设项目管理办法》（2004 年 7 月 12 日农业部令第 39 号公布，2017 年 11 月 30 日农业部令 2017 年第 8 号修订）。

本决定自公布之日起施行。

关于废止《建设项目审计处理暂行规定》的决定

（2020 年 10 月 9 日审计署、国家发展和改革委员会、财政部、住房和城乡建设部、国家市场监督管理总局令第 13 号公布　自公布之日起施行　国司备字[2020003015]）

根据《规章制定程序条例》，审计署、国家发展和改革委员会、财政部、住房和城乡建设部、国家市场监督管理总局决定废止《建设项目审计处理暂行规定》（审投发〔1996〕105 号），现予公布，自公布之日起施行。

司法部关于修改《公证程序规则》的决定

（2020 年 10 月 20 日司法部令第 145 号公布　自 2021 年 1 月 1 日起施行　国司备字[2020002994]）

为认真贯彻习近平新时代中国特色社会主义思想，深入贯彻落实党的十九大和十九届二中、三中、四中全会精神，进一步推动公证工作便民利民，提高公证服务质量，根据中央有关公证工作改革精神和决策部署，司法部决定对《公证程序规则》（司法部令第 103 号）作如下修改：

一、将第二条修改为："公证机构办理公证，应当遵守法律，坚持客观、公正、便民的原则，遵守公证执业规范和执业纪律。"

二、在第十八条增加一款，作为第二款："对于前款第四项、第五项所规定的申请人应当提交的证明材料，公证机构能够通过政务信息资源共享方式获取的，当事人可以不提交，但应当作出有关信息真实合法的书面承诺。"

三、删除第二十条。

四、将第二十一条修改为："公证机构受理公证申请后，应当告知当事人申请公证事项的法律意义和可能产生的法律后果，告知其在办理公证过程中享有的权利、承担的义务。告知内容、告知方式和时间，应当记录归档，并由申请人或其代理人签字。"

增加一款，作为第二款："公证机构受理公证申请后，应当在全国公证管理系统录入办证信息，加强公证办理流程管理，方便当事人查询。"

五、将第二十三条改为第二十条。

六、将第二十六条改为第二十五条，修改为："公证机构在审查中，对当事人的身份、申请公证的事项以及当事人提供的证明材料，按照有关办证规则需要核实或者对其有疑义的，应当进行核实，或者委托异地公证机构代为核实。有关单位或者个人应当依法予以协助。"

增加一款，作为第二款："审查自然人身份，应当采取使用身份识别核验设备等方式，并记录附卷。"

七、增加一条，作为第二十六条："公证机构在审查中，应当询问当事人有关情况，释明法律风险，提出法律意见建议，解答当事人疑问；发现有重大、复杂情形的，应当由公证机构集体讨论。"

八、将第三十九条第一项修改为："（一）债权文书以给付为内容"。

增加两项，分别作为第三项、第五项："（三）债务履行方式、内容、时限明确”“(五)债权人和债务人愿意接受公证机构对债务履行情况进行核实”。

九、将第五十三条第一款修改为:“公证机构办理遗嘱公证,应当由二人共同办理。承办公证员应当全程亲自办理,并对遗嘱人订立遗嘱的过程录音录像。”

增加一款,作为第三款:“公证机构办理遗嘱公证,应当查询全国公证管理系统。出具公证书的,应当于出具当日录入办理信息。”

十、将第五十五条第一款修改为:“债务人不履行或者不适当履行经公证的具有强制执行效力的债权文书的,公证机构应当对履约情况进行核实后,依照有关规定出具执行证书。”

增加一款,作为第二款:“债务人履约、公证机构核实、当事人就债权债务达成新的协议等涉及强制执行的情况,承办公证员应当制作工作记录附卷。”

十一、将第六十三条第三款修改为:“公证机构撤销公证书或者出具补正公证书的,应当于撤销决定作出或补正公证书出具当日报地方公证协会备案,并录入全国公证管理系统。”

十二、在第七十条增加一款,作为第二款:“公证机构采取在线方式办理公证业务,适用本规则。司法部另有规定的,从其规定。”

此外,对条文顺序作相应修改。

本决定自2021年1月1日起施行。

《公证程序规则》根据本决定作相应修改,重新公布。

公证程序规则

(2006年5月18日司法部令第103号发布　根据2020年10月20日《司法部关于修改〈公证程序规则〉的决定修订》)

第一章　总　　则

第一条　为了规范公证程序,保证公证质量,根据《中华人民共和国公证法》(以下简称《公证法》)和有关法律、行政法规的规定,制定本规则。

第二条　公证机构办理公证,应当遵守法律,坚持客观、公正、便民的原则,遵守公证执业规范和执业纪律。

第三条　公证机构依法独立行使公证职能,独立承担民事责任,任何单位、个人不得非法干预,其合法权益不受侵犯。

第四条　公证机构应当根据《公证法》的规定,受理公证申请,办理公证业务，以本公证机构的名义出具公证书。

第五条 公证员受公证机构指派，依照《公证法》和本规则规定的程序办理公证业务，并在出具的公证书上署名。

依照《公证法》和本规则的规定，在办理公证过程中须公证员亲自办理的事务，不得指派公证机构的其他工作人员办理。

第六条 公证机构和公证员办理公证，不得有《公证法》第十三条、第二十三条禁止的行为。

公证机构的其他工作人员以及依据本规则接触到公证业务的相关人员，不得泄露在参与公证业务活动中知悉的国家秘密、商业秘密或者个人隐私。

第七条 公证机构应当建立、健全公证业务管理制度和公证质量管理制度，对公证员的执业行为进行监督。

第八条 司法行政机关依照《公证法》和本规则规定，对公证机构和公证员的执业活动和遵守程序规则的情况进行监督、指导。

公证协会依据章程和行业规范，对公证机构和公证员的执业活动和遵守程序规则的情况进行监督。

第二章 公证当事人

第九条 公证当事人是指与公证事项有利害关系并以自己的名义向公证机构提出公证申请，在公证活动中享有权利和承担义务的自然人、法人或者其他组织。

第十条 无民事行为能力人或者限制民事行为能力人申办公证，应当由其监护人代理。

法人申办公证，应当由其法定代表人代表。

其他组织申办公证，应当由其负责人代表。

第十一条 当事人可以委托他人代理申办公证，但申办遗嘱、遗赠扶养协议、赠与、认领亲子、收养关系、解除收养关系、生存状况、委托、声明、保证及其他与自然人人身有密切关系的公证事项，应当由其本人亲自申办。

公证员、公证机构的其他工作人员不得代理当事人在本公证机构申办公证。

第十二条 居住在香港、澳门、台湾地区的当事人，委托他人代理申办涉及继承、财产权益处分、人身关系变更等重要公证事项的，其授权委托书应当经其居住地的公证人（机构）公证，或者经司法部指定的机构、人员证明。

居住在国外的当事人，委托他人代理申办前款规定的重要公证事项的，其授权委托书应当经其居住地的公证人（机构）、我驻外使（领）馆公证。

第三章　公证执业区域

第十三条　公证执业区域是指由省、自治区、直辖市司法行政机关，根据《公证法》第二十五条和《公证机构执业管理办法》第十条的规定以及当地公证机构设置方案，划定的公证机构受理公证业务的地域范围。

公证机构的执业区域，由省、自治区、直辖市司法行政机关在办理该公证机构设立或者变更审批时予以核定。

公证机构应当在核定的执业区域内受理公证业务。

第十四条　公证事项由当事人住所地、经常居住地、行为地或者事实发生地的公证机构受理。

涉及不动产的公证事项，由不动产所在地的公证机构受理；涉及不动产的委托、声明、赠与、遗嘱的公证事项，可以适用前款规定。

第十五条　二个以上当事人共同申办同一公证事项的，可以共同到行为地、事实发生地或者其中一名当事人住所地、经常居住地的公证机构申办。

第十六条　当事人向二个以上可以受理该公证事项的公证机构提出申请的，由最先受理申请的公证机构办理。

第四章　申请与受理

第十七条　自然人、法人或者其他组织向公证机构申请办理公证，应当填写公证申请表。公证申请表应当载明下列内容：

（一）申请人及其代理人的基本情况；

（二）申请公证的事项及公证书的用途；

（三）申请公证的文书的名称；

（四）提交证明材料的名称、份数及有关证人的姓名、住址、联系方式；

（五）申请的日期；

（六）其他需要说明的情况。

申请人应当在申请表上签名或者盖章，不能签名、盖章的由本人捺指印。

第十八条　自然人、法人或者其他组织申请办理公证，应当提交下列材料：

（一）自然人的身份证明，法人的资格证明及其法定代表人的身份证明，其他组织的资格证明及其负责人的身份证明；

（二）委托他人代为申请的，代理人须提交当事人的授权委托书，法定代理人或者其他代理人须提交有代理权的证明；

（三）申请公证的文书；

（四）申请公证的事项的证明材料，涉及财产关系的须提交有关财产权利证明；

（五）与申请公证的事项有关的其他材料。

对于前款第四项、第五项所规定的申请人应当提交的证明材料，公证机构能够通过政务信息资源共享方式获取的，当事人可以不提交，但应当作出有关信息真实合法的书面承诺。

第十九条　符合下列条件的申请，公证机构可以受理：

（一）申请人与申请公证的事项有利害关系；

（二）申请人之间对申请公证的事项无争议；

（三）申请公证的事项符合《公证法》第十一条规定的范围；

（四）申请公证的事项符合《公证法》第二十五条的规定和该公证机构在其执业区域内可以受理公证业务的范围。

法律、行政法规规定应当公证的事项，符合前款第一项、第二项、第四项规定条件的，公证机构应当受理。

对不符合本条第一款、第二款规定条件的申请，公证机构不予受理，并通知申请人。对因不符合本条第一款第四项规定不予受理的，应当告知申请人向可以受理该公证事项的公证机构申请。

第二十条　公证机构受理公证申请后，应当指派承办公证员，并通知当事人。当事人要求该公证员回避，经查属于《公证法》第二十三条第三项规定应当回避情形的，公证机构应当改派其他公证员承办。

第二十一条　公证机构受理公证申请后，应当告知当事人申请公证事项的法律意义和可能产生的法律后果，告知其在办理公证过程中享有的权利、承担的义务。告知内容、告知方式和时间，应当记录归档，并由申请人或其代理人签字。

公证机构受理公证申请后，应当在全国公证管理系统录入办证信息，加强公证办理流程管理，方便当事人查询。

第二十二条　公证机构受理公证申请后，应当按照规定向当事人收取公证费。公证办结后，经核定的公证费与预收数额不一致的，应当办理退还或者补收手续。

对符合法律援助条件的当事人，公证机构应当按照规定减收或者免收公证费。

第五章　审　　查

第二十三条　公证机构受理公证申请后，应当根据不同公证事项的办证规则，分别审查下列事项：

（一）当事人的人数、身份、申请办理该项公证的资格及相应的权利；

（二）当事人的意思表示是否真实；

（三）申请公证的文书的内容是否完备，含义是否清晰，签名、印鉴是否齐全；

（四）提供的证明材料是否真实、合法、充分；

（五）申请公证的事项是否真实、合法。

第二十四条　当事人应当向公证机构如实说明申请公证的事项的有关情况，提交的证明材料应当真实、合法、充分。

公证机构在审查中，对申请公证的事项的真实性、合法性有疑义的，认为当事人的情况说明或者提供的证明材料不充分、不完备或者有疑义的，可以要求当事人作出说明或者补充证明材料。

当事人拒绝说明有关情况或者补充证明材料的，依照本规则第四十八条的规定处理。

第二十五条　公证机构在审查中，对当事人的身份、申请公证的事项以及当事人提供的证明材料，按照有关办证规则需要核实或者对其有疑义的，应当进行核实，或者委托异地公证机构代为核实。有关单位或者个人应当依法予以协助。

审查自然人身份，应当采取使用身份识别核验设备等方式，并记录附卷。

第二十六条　公证机构在审查中，应当询问当事人有关情况，释明法律风险，提出法律意见建议，解答当事人疑问；发现有重大、复杂情形的，应当由公证机构集体讨论。

第二十七条　公证机构可以采用下列方式，核实公证事项的有关情况以及证明材料：

（一）通过询问当事人、公证事项的利害关系人核实；

（二）通过询问证人核实；

（三）向有关单位或者个人了解相关情况或者核实、收集相关书证、物证、视听资料等证明材料；

（四）通过现场勘验核实；

（五）委托专业机构或者专业人员鉴定、检验检测、翻译。

第二十八条 公证机构进行核实,应当遵守有关法律、法规和有关办证规则的规定。

公证机构派员外出核实的,应当由二人进行,但核实、收集书证的除外。特殊情况下只有一人外出核实的,应当有一名见证人在场。

第二十九条 采用询问方式向当事人、公证事项的利害关系人或者有关证人了解、核实公证事项的有关情况以及证明材料的,应当告知被询问人享有的权利、承担的义务及其法律责任。询问的内容应当制作笔录。

询问笔录应当载明:询问日期、地点、询问人、记录人,询问事由,被询问人的基本情况,告知内容、询问谈话内容等。

询问笔录应当交由被询问人核对后签名或者盖章、捺指印。笔录中修改处应当由被询问人盖章或者捺指印认可。

第三十条 在向当事人、公证事项的利害关系人、证人或者有关单位、个人核实或者收集有关公证事项的证明材料时,需要摘抄、复印(复制)有关资料、证明原件、档案材料或者对实物证据照相并作文字描述记载的,摘抄、复印(复制)的材料或者物证照片及文字描述记载应当与原件或者物证相符,并由资料、原件、物证所有人或者档案保管人对摘抄、复印(复制)的材料或者物证照片及文字描述记载核对后签名或者盖章。

第三十一条 采用现场勘验方式核实公证事项及其有关证明材料的,应当制作勘验笔录,由核实人员及见证人签名或者盖章。根据需要,可以采用绘图、照相、录像或者录音等方式对勘验情况或者实物证据予以记载。

第三十二条 需要委托专业机构或者专业人员对申请公证的文书或者公证事项的证明材料进行鉴定、检验检测、翻译的,应当告知当事人由其委托办理,或者征得当事人的同意代为办理。鉴定意见、检验检测结论、翻译材料,应当由相关专业机构及承办鉴定、检验检测、翻译的人员盖章和签名。

委托鉴定、检验检测、翻译所需的费用,由当事人支付。

第三十三条 公证机构委托异地公证机构核实公证事项及其有关证明材料的,应当出具委托核实函,对需要核实的事项及内容提出明确的要求。受委托的公证机构收到委托函后,应当在一个月内完成核实。因故不能完成或者无法核实的,应当在上述期限内函告委托核实的公证机构。

第三十四条 公证机构在审查中,认为申请公证的文书内容不完备、表达不准确的,应当指导当事人补正或者修改。当事人拒绝补正、修改的,应当在工作记录中注明。

应当事人的请求,公证机构可以代为起草、修改申请公证的文书。

第六章 出具公证书

第三十五条 公证机构经审查,认为申请公证的事项符合《公证法》、本规则及有关办证规则规定的,应当自受理之日起十五个工作日内向当事人出具公证书。

因不可抗力、补充证明材料或者需要核实有关情况的,所需时间不计算在前款规定的期限内,并应当及时告知当事人。

第三十六条 民事法律行为的公证,应当符合下列条件:

(一)当事人具有从事该行为的资格和相应的民事行为能力;

(二)当事人的意思表示真实;

(三)该行为的内容和形式合法,不违背社会公德;

(四)《公证法》规定的其他条件。

不同的民事法律行为公证的办证规则有特殊要求的,从其规定。

第三十七条 有法律意义的事实或者文书的公证,应当符合下列条件:

(一)该事实或者文书与当事人有利害关系;

(二)事实或者文书真实无误;

(三)事实或者文书的内容和形式合法,不违背社会公德;

(四)《公证法》规定的其他条件。

不同的有法律意义的事实或者文书公证的办证规则有特殊要求的,从其规定。

第三十八条 文书上的签名、印鉴、日期的公证,其签名、印鉴、日期应当准确、属实;文书的副本、影印本等文本的公证,其文本内容应当与原本相符。

第三十九条 具有强制执行效力的债权文书的公证,应当符合下列条件:

(一)债权文书以给付为内容;

(二)债权债务关系明确,债权人和债务人对债权文书有关给付内容无疑义;

(三)债务履行方式、内容、时限明确;

(四)债权文书中载明当债务人不履行或者不适当履行义务时,债务人愿意接受强制执行的承诺;

(五)债权人和债务人愿意接受公证机构对债务履行情况进行核实;

(六)《公证法》规定的其他条件。

第四十条 符合《公证法》、本规则及有关办证规则规定条件的公证事项,由承办公证员拟制公证书,连同被证明的文书、当事人提供的证明材料及核实情况的材料、公证审查意见,报公证机构的负责人或其指定的公证员审批。但按规定不需要审批的公证事项除外。

公证机构的负责人或者被指定负责审批的公证员不得审批自己承办的公证事项。

第四十一条　审批公证事项及拟出具的公证书,应当审核以下内容:

(一)申请公证的事项及其文书是否真实、合法;

(二)公证事项的证明材料是否真实、合法、充分;

(三)办证程序是否符合《公证法》、本规则及有关办证规则的规定;

(四)拟出具的公证书的内容、表述和格式是否符合相关规定。

审批重大、复杂的公证事项,应当在审批前提交公证机构集体讨论。讨论的情况和形成的意见,应当记录归档。

第四十二条　公证书应当按照司法部规定的格式制作。公证书包括以下主要内容:

(一)公证书编号;

(二)当事人及其代理人的基本情况;

(三)公证证词;

(四)承办公证员的签名(签名章)、公证机构印章;

(五)出具日期。

公证证词证明的文书是公证书的组成部分。

有关办证规则对公证书的格式有特殊要求的,从其规定。

第四十三条　制作公证书应当使用全国通用的文字。在民族自治地方,根据当事人的要求,可以同时制作当地通用的民族文字文本。两种文字的文本,具有同等效力。

发往香港、澳门、台湾地区使用的公证书应当使用全国通用的文字。

发往国外使用的公证书应当使用全国通用的文字。根据需要和当事人的要求,公证书可以附外文译文。

第四十四条　公证书自出具之日起生效。

需要审批的公证事项,审批人的批准日期为公证书的出具日期;不需要审批的公证事项,承办公证员的签发日期为公证书的出具日期;现场监督类公证需要现场宣读公证证词的,宣读日期为公证书的出具日期。

第四十五条　公证机构制作的公证书正本,由当事人各方各收执一份,并可以根据当事人的需要制作若干份副本。公证机构留存公证书原本(审批稿、签发稿)和一份正本归档。

第四十六条　公证书出具后,可以由当事人或其代理人到公证机构领取,也可以应当事人的要求由公证机构发送。当事人或其代理人收到公证书应当在回执上签收。

第四十七条 公证书需要办理领事认证的，根据有关规定或者当事人的委托，公证机构可以代为办理公证书认证，所需费用由当事人支付。

第七章 不予办理公证和终止公证

第四十八条 公证事项有下列情形之一的，公证机构应当不予办理公证：

（一）无民事行为能力人或者限制民事行为能力人没有监护人代理申请办理公证的；

（二）当事人与申请公证的事项没有利害关系的；

（三）申请公证的事项属专业技术鉴定、评估事项的；

（四）当事人之间对申请公证的事项有争议的；

（五）当事人虚构、隐瞒事实，或者提供虚假证明材料的；

（六）当事人提供的证明材料不充分又无法补充，或者拒绝补充证明材料的；

（七）申请公证的事项不真实、不合法的；

（八）申请公证的事项违背社会公德的；

（九）当事人拒绝按照规定支付公证费的。

第四十九条 不予办理公证的，由承办公证员写出书面报告，报公证机构负责人审批。不予办理公证的决定应当书面通知当事人或其代理人。

不予办理公证的，公证机构应当根据不予办理的原因及责任，酌情退还部分或者全部收取的公证费。

第五十条 公证事项有下列情形之一的，公证机构应当终止公证：

（一）因当事人的原因致使该公证事项在六个月内不能办结的；

（二）公证书出具前当事人撤回公证申请的；

（三）因申请公证的自然人死亡、法人或者其他组织终止，不能继续办理公证或者继续办理公证已无意义的；

（四）当事人阻挠、妨碍公证机构及承办公证员按规定的程序、期限办理公证的；

（五）其他应当终止的情形。

第五十一条 终止公证的，由承办公证员写出书面报告，报公证机构负责人审批。终止公证的决定应当书面通知当事人或其代理人。

终止公证的，公证机构应当根据终止的原因及责任，酌情退还部分收取的公证费。

第八章 特别规定

第五十二条 公证机构办理招标投标、拍卖、开奖等现场监督类公证,应当由二人共同办理。承办公证员应当依照有关规定,通过事前审查、现场监督,对其真实性、合法性予以证明,现场宣读公证证词,并在宣读后七日内将公证书发送当事人。该公证书自宣读公证证词之日起生效。

办理现场监督类公证,承办公证员发现当事人有弄虚作假、徇私舞弊、违反活动规则、违反国家法律和有关规定行为的,应当即时要求当事人改正;当事人拒不改正的,应当不予办理公证。

第五十三条 公证机构办理遗嘱公证,应当由二人共同办理。承办公证员应当全程亲自办理,并对遗嘱人订立遗嘱的过程录音录像。

特殊情况下只能由一名公证员办理时,应当请一名见证人在场,见证人应当在询问笔录上签名或者盖章。

公证机构办理遗嘱公证,应当查询全国公证管理系统。出具公证书的,应当于出具当日录入办理信息。

第五十四条 公证机构派员外出办理保全证据公证的,由二人共同办理,承办公证员应当亲自外出办理。

办理保全证据公证,承办公证员发现当事人是采用法律、法规禁止的方式取得证据的,应当不予办理公证。

第五十五条 债务人不履行或者不适当履行经公证的具有强制执行效力的债权文书的,公证机构应当对履约情况进行核实后,依照有关规定出具执行证书。

债务人履约、公证机构核实、当事人就债权债务达成新的协议等涉及强制执行的情况,承办公证员应当制作工作记录附卷。

执行证书应当载明申请人、被申请执行人、申请执行标的和申请执行的期限。债务人已经履行的部分,应当在申请执行标的中予以扣除。因债务人不履行或者不适当履行而发生的违约金、滞纳金、利息等,可以应债权人的要求列入申请执行标的。

第五十六条 经公证的事项在履行过程中发生争议的,出具公证书的公证机构可以应当事人的请求进行调解。经调解后当事人达成新的协议并申请公证的,公证机构可以办理公证;调解不成的,公证机构应当告知当事人就该争议依法向人民法院提起民事诉讼或者向仲裁机构申请仲裁。

第九章　公证登记和立卷归档

第五十七条　公证机构办理公证,应当填写公证登记簿,建立分类登记制度。

登记事项包括:公证事项类别、当事人姓名(名称)、代理人(代表人)姓名、受理日期、承办人、审批人(签发人)、结案方式、办结日期、公证书编号等。

公证登记簿按年度建档,应当永久保存。

第五十八条　公证机构在出具公证书后或者作出不予办理公证、终止公证的决定后,应当依照司法部、国家档案局制定的有关公证文书立卷归档和公证档案管理的规定,由承办公证员将公证文书和相关材料,在三个月内完成汇总整理、分类立卷、移交归档。

第五十九条　公证机构受理公证申请后,承办公证员即应当着手立卷的准备工作,开始收集有关的证明材料,整理询问笔录和核实情况的有关材料等。

对不能附卷的证明原件或者实物证据,应当按照规定将其原件复印件(复制件)、物证照片及文字描述记载留存附卷。

第六十条　公证案卷应当根据公证事项的类别、内容,划分为普通卷、密卷,分类归档保存。

公证案卷应当根据公证事项的类别、用途及其证据价值确定保管期限。保管期限分短期、长期、永久三种。

涉及国家秘密、遗嘱的公证事项,列为密卷。立遗嘱人死亡后,遗嘱公证案卷转为普通卷保存。

公证机构内部对公证事项的讨论意见和有关请示、批复等材料,应当装订成副卷,与正卷一起保存。

第十章　公证争议处理

第六十一条　当事人认为公证书有错误的,可以在收到公证书之日起一年内,向出具该公证书的公证机构提出复查。

公证事项的利害关系人认为公证书有错误的,可以自知道或者应当知道该项公证之日起一年内向出具该公证书的公证机构提出复查,但能证明自己不知道的除外。提出复查的期限自公证书出具之日起最长不得超过二十年。

复查申请应当以书面形式提出,载明申请人认为公证书存在的错误及其理由，提出撤销或者更正公证书的具体要求，并提供相关证明材料。

第六十二条　公证机构收到复查申请后，应当指派原承办公证员之外的公证员进行复查。复查结论及处理意见，应当报公证机构的负责人审批。

第六十三条　公证机构进行复查，应当对申请人提出的公证书的错误及其理由进行审查、核实，区别不同情况，按照以下规定予以处理：

（一）公证书的内容合法、正确、办理程序无误的，作出维持公证书的处理决定；

（二）公证书的内容合法、正确，仅证词表述或者格式不当的，应当收回公证书，更正后重新发给当事人；不能收回的，另行出具补正公证书；

（三）公证书的基本内容违法或者与事实不符的，应当作出撤销公证书的处理决定；

（四）公证书的部分内容违法或者与事实不符的，可以出具补正公证书，撤销对违法或者与事实不符部分的证明内容；也可以收回公证书，对违法或者与事实不符的部分进行删除、更正后，重新发给当事人；

（五）公证书的内容合法、正确，但在办理过程中有违反程序规定、缺乏必要手续的情形，应当补办缺漏的程序和手续；无法补办或者严重违反公证程序的，应当撤销公证书。

被撤销的公证书应当收回，并予以公告，该公证书自始无效。

公证机构撤销公证书或出具补正公证书的，应当于撤销决定作出或补正公证书出具当日报地方公证协会备案，并录入全国公证管理系统。

第六十四条　公证机构应当自收到复查申请之日起三十日内完成复查，作出复查处理决定，发给申请人。需要对公证书作撤销或者更正、补正处理的，应当在作出复查处理决定后十日内完成。复查处理决定及处理后的公证书，应当存入原公证案卷。

公证机构办理复查，因不可抗力、补充证明材料或者需要核实有关情况的，所需时间不计算在前款规定的期限内，但补充证明材料或者需要核实有关情况的，最长不得超过六个月。

第六十五条　公证机构发现出具的公证书的内容及办理程序有本规则第六十三条第二项至第五项规定情形的，应当通知当事人，按照本规则第六十三条的规定予以处理。

第六十六条　公证书被撤销的，所收的公证费按以下规定处理：

（一）因公证机构的过错撤销公证书的，收取的公证费应当全部退还当事人；

（二）因当事人的过错撤销公证书的，收取的公证费不予退还；

（三）因公证机构和当事人双方的过错撤销公证书的，收取的公证费酌情退还。

第六十七条 当事人、公证事项的利害关系人对公证机构作出的撤销或者不予撤销公证书的决定有异议的，可以向地方公证协会投诉。

投诉的处理办法，由中国公证协会制定。

第六十八条 当事人、公证事项的利害关系人对公证书涉及当事人之间或者当事人与公证事项的利害关系人之间实体权利义务的内容有争议的，公证机构应当告知其可以就该争议向人民法院提起民事诉讼。

第六十九条 公证机构及其公证员因过错给当事人、公证事项的利害关系人造成损失的，由公证机构承担相应的赔偿责任；公证机构赔偿后，可以向有故意或者重大过失的公证员追偿。

当事人、公证事项的利害关系人与公证机构因过错责任和赔偿数额发生争议，协商不成的，可以向人民法院提起民事诉讼，也可以申请地方公证协会调解。

第十一章 附 则

第七十条 有关办证规则对不同的公证事项的办证程序有特殊规定的，从其规定。

公证机构采取在线方式办理公证业务，适用本规则。司法部另有规定的，从其规定。

第七十一条 公证机构根据《公证法》第十二条规定受理的提存、登记、保管等事务，依照有关专门规定办理；没有专门规定的，参照本规则办理。

第七十二条 公证机构及其公证员在办理公证过程中，有违反《公证法》第四十一条、第四十二条以及本规则规定行为的，由司法行政机关依据《公证法》、《公证机构执业管理办法》、《公证员执业管理办法》给予相应的处罚；有违反公证行业规范行为的，由公证协会给予相应的行业处分。

第七十三条 本规则由司法部解释。

第七十四条 本规则自 2006 年 7 月 1 日起施行。司法部 2002 年 6 月 18 日发布的《公证程序规则》（司法部令第 72 号）同时废止。

水文监测资料汇交管理办法

（2020 年 10 月 22 日水利部令第 51 号公布　自 2020 年 12 月 1 日起施行　国司备字[2020003065]）

第一条　为了加强和规范水文监测资料汇交工作，促进资料利用，充分发挥水文服务国民经济和社会发展的作用，根据《中华人民共和国水法》和《中华人民共和国水文条例》，制定本办法。

第二条　国家对水文监测资料实行统一汇交制度。在中华人民共和国领域内从事地表水和地下水资源、水量、水质监测的单位以及其他从事水文监测的单位，应当汇交水文监测资料。

水文监测资料是指通过水文站网对江河、湖泊、渠道、水库的水位、流量、水质、水温、泥沙、冰情、水下地形和地下水资源，以及降水量、蒸发量、墒情、风暴潮等实施监测和水文调查所得资料及其整理分析的成果。

第三条　国务院水行政主管部门负责全国水文监测资料汇交的监督管理。

国务院水行政主管部门在国家确定的重要江河、湖泊设立的流域管理机构（以下简称流域管理机构），负责管理范围内水文监测资料汇交的监督管理，其所属的流域水文机构具体负责组织实施。

省、自治区、直辖市人民政府水行政主管部门负责本行政区域内水文监测资料汇交的监督管理，其所属的省级水文机构具体负责组织实施。

第四条　下列水文监测资料应当进行汇交：

（一）国家基本水文测站和专用水文测站的水文监测资料；

（二）地表水水源地，行政区界断面、生态流量控制断面、干支流控制断面等重要断面的水文监测资料；

（三）重要地下水源地、超采区、海水入侵区等区域的水文监测资料，以及其他区域有关地下水的水文监测资料；

（四）水库、引调水工程、水电站、灌区以及其他取用水工程的取（退）水、蓄（泄）水资料；

（五）城市防洪排涝、中小河流、山洪灾害易发区及土壤墒情的水文监测资料；

（六）河道和湖泊水下地形资料，水文调查、水资源评价资料，水文应急监测资料。

第五条 水文监测资料按照资料管理权限向有关水文机构汇交：

（一）流域管理机构所属水文测站的水文监测资料，向所在地流域水文机构汇交，地方人民政府水行政主管部门所属水文测站的水文监测资料，向所在地地方水文机构汇交；

（二）其他部门所属测站（断面）的水文监测资料，向所在地地方水文机构汇交，其中位于流域管理机构管理范围的，向所在地流域水文机构汇交。

省级水文机构应当将本行政区域内汇交的水文监测资料向有关流域水文机构汇交。流域水文机构接收的水文监测资料纳入国家水文数据库。

国务院水行政主管部门与国务院有关部门对水文监测资料汇交有协议的，按照协议纳入国家水文数据库。

第六条 流域管理机构和省级人民政府水行政主管部门应当会同有关行业管理部门，建立管理范围内汇交水文监测资料的单位（以下简称汇交单位）名录，并告知汇交单位汇交水文监测资料的范围、内容、期限以及接收汇交资料的水文机构。

第七条 国务院水行政主管部门建立国家水文数据库，建设国家水文监测资料汇交管理平台，统一制定汇交资料格式等相关技术标准。

汇交单位应当通过国家水文监测资料汇交管理平台进行汇交。不能通过汇交管理平台进行汇交的，通过电子介质资料、纸介质资料等方式进行汇交。

第八条 流域水文机构和省级水文机构应当对汇交单位的水文监测资料汇交工作进行业务指导。

第九条 汇交单位应当依照水文监测规程规范和资料使用要求，按月份或者按年度汇交水文监测资料。按月份进行汇交的，应当在次月 10 日前完成。按年度进行汇交的，国家基本水文测站的水文监测资料应当在次年 1 月底前完成，其他测站（断面）的水文监测资料应当在次年 3 月底前完成。

因水旱灾害防御、水资源管理等需要，对水文监测资料报送有时效要求的，汇交单位应当按照有关规定报送。

第十条 汇交水文监测资料应当符合水文监测技术规范的要求，并同时提交以下资料：

（一）水文监测资料清单；

（二）水文监测资料说明；

（三）首次汇交的，还应当提供水文监测站点基础信息以及沿革情况，基础信息有变化的，提供变化情况。

第十一条 接收汇交资料的水文机构应当自收到汇交资料之日起 10 个工作日内完成汇交资料内容和格式核验，将核验结果告知汇交单位，并向通过核验的汇交单位出具汇交凭证。

第十二条 接收汇交资料的水文机构应当按照国家有关规定和技术规范要求,妥善存储和保管汇交资料。电子介质资料应当进行备份,并对备份介质进行安全管理。纸介质资料的存储环境应当符合国家有关规定。

第十三条 水文机构应当根据国民经济和社会发展需要对水文监测资料进行加工整理形成水文监测成果。

流域水文机构应当将接收的水文监测资料统一编号,整理形成汇交资料目录,报国务院水行政主管部门按年度予以公布。

国家基本水文测站的水文监测资料应当依法公开。

汇交单位有权使用有关水文监测资料。其他单位和个人使用水文监测资料的,按照有关资料使用管理的规定执行。水文监测资料使用时应当注明资料来源。

第十四条 县级以上人民政府水行政主管部门和流域管理机构应当加强对水文监测资料汇交情况的监督检查,对违反水文监测资料汇交有关规定的行为依法实施行政处罚。

第十五条 丢失、毁坏、伪造水文监测资料,或者擅自转让、转借水文监测资料的,依照《中华人民共和国水文条例》第三十六条的规定追究法律责任。

第十六条 汇交单位应当按照规定的时间汇交水文监测资料。未按照规定时间汇交,或者汇交的水文监测资料未通过核验的,应当限期补交;逾期不补交的,视为不汇交水文监测资料。

拒不汇交水文监测资料的,依照《中华人民共和国水文条例》第四十条的规定追究法律责任。

第十七条 水文监测资料属于国家秘密的,对其密级的确定、变更、解密,以及对资料的汇交、传递、存储、使用和管理,依照国家保密法律法规的规定执行。

第十八条 流域管理机构和省级人民政府水行政主管部门可以根据本办法制定具体规定。

本办法实施前尚未汇交的水文监测资料,参照本办法规定进行汇交。

第十九条 本办法自2020年12月1日起施行。

经营者集中审查暂行规定

（2020 年 10 月 23 日国家市场监督管理总局令第 30 号公布　自 2020 年 12 月 1 日起施行　国司备字[2020002885]）

第一章　总　　则

第一条　为规范经营者集中反垄断审查工作，根据《中华人民共和国反垄断法》（以下简称反垄断法）和《国务院关于经营者集中申报标准的规定》，制定本规定。

第二条　国家市场监督管理总局（以下简称市场监管总局）负责经营者集中反垄断审查工作，并对违法实施的经营者集中进行调查处理。

市场监管总局根据工作需要，可以委托省、自治区、直辖市市场监管部门实施经营者集中审查。

第三条　本规定所称经营者集中，是指反垄断法第二十条所规定的下列情形：

（一）经营者合并；

（二）经营者通过取得股权或者资产的方式取得对其他经营者的控制权；

（三）经营者通过合同等方式取得对其他经营者的控制权或者能够对其他经营者施加决定性影响。

第四条　判断经营者是否通过交易取得对其他经营者的控制权或者能够对其他经营者施加决定性影响，应当考虑下列因素：

（一）交易的目的和未来的计划；

（二）交易前后其他经营者的股权结构及其变化；

（三）其他经营者股东大会的表决事项及其表决机制，以及其历史出席率和表决情况；

（四）其他经营者董事会或者监事会的组成及其表决机制；

（五）其他经营者高级管理人员的任免等；

（六）其他经营者股东、董事之间的关系，是否存在委托行使投票权、一致行动人等；

（七）该经营者与其他经营者是否存在重大商业关系、合作协议等；

（八）其他应当考虑的因素。

第五条　市场监管总局开展经营者集中反垄断审查工作时，应当平等对待所有经营者。

第二章　经营者集中申报

第六条　经营者集中达到国务院规定的申报标准(以下简称申报标准)的,经营者应当事先向市场监管总局申报,未申报的不得实施集中。

经营者集中未达到申报标准,但按照规定程序收集的事实和证据表明该经营者集中具有或者可能具有排除、限制竞争效果的,市场监管总局应当依法进行调查。

第七条　营业额包括相关经营者上一会计年度内销售产品和提供服务所获得的收入,扣除相关税金及附加。

第八条　参与集中的经营者的营业额,应当为该经营者以及申报时与该经营者存在直接或者间接控制关系的所有经营者的营业额总和,但是不包括上述经营者之间的营业额。

经营者取得其他经营者的组成部分时,出让方不再对该组成部分拥有控制权或者不能施加决定性影响的,目标经营者的营业额仅包括该组成部分的营业额。

参与集中的经营者之间或者参与集中的经营者和未参与集中的经营者之间有共同控制的其他经营者时,参与集中的经营者的营业额应当包括被共同控制的经营者与第三方经营者之间的营业额,且此营业额只计算一次。

金融业经营者营业额的计算,按照金融业经营者集中申报营业额计算相关规定执行。

第九条　相同经营者之间在两年内多次实施的未达到申报标准的经营者集中,应当视为一次集中,集中时间从最后一次交易算起,参与集中的经营者的营业额应当将多次交易合并计算。经营者通过与其有控制关系的其他经营者实施上述行为,依照本规定处理。

前款所称两年内是指从第一次交易完成之日起至最后一次交易签订协议之日止的期间。

第十条　市场监管总局加强对经营者集中申报的指导。在正式申报前,经营者可以以书面方式就集中申报事宜向市场监管总局提出商谈的具体问题。

第十一条　通过合并方式实施的经营者集中,合并各方均为申报义务人;其他情形的经营者集中,取得控制权或者能够施加决定性影响的经营者为申报义务人,其他经营者予以配合。

同一项经营者集中有多个申报义务人的,可以委托一个申报义务人申报。

被委托的申报义务人未申报的，其他申报义务人不能免除申报义务。申报义务人未申报的，其他参与集中的经营者可以提出申报。

申报人可以自行申报，也可以依法委托他人代理申报。

第十二条 申报文件、资料应当包括如下内容：

（一）申报书。申报书应当载明参与集中的经营者的名称、住所、经营范围、预定实施集中的日期，并附申报人身份证件或者注册登记文件，境外申报人还须提交当地公证机关的公证文件和相关的认证文件。委托代理人申报的，应当提交授权委托书。

（二）集中对相关市场竞争状况影响的说明。包括集中交易概况；相关市场界定；参与集中的经营者在相关市场的市场份额及其对市场的控制力；主要竞争者及其市场份额；市场集中度；市场进入；行业发展现状；集中对市场竞争结构、行业发展、技术进步、国民经济发展、消费者以及其他经营者的影响；集中对相关市场竞争影响的效果评估及依据。

（三）集中协议。包括各种形式的集中协议文件，如协议书、合同以及相应的补充文件等。

（四）参与集中的经营者经会计师事务所审计的上一会计年度财务会计报告。

（五）市场监管总局要求提交的其他文件、资料。

申报人应当对申报文件、资料的真实性负责。

第十三条 申报人应当对申报文件、资料中的商业秘密、未披露信息或者保密商务信息进行标注，并且同时提交申报文件、资料的公开版本和保密版本。申报文件、资料应当使用中文。

第十四条 市场监管总局应当对申报人提交的文件、资料进行核查，发现申报文件、资料不完备的，可以要求申报人在规定期限内补交。申报人逾期未补交的，视为未申报。

第十五条 市场监管总局经核查认为申报文件、资料符合法定要求的，应当自收到完备的申报文件、资料之日予以立案并书面通知申报人。

第十六条 经营者集中未达到申报标准，参与集中的经营者自愿提出经营者集中申报，市场监管总局收到申报文件、资料后经审查认为有必要立案的，应当按照反垄断法予以立案审查并作出决定。

第十七条 符合下列情形之一的，经营者可以作为简易案件申报，市场监管总局按照简易案件程序进行审查：

（一）在同一相关市场，参与集中的经营者所占的市场份额之和小于百分之十五；在上下游市场，参与集中的经营者所占的市场份额均小于百分之二十

五;不在同一相关市场也不存在上下游关系的参与集中的经营者,在与交易有关的每个市场所占的市场份额均小于百分之二十五;

(二)参与集中的经营者在中国境外设立合营企业,合营企业不在中国境内从事经济活动的;

(三)参与集中的经营者收购境外企业股权或者资产,该境外企业不在中国境内从事经济活动的;

(四)由两个以上经营者共同控制的合营企业,通过集中被其中一个或者一个以上经营者控制的。

第十八条 符合本规定第十七条但存在下列情形之一的经营者集中,不视为简易案件:

(一)由两个以上经营者共同控制的合营企业,通过集中被其中的一个经营者控制,该经营者与合营企业属于同一相关市场的竞争者,且市场份额之和大于百分之十五的;

(二)经营者集中涉及的相关市场难以界定的;

(三)经营者集中对市场进入、技术进步可能产生不利影响的;

(四)经营者集中对消费者和其他有关经营者可能产生不利影响的;

(五)经营者集中对国民经济发展可能产生不利影响的;

(六)市场监管总局认为可能对市场竞争产生不利影响的其他情形。

第三章 经营者集中审查

第十九条 市场监管总局应当自立案之日起三十日内,对申报的经营者集中进行初步审查,作出是否实施进一步审查的决定,并书面通知经营者。

市场监管总局决定实施进一步审查的,应当自决定之日起九十日内审查完毕,作出是否禁止经营者集中的决定,并书面通知经营者。符合反垄断法第二十六条第二款规定情形的,市场监管总局可以延长本款规定的审查期限,最长不得超过六十日。

第二十条 在市场监管总局作出审查决定之前,申报人要求撤回经营者集中申报的,应当提交书面申请并说明理由。经市场监管总局同意,申报人可以撤回申报。

集中交易情况或者相关市场竞争状况发生重大变化,需要重新申报的,申报人应当申请撤回。

撤回经营者集中申报的,审查程序终止。市场监管总局同意撤回申报不视为对集中的批准。

第二十一条 在审查过程中，市场监管总局可以根据审查需要，要求申报人在规定时限内补充提供相关文件、资料。

申报人可以主动提供有助于对经营者集中进行审查和作出决定的有关文件、资料。

第二十二条 在审查过程中，参与集中的经营者可以通过信函、传真、电子邮件等方式向市场监管总局就有关申报事项进行书面陈述，市场监管总局应当听取当事人的陈述。

第二十三条 在审查过程中，市场监管总局可以根据审查需要，征求有关政府部门、行业协会、经营者、消费者等单位或者个人的意见。

第二十四条 审查经营者集中，应当考虑下列因素：

（一）参与集中的经营者在相关市场的市场份额及其对市场的控制力；

（二）相关市场的市场集中度；

（三）经营者集中对市场进入、技术进步的影响；

（四）经营者集中对消费者和其他有关经营者的影响；

（五）经营者集中对国民经济发展的影响；

（六）应当考虑的影响市场竞争的其他因素。

第二十五条 评估经营者集中的竞争影响，可以考察相关经营者单独或者共同排除、限制竞争的能力、动机及可能性。

集中涉及上下游市场或者关联市场的，可以考察相关经营者利用在一个或者多个市场的控制力，排除、限制其他市场竞争的能力、动机及可能性。

第二十六条 评估参与集中的经营者对市场的控制力，可以考虑参与集中的经营者在相关市场的市场份额、产品或者服务的替代程度、控制销售市场或者原材料采购市场的能力、财力和技术条件，以及相关市场的市场结构、其他经营者的生产能力、下游客户购买能力和转换供应商的能力、潜在竞争者进入的抵消效果等因素。

评估相关市场的市场集中度，可以考虑相关市场的经营者数量及市场份额等因素。

第二十七条 评估经营者集中对市场进入的影响，可以考虑经营者通过控制生产要素、销售和采购渠道、关键技术、关键设施等方式影响市场进入的情况，并考虑进入的可能性、及时性和充分性。

评估经营者集中对技术进步的影响，可以考虑经营者集中对技术创新动力、技术研发投入和利用、技术资源整合等方面的影响。

第二十八条 评估经营者集中对消费者的影响，可以考虑经营者集中对产品或者服务的数量、价格、质量、多样化等方面的影响。

评估经营者集中对其他有关经营者的影响,可以考虑经营者集中对同一相关市场、上下游市场或者关联市场经营者的市场进入、交易机会等竞争条件的影响。

第二十九条 评估经营者集中对国民经济发展的影响,可以考虑经营者集中对经济效率、经营规模及其对相关行业发展等方面的影响。

第三十条 评估经营者集中的竞争影响,还可以综合考虑集中对公共利益的影响、参与集中的经营者是否为濒临破产的企业等因素。

第三十一条 市场监管总局认为经营者集中具有或者可能具有排除、限制竞争效果的,应当告知申报人,并设定一个允许参与集中的经营者提交书面意见的合理期限。

参与集中的经营者的书面意见应当包括相关事实和理由,并提供相应证据。参与集中的经营者逾期未提交书面意见的,视为无异议。

第三十二条 为减少集中具有或者可能具有的排除、限制竞争的效果,参与集中的经营者可以向市场监管总局提出附加限制性条件承诺方案。

市场监管总局应当对承诺方案的有效性、可行性和及时性进行评估,并及时将评估结果通知申报人。

市场监管总局认为承诺方案不足以减少集中对竞争的不利影响的,可以与参与集中的经营者就限制性条件进行磋商,要求其在合理期限内提出其他承诺方案。

第三十三条 根据经营者集中交易具体情况,限制性条件可以包括如下种类:

(一)剥离有形资产、知识产权等无形资产或者相关权益(以下简称剥离业务)等结构性条件;

(二)开放其网络或者平台等基础设施、许可关键技术(包括专利、专有技术或者其他知识产权)、终止排他性协议等行为性条件;

(三)结构性条件和行为性条件相结合的综合性条件。

剥离业务一般应当具有在相关市场开展有效竞争所需要的所有要素,包括有形资产、无形资产、股权、关键人员以及客户协议或者供应协议等权益。剥离对象可以是参与集中经营者的子公司、分支机构或者业务部门。

第三十四条 承诺方案存在不能实施的风险的,参与集中的经营者可以提出备选方案。备选方案应当在首选方案无法实施后生效,并且比首选方案的条件更为严格。

承诺方案为剥离,但存在下列情形之一的,参与集中的经营者可以在承诺方案中提出特定买方和剥离时间建议:

（一）剥离存在较大困难；

（二）剥离前维持剥离业务的竞争性和可销售性存在较大风险；

（三）买方身份对剥离业务能否恢复市场竞争具有重要影响；

（四）市场监管总局认为有必要的其他情形。

第三十五条 对于具有或者可能具有排除、限制竞争效果的经营者集中，参与集中的经营者提出的附加限制性条件承诺方案能够有效减少集中对竞争产生的不利影响的，市场监管总局可以作出附加限制性条件批准决定。参与集中的经营者未能在规定期限内提出附加限制性条件承诺方案，或者所提出的承诺方案不能有效减少集中对竞争产生的不利影响的，市场监管总局应当作出禁止经营者集中的决定。

第四章 限制性条件的监督和实施

第三十六条 对于附加限制性条件批准的经营者集中，义务人应当严格履行审查决定规定的义务，并按规定向市场监管总局报告限制性条件履行情况。

市场监管总局可以自行或者通过受托人对义务人履行限制性条件的行为进行监督检查。通过受托人监督检查的，市场监管总局应当在审查决定中予以明确。受托人包括监督受托人和剥离受托人。

义务人，是指附加限制性条件批准经营者集中的审查决定中要求履行相关义务的经营者。

监督受托人，是指受义务人委托并经市场监管总局评估确定，负责对义务人实施限制性条件进行监督并向市场监管总局报告的自然人、法人或者其他组织。

剥离受托人，是指受义务人委托并经市场监管总局评估确定，在受托剥离阶段负责出售剥离业务并向市场监管总局报告的自然人、法人或者其他组织。

第三十七条 通过受托人监督检查的，义务人应当在市场监管总局作出审查决定之日起十五日内向市场监管总局提交监督受托人人选。限制性条件为剥离的，义务人应当在进入受托剥离阶段三十日前向市场监管总局提交剥离受托人人选。受托人应当符合下列要求：

（一）独立于义务人和剥离业务的买方；

（二）具有履行受托人职责的专业团队，团队成员应当具有对限制性条件进行监督所需的专业知识、技能及相关经验；

（三）能够提出可行的工作方案；

(四)过去五年未在担任受托人过程中受到处罚；

(五)市场监管总局提出的其他要求。

市场监管总局评估确定受托人后，义务人应当与受托人签订书面协议，明确各自权利和义务，并报市场监管总局同意。受托人应当勤勉、尽职地履行职责。义务人支付受托人报酬，并为受托人提供必要的支持和便利。

第三十八条 附加限制性条件为剥离的，剥离义务人应当在审查决定规定的期限内，自行找到合适的剥离业务买方、签订出售协议，并报经市场监管总局批准后完成剥离。剥离义务人未能在规定期限内完成剥离的，市场监管总局可以要求义务人委托剥离受托人在规定的期限内寻找合适的剥离业务买方。剥离业务买方应当符合下列要求：

(一)独立于参与集中的经营者；

(二)拥有必要的资源、能力并有意愿使用剥离业务参与市场竞争；

(三)取得其他监管机构的批准；

(四)不得向参与集中的经营者融资购买剥离业务；

(五)市场监管总局根据具体案件情况提出的其他要求。

买方已有或者能够从其他途径获得剥离业务中的部分资产或者权益时，可以向市场监管总局申请对剥离业务的范围进行必要调整。

第三十九条 义务人提交市场监管总局审查的监督受托人、剥离受托人、剥离业务买方人选原则上各不少于三家。在特殊情况下，经市场监管总局同意，上述人选可少于三家。

市场监管总局应当对义务人提交的受托人及委托协议、剥离业务买方人选及出售协议进行审查，以确保其符合审查决定要求。

限制性条件为剥离的，市场监管总局上述审查所用时间不计入剥离期限。

第四十条 审查决定未规定自行剥离期限的，剥离义务人应当在审查决定作出之日起六个月内找到适当的买方并签订出售协议。经剥离义务人申请并说明理由，市场监管总局可以酌情延长自行剥离期限，但延期最长不得超过三个月。

审查决定未规定受托剥离期限的，剥离受托人应当在受托剥离开始之日起六个月内找到适当的买方并签订出售协议。

第四十一条 剥离义务人应当在市场监管总局审查批准买方和出售协议后，与买方签订出售协议，并自签订之日起三个月内将剥离业务转移给买方，完成所有权转移等相关法律程序。经剥离义务人申请并说明理由，市场监管总局可以酌情延长业务转移的期限。

第四十二条 经市场监管总局批准的买方购买剥离业务达到申报标准

的，取得控制权的经营者应当将其作为一项新的经营者集中向市场监管总局申报。市场监管总局作出审查决定之前，剥离义务人不得将剥离业务出售给买方。

第四十三条 在剥离完成之前，为确保剥离业务的存续性、竞争性和可销售性，剥离义务人应当履行下列义务：

（一）保持剥离业务与其保留的业务之间相互独立，并采取一切必要措施以最符合剥离业务发展的方式进行管理；

（二）不得实施任何可能对剥离业务有不利影响的行为，包括聘用被剥离业务的关键员工，获得剥离业务的商业秘密或者其他保密信息等；

（三）指定专门的管理人，负责管理剥离业务。管理人在监督受托人的监督下履行职责，其任命和更换应当得到监督受托人的同意；

（四）确保潜在买方能够以公平合理的方式获得有关剥离业务的充分信息，评估剥离业务的商业价值和发展潜力；

（五）根据买方的要求向其提供必要的支持和便利，确保剥离业务的顺利交接和稳定经营；

（六）向买方及时移交剥离业务并履行相关法律程序。

第四十四条 监督受托人应当在市场监管总局的监督下履行下列职责：

（一）监督义务人履行本规定、审查决定及相关协议规定的义务；

（二）对剥离义务人推荐的买方人选、拟签订的出售协议进行评估，并向市场监管总局提交评估报告；

（三）监督剥离业务出售协议的执行，并定期向市场监管总局提交监督报告；

（四）协调剥离义务人与潜在买方就剥离事项产生的争议；

（五）按照市场监管总局的要求提交其他与义务人履行限制性条件有关的报告。

未经市场监管总局同意，监督受托人不得披露其在履行职责过程中向市场监管总局提交的各种报告及相关信息。

第四十五条 在受托剥离阶段，剥离受托人负责为剥离业务找到买方并达成出售协议。

剥离受托人有权以无底价方式出售剥离业务。

第四十六条 审查决定应当规定附加限制性条件的期限。

根据审查决定，限制性条件到期自动解除的，经市场监管总局核查，义务人未违反审查决定的，限制性条件自动解除。义务人存在违反审查决定情形的，市场监管总局可以适当延长附加限制性条件的期限，并及时向社会公布。

根据审查决定,限制性条件到期后义务人需要申请解除的,义务人应当提交书面申请并说明理由。市场监管总局评估后决定解除限制性条件的,应当及时向社会公布。

限制性条件为剥离,经市场监管总局核查,义务人履行完成所有义务的,限制性条件自动解除。

第四十七条 审查决定生效期间,市场监管总局可以主动或者应义务人申请对限制性条件进行重新审查,变更或者解除限制性条件。市场监管总局决定变更或者解除限制性条件的,应当及时向社会公布。

市场监管总局变更或者解除限制性条件时,应当考虑下列因素:

(一)集中交易方是否发生重大变化;

(二)相关市场竞争状况是否发生实质性变化;

(三)实施限制性条件是否无必要或者不可能;

(四)应当考虑的其他因素。

第五章　对违法实施经营者集中的调查

第四十八条 经营者集中达到申报标准,经营者未申报实施集中、申报后未经批准实施集中或者违反审查决定的,依照本章规定进行调查。

第四十九条 对涉嫌违法实施经营者集中,任何单位和个人有权向市场监管总局举报。市场监管总局应当为举报人保密。

举报采用书面形式,并提供举报人和被举报人基本情况、涉嫌违法实施经营者集中的相关事实和证据等内容的,市场监管总局应当进行必要的核查。

第五十条 对有初步事实和证据表明存在违法实施经营者集中嫌疑的,市场监管总局应当予以立案,并书面通知被调查的经营者。

第五十一条 被调查的经营者应当在立案通知送达之日起三十日内,向市场监管总局提交是否属于经营者集中、是否达到申报标准、是否申报、是否违法实施等有关的文件、资料。

第五十二条 市场监管总局应当自收到被调查的经营者依照本规定第五十一条提交的文件、资料之日起三十日内,对被调查的交易是否属于违法实施经营者集中完成初步调查。

属于违法实施经营者集中的,市场监管总局应当作出实施进一步调查的决定,并书面通知被调查的经营者。经营者应当停止违法行为。

不属于违法实施经营者集中的,市场监管总局应当作出不实施进一步调查的决定,并书面通知被调查的经营者。

第五十三条 市场监管总局决定实施进一步调查的,被调查的经营者应当自收到市场监管总局书面通知之日起三十日内,依照本规定关于经营者集中申报文件、资料的规定向市场监管总局提交相关文件、资料。

市场监管总局应当自收到被调查的经营者提交的符合前款规定的文件、资料之日起一百二十日内,完成进一步调查。

在进一步调查阶段,市场监管总局应当按照反垄断法及本规定,对被调查的交易是否具有或者可能具有排除、限制竞争效果进行评估。

第五十四条 在调查过程中,被调查的经营者、利害关系人有权陈述意见。市场监管总局应当对被调查的经营者、利害关系人提出的事实、理由和证据进行核实。

第五十五条 市场监管总局在作出行政处罚决定前,应当将作出行政处罚决定的事实、理由和依据告知被调查的经营者。

被调查的经营者应当在市场监管总局规定的期限内提交书面意见。书面意见应当包括相关事实和证据。

第五十六条 市场监管总局对违法实施经营者集中应当依法作出处理决定,并可以向社会公布。

第六章 法律责任

第五十七条 经营者违反反垄断法规定实施集中的,依照反垄断法第四十八条规定予以处罚。

第五十八条 申报人隐瞒有关情况或者提供虚假材料的,市场监管总局对经营者集中申报不予立案或者撤销立案,并可以依照反垄断法第五十二条规定予以处罚。

第五十九条 受托人未按要求履行职责的,由市场监管总局责令改正;情节严重的,可以要求义务人更换受托人,并对受托人处三万元以下的罚款。

第六十条 剥离业务的买方未按规定履行义务,影响限制性条件实施的,由市场监管总局责令改正,并可以处三万元以下的罚款。

第七章 附 则

第六十一条 市场监管总局以及其他单位和个人对于知悉的商业秘密、未披露信息或者保密商务信息承担保密义务,但根据法律法规规定应当披露的或者事先取得权利人同意的除外。

第六十二条 对未达到申报标准但是具有或者可能具有排除、限制竞争效果的经营者集中，市场监管总局可以依照本规定收集事实和证据，并进行调查。

第六十三条 在审查或者调查过程中，市场监管总局可以组织听证。听证程序依照《市场监督管理行政许可程序暂行规定》《市场监督管理行政处罚听证暂行办法》执行。

第六十四条 对于需要送达经营者的书面文件，送达方式参照《市场监督管理行政处罚程序暂行规定》执行。

第六十五条 本规定自2020年12月1日起施行。

规范促销行为暂行规定

（2020年10月29日国家市场监督管理总局令第32号公布 自2020年12月1日起施行 国司备字[2020002999]）

第一章 总 则

第一条 为了规范经营者的促销行为，维护公平竞争的市场秩序，保护消费者、经营者合法权益，根据《中华人民共和国反不正当竞争法》（以下简称反不正当竞争法）、《中华人民共和国价格法》（以下简称价格法）、《中华人民共和国消费者权益保护法》（以下简称消费者权益保护法）等法律和行政法规，制定本规定。

第二条 经营者在中华人民共和国境内以销售商品、提供服务（以下所称商品包括提供服务）或者获取竞争优势为目的，通过有奖销售、价格、免费试用等方式开展促销，应当遵守本规定。

第三条 县级以上市场监督管理部门依法对经营者的促销行为进行监督检查，对违反本规定的行为实施行政处罚。

第四条 鼓励、支持和保护一切组织和个人对促销活动中的违法行为进行社会监督。

第二章 促销行为一般规范

第五条 经营者开展促销活动，应当真实准确，清晰醒目标示活动信息，不得利用虚假商业信息、虚构交易或者评价等方式作虚假或者引人误解的商业宣传,欺骗、误导消费者或者相关公众(以下简称消费者)。

第六条 经营者通过商业广告、产品说明、销售推介、实物样品或者通知、声明、店堂告示等方式作出优惠承诺的,应当履行承诺。

第七条 卖场、商场、市场、电子商务平台经营者等交易场所提供者(以下简称交易场所提供者)统一组织场所内(平台内)经营者开展促销的,应当制定相应方案,公示促销规则、促销期限以及对消费者不利的限制性条件,向场所内(平台内)经营者提示促销行为注意事项。

第八条 交易场所提供者发现场所内(平台内)经营者在统一组织的促销中出现违法行为的,应当依法采取必要处置措施,保存有关信息记录,依法承担相应义务和责任,并协助市场监督管理部门查处违法行为。

第九条 经营者不得假借促销等名义,通过财物或者其他手段贿赂他人,以谋取交易机会或者竞争优势。

第十条 经营者在促销活动中提供的奖品或者赠品必须符合国家有关规定,不得以侵权或者不合格产品、国家明令淘汰并停止销售的商品等作为奖品或者赠品。

国家对禁止用于促销活动的商品有规定的,依照其规定。

第三章 有奖销售行为规范

第十一条 本规定所称有奖销售,是指经营者以销售商品或者获取竞争优势为目的,向消费者提供奖金、物品或者其他利益的行为,包括抽奖式和附赠式等有奖销售。

抽奖式有奖销售是指经营者以抽签、摇号、游戏等带有偶然性或者不确定性的方法,决定消费者是否中奖的有奖销售行为。

附赠式有奖销售是指经营者向满足一定条件的消费者提供奖金、物品或者其他利益的有奖销售行为。

经政府或者政府有关部门依法批准的有奖募捐及其他彩票发售活动,不适用本规定。

第十二条 经营者为了推广移动客户端、招揽客户、提高知名度、获取流量、提高点击率等,附带性地提供物品、奖金或者其他利益的行为,属于本规定所称的有奖销售。

第十三条 经营者在有奖销售前,应当明确公布奖项种类、参与条件、参与方式、开奖时间、开奖方式、奖金金额或者奖品价格、奖品品名、奖品种类、奖品数量或者中奖概率、兑奖时间、兑奖条件、兑奖方式、奖品交付方式、弃奖条件、主办方及其联系方式等信息，不得变更，不得附加条件，不得影响兑奖，但有利于消费者的除外。

在现场即时开奖的有奖销售活动中，对超过五百元奖项的兑奖情况，应当随时公示。

第十四条 奖品为积分、礼券、兑换券、代金券等形式的，应当公布兑换规则、使用范围、有效期限以及其他限制性条件等详细内容；需要向其他经营者兑换的，应当公布其他经营者的名称、兑换地点或者兑换途径。

第十五条 经营者进行有奖销售，不得采用以下谎称有奖的方式：

（一）虚构奖项、奖品、奖金金额等；

（二）仅在活动范围中的特定区域投放奖品；

（三）在活动期间将带有中奖标志的商品、奖券不投放、未全部投放市场；

（四）将带有不同奖金金额或者奖品标志的商品、奖券按不同时间投放市场；

（五）未按照向消费者明示的信息兑奖；

（六）其他谎称有奖的方式。

第十六条 经营者进行有奖销售，不得采用让内部员工、指定单位或者个人中奖等故意让内定人员中奖的欺骗方式。

第十七条 抽奖式有奖销售最高奖的金额不得超过五万元。有下列情形之一的，认定为最高奖的金额超过五万元：

（一）最高奖设置多个中奖者的，其中任意一个中奖者的最高奖金额超过五万元；

（二）同一奖券或者购买一次商品具有两次或者两次以上获奖机会的，累计金额超过五万元；

（三）以物品使用权、服务等形式作为奖品的，该物品使用权、服务等的市场价格超过五万元；

（四）以游戏装备、账户等网络虚拟物品作为奖品的，该物品市场价格超过五万元；

（五）以降价、优惠、打折等方式作为奖品的，降价、优惠、打折等利益折算价格超过五万元；

（六）以彩票、抽奖券等作为奖品的，该彩票、抽奖券可能的最高奖金额超过五万元；

（七）以提供就业机会、聘为顾问等名义，并以给付薪金等方式设置奖励，最高奖的金额超过五万元；

（八）以其他形式进行抽奖式有奖销售，最高奖金额超过五万元。

第十八条 经营者以非现金形式的物品或者其他利益作为奖品的，按照同期市场同类商品的价格计算其金额。

第十九条 经营者应当建立档案，如实、准确、完整地记录设奖规则、公示信息、兑奖结果、获奖人员等内容，妥善保存两年并依法接受监督检查。

第四章 价格促销行为规范

第二十条 经营者开展价格促销活动有附加条件的，应当显著标明条件。经营者开展限时减价、折价等价格促销活动的，应当显著标明期限。

第二十一条 经营者折价、减价，应当标明或者通过其他方便消费者认知的方式表明折价、减价的基准。

未标明或者表明基准的，其折价、减价应当以同一经营者在同一经营场所内，在本次促销活动前七日内最低成交价格为基准。如果前七日内没有交易的，折价、减价应当以本次促销活动前最后一次交易价格为基准。

第二十二条 经营者通过积分、礼券、兑换券、代金券等折抵价款的，应当以显著方式标明或者通过店堂告示等方式公开折价计算的具体办法。

未标明或者公开折价计算具体办法的，应当以经营者接受兑换时的标价作为折价计算基准。

第五章 法律责任

第二十三条 违反本规定第五条，构成虚假宣传的，由市场监督管理部门依据反不正当竞争法第二十条的规定进行处罚。

第二十四条 违反本规定第六条、第八条、第十条，法律法规有规定的，从其规定；法律法规没有规定的，由县级以上市场监督管理部门责令改正；可处违法所得三倍以下罚款，但最高不超过三万元；没有违法所得的，可处一万元以下罚款。

第二十五条 违反本规定第七条，未公示促销规则、促销期限以及对消费者不利的限制性条件，法律法规有规定的，从其规定；法律法规没有规定的，由县级以上市场监督管理部门责令改正，可以处一万元以下罚款。

第二十六条 违反本规定第九条，构成商业贿赂的，由市场监督管理部门依据反不正当竞争法第十九条的规定进行处罚。

第二十七条 违反本规定第十三条第一款、第十四条、第十五条、第十六条、第十七条，由市场监督管理部门依据反不正当竞争法第二十二条的规定进行处罚。

第二十八条 违反本规定第十三条第二款、第十九条，由县级以上市场监督管理部门责令改正，可以处一万元以下罚款。

第二十九条 违反本规定第二十条、第二十一条、第二十二条，构成价格违法行为的，由市场监督管理部门依据价格监管法律法规进行处罚。

第三十条 市场监督管理部门作出行政处罚决定后，应当依法通过国家企业信用信息公示系统向社会公示。

第六章 附 则

第三十一条 本规定自2020年12月1日起施行。1993年12月24日原国家工商行政管理局令第19号发布的《关于禁止有奖销售活动中不正当竞争行为的若干规定》同时废止。

关于修改、废止部分证券期货规章的决定

（2020年10月30日中国证券监督管理委员会令第177号公布 自公布之日起施行 国司备字[2020003112]）

为贯彻落实新《证券法》及国务院“放管服”有关要求等，中国证监会对有关证券期货制度文件进行了清理。经过清理，中国证监会决定：

一、对4部规章的部分条款予以修改。（附件1）

二、对1部规章予以废止。（附件2）

本决定自公布之日起施行。

附件：1. 中国证监会决定修改的规章

2. 中国证监会决定废止的规章

附件1

中国证监会决定修改的规章

一、将《证券投资基金评价业务管理暂行办法》第五条、第六条、第七条、第十三条、第二十条、第二十四条、第二十五条、第二十六条、第二十七条、第二十八条、第二十九条中的“中国证券业协会”修改为“中国证券投资基金业协会”。

第十三条、第二十条、第二十一条、第二十二条、第二十九条中的"中国证监会指定信息披露媒体"修改为"符合中国证监会规定条件的媒体"。

二、将《转融通业务监督管理试行办法》第四十六条第一款修改为:"证券金融公司应当自每一会计年度结束之日起4个月内,向证监会报送年度报告。年度报告应当包含按照规定编制并经符合《证券法》规定的会计师事务所审计的财务会计报告。"

三、将《中国证券监督管理委员会限制证券买卖实施办法》第一条修改为:"为维护证券市场正常秩序,保护投资者合法权益,有效打击证券违法行为,依据《中华人民共和国证券法》第一百七十条第(七)项,制订本办法。"

第五条修改为:"调查部门限制证券买卖的时间不得超过三个月。案情复杂的,经批准可延长三个月。"

第六条修改为:"调查部门实施本措施,应当制作《限制/解除限制证券买卖申请书》,经法律部门审核,报中国证监会主要负责人或者其授权的其他负责人批准。"

第十二条修改为:"限制期限届满前,需解除限制证券买卖措施的,经中国证监会主要负责人或者其授权的其他负责人批准,可予以解除。"

四、将《证券期货投资者适当性管理办法》第三十一条中的"指定网站"修改为"符合中国证监会规定条件的媒体"。

第三十七条修改为:"经营机构违反本办法规定的,中国证监会及其派出机构可以对经营机构及其直接负责的主管人员和其他直接责任人员,采取责令改正、监管谈话、出具警示函等监督管理措施。"

第三十八条修改为:"证券公司、期货公司违反本办法规定,存在较大风险或者风险隐患的,中国证监会及其派出机构可以按照《证券法》第一百四十条、《证券公司监督管理条例》第七十条、《期货交易管理条例》第五十五条的规定,采取监督管理措施。"

第三十九条修改为:"违反本办法第六条、第十八条、第十九条、第二十条、第二十一条、第二十二条第(三)项至第(六)项、第二十三条、第二十四条、第三十三条规定的,按照《证券法》第一百九十八条、《证券投资基金法》第一百三十七条、《证券公司监督管理条例》第八十四条、《期货交易管理条例》第六十七条予以处理。"

第四十一条第(十)项修改为:"(十)违反本办法第六条、第十八条至第二十四条、第二十六条、第二十七条、第三十三条规定,未构成《证券法》第一百九十八条,《证券投资基金法》第一百三十五条、第一百三十七条,《证券公司监督管理条例》第八十三条、第八十四条,《期货交易管理条例》第六十六条、第六十七条规定情形的。”

《证券投资基金评价业务管理暂行办法》等4部规章根据本决定作相应修改,重新公布。

附件2

中国证监会决定废止的规章

《关于证券交易所报告制度的若干规定(试行)》(1997年11月19日证监交字〔1997〕21号)

证券投资基金评价业务管理暂行办法

(2009年11月6日中国证券监督管理委员会令第64号公布
根据2020年10月30日中国证券监督管理委员会《关于修改、废止部分证券期货规章的决定》修订)

第一章　总　　则

第一条　为了规范证券投资基金评价业务,引导证券投资基金的长期投资理念,保障基金投资人和相关当事人的合法权益,根据《证券法》、《证券投资基金法》等法律法规,制定本办法。

第二条　在中华人民共和国境内,基金评价机构对证券投资基金(以下简称基金)进行评价并通过公开形式发布基金评价结果,适用本办法。

基金评价机构仅通过非公开形式发布基金评价结果的,不适用本办法。但该机构应当与使用基金评价结果的对象签订协议,禁止对方对结果进行公开引用。

第三条　本办法所称基金评价业务,包括基金评价机构及其评价人员对基金的投资收益和风险或基金管理人的管理能力开展评级、评奖、单一指标排名或中国证监会认定的其他评价活动。

评级是指基金评价机构及其评价人员运用特定的方法对基金的投资收益和风险或基金管理人的管理能力进行综合性分析,并使用具有特定含义的符号、数字或文字展示分析结果的活动。

公开形式指通过报刊、电台、电视台、互联网等公众传播媒体形式或讲座、报告会、分析会、电脑终端、电话、传真、电子邮件、短信等形式,向非特定对象发布基金评价结果。

第四条 从事基金评价业务,应当遵循下列原则:

(一)长期性原则,即注重对基金的长期评价,培育和引导投资人的长期投资理念,不得以短期、频繁的基金评价结果误导投资人;

(二)公正性原则,即保持中立地位,公平对待所有评价对象,不得歪曲、诋毁评价对象,防范可能发生的利益冲突;

(三)全面性原则,即全面综合评价基金的投资收益和风险或基金管理人的管理能力,不得将单一指标做为基金评级的唯一标准;

(四)客观性原则,即基金评价过程和结果客观准确,不得使用虚假信息作为基金评价的依据,不得发布虚假的基金评价结果;

(五)一致性原则,即基金评价标准、方法和程序保持一致,不得使用未经公开披露的评价标准、方法和程序;

(六)公开性原则,即使用市场公开披露的信息,不得使用公开披露信息以外的数据。

第五条 中国证监会及其派出机构依法对基金评价业务活动进行监督管理。中国证券投资基金业协会依法对基金评价业务活动进行自律管理。

第二章 基金评价机构和评价人员

第六条 基金评价机构应当加入中国证券投资基金业协会。

中国证券投资基金业协会应当制定严格的基金评价机构自律规则、执业规范、入会标准和入会程序。基金评价机构应当在本办法施行后30个工作日内或开始从事基金评价业务后30个工作日内按照协会公示的要求向协会提请办理入会手续。

第七条 基金评价机构应当在加入中国证券投资基金业协会后15个工作日内向中国证监会报送书面材料进行备案,材料应当包括下列文件:

(一)基金评价机构基本情况;

(二)企业法人营业执照复印件;

(三)从事基金评价业务人员和业务主要负责人的名单、简历、身份证件及基金从业资格证明复印件;

(四)完整的基金评价理论基础、标准、方法的说明;

(五)内部控制制度和业务流程;

(六)诚信承诺书;

（七）中国证监会要求提供的其他文件。

第八条 基金评价机构应当具有健全的组织架构和完善的内部控制制度；有足够熟悉基金及其评价业务的专业人员；有完善、系统的评价标准、方法以及严谨的业务规范。

第九条 基金评价机构的内部控制应当促进基金评价业务的有效开展和规范运作：

（一）具有可靠的基金信息采集制度，并对信息数据库进行严格的管理，保证信息数据的安全、真实和完整；

（二）具有确定的基金评价标准、方法和作业程序，并据此建立和维护信息分析处理系统；

（三）建立和执行严格的校正和复核程序，保证评价结果的客观准确；

（四）建立基金评价标准、方法和程序的公开披露制度，并真实、准确、完整、及时地进行披露；

（五）建立和执行严格规范的文档制度，妥善保留业务数据、工作底稿和相关文件；

（六）建立基金评价标准、方法和作业程序的检讨评估制度，保证基金评价业务的一致性；

（七）建立基金评价结果发布制度和程序，保证发布的基金评价结果符合相关业务规范的要求。

第十条 基金评价人员应当具备基金从业资格。

基金评价人员是指从事基金评价业务的人员。基金评价人员只有被一家基金评价机构聘用后，方可从事基金评价业务，且基金评价人员不得同时在两个以上的基金评价机构执业。

基金评价机构不得聘用有违法、违规记录的人员从事基金评价业务。

第三章 基金评价业务

第十一条 从事基金评价业务应当有完善、系统的理论基础、标准和方法。基金评价方法应当基于机构自己的研究成果，不得侵犯其他基金评价机构的有关知识产权。

对基金进行评价应当至少考虑下列内容：

（一）基金招募说明书和基金合同约定的投资方向、投资范围、投资方法和业绩比较基准等；

（二）基金的风险收益特征；

（三）基金投资决策系统及交易系统的有效性和一贯性。

对基金管理人进行评价应当至少考虑下列内容：

（一）基金管理公司及其人员的合规性；

（二）基金管理公司的治理结构；

（三）股东、高级管理人员、基金经理的稳定性；

（四）投资管理和研究能力；

（五）信息披露和风险控制能力。

第十二条 对基金的分类应当以相关法律、行政法规和中国证监会的规定为标准，可以在法律、行政法规和中国证监会对基金分类规定的基础上进行细分；对法律、行政法规和中国证监会未做规定的分类方法，应当明确标注并说明理由。

第十三条 基金评价机构应当将基金评价标准、评价方法和程序报中国证监会、中国证券投资基金业协会备案，并通过中国证券投资基金业协会网站、本机构网站及至少一家符合中国证监会规定条件的媒体向社会公告。基金评价机构修改上述内容时，应当及时备案、公告。

第十四条 任何机构从事基金评价业务并以公开形式发布评价结果的，不得有下列行为：

（一）对不同分类的基金进行合并评价；

（二）对同一分类中包含基金少于 10 只的基金进行评级或单一指标排名；

（三）对基金合同生效不足 6 个月的基金（货币市场基金除外）进行评奖或单一指标排名；

（四）对基金（货币市场基金除外）、基金管理人评级的评级期间少于 36 个月；

（五）对基金、基金管理人评级的更新间隔少于 3 个月；

（六）对基金、基金管理人评奖的评奖期间少于 12 个月；

（七）对基金、基金管理人单一指标排名（包括具有点击排序功能的网站或咨询系统数据列示）的排名期间少于 3 个月；

（八）对基金、基金管理人单一指标排名的更新间隔少于 1 个月；

（九）对特定客户资产管理计划进行评价。

第十五条 基金评价机构与评价对象存在当前或潜在利益冲突时，应当在评级报告、评价报告中声明该机构与评价对象之间的关系，同时说明该机构在评价过程中为规避利益冲突影响而采取的措施。

第十六条 基金评价机构应当避免使用与评价对象存在当前或潜在利益冲突的人员对该对象进行评价。

第十七条 基金评价报告等文件应当声明评价结果并不是对未来表现的预测,也不应视作投资基金的建议。

第十八条 基金评价结果应当以基金评价机构的名义而并非基金评价人员的个人名义发布。

第十九条 基金评价机构应当将其向基金投资人或者社会公众提供的基金评价数据和资料,自提供之日起保存15年。

第四章 基金评价结果的引用

第二十条 基金管理人、基金销售机构及符合中国证监会规定条件的媒体不得引用不具备中国证券投资基金业协会会员资格的机构提供的基金评价结果。

第二十一条 基金管理人、基金销售机构及符合中国证监会规定条件的媒体决定与基金评价机构合作并引用基金评价结果的,应当事先根据本办法第九条的要求对拟合作的基金评价机构进行审慎调查,核查其内部控制是否能够保障基金评价业务的有效开展和规范运作。

基金管理人、基金销售机构及符合中国证监会规定条件的媒体应当避免引用违反本办法第九条内部控制规范要求的基金评价机构提供的基金评价结果。

第二十二条 基金管理人、基金销售机构及符合中国证监会规定条件的媒体决定引用基金评价结果的,应当事先根据本办法第十四条要求的业务规范对基金评价结果做出审查,发现有违反业务规范情形的,应当提请基金评价机构做出调整或拒绝进行引用。

第五章 监督管理与法律责任

第二十三条 基金评价机构及其评价人员违反本办法规定从事基金评价活动的,中国证监会依法采取责令改正、监管谈话、出具警示函等监管措施;情节严重的,依法进行行政处罚;涉嫌犯罪的,依法移送司法机关,追究其刑事责任。

第二十四条 中国证券投资基金业协会应当对违反自律准则和执业规范的行为给予纪律处分;情节严重的,取消会员资格。

第二十五条 基金评价机构应当按照中国证券投资基金业协会的规定向其提交相关备案文件和年度报告。

第二十六条 中国证券投资基金业协会应当建立基金评价机构及其评价人员从事基金评价业务的资料库和诚信档案，通过适当方式公布基金评价机构会员情况，并建立对基金评价行为的跟踪机制。

第二十七条 中国证券投资基金业协会可以对基金评价机构及其评价人员的业务活动进行检查，被检查的基金评价机构应当予以配合，不得干扰和阻碍。中国证券投资基金业协会应当将检查过程中发现的问题及时向中国证监会报告。

第二十八条 基金评价机构加入中国证券投资基金业协会后，未按照本办法第七条的规定向中国证监会备案，擅自从事基金评价业务的，责令改正，单处或者并处警告、罚款；对直接负责的主管人员和其他直接责任人员单处或者并处警告、罚款。

第二十九条 基金管理人、基金销售机构及符合中国证监会规定条件的媒体引用或发布不具备中国证券投资基金业协会会员资格的基金评价机构提供的基金评价结果的，中国证监会采取责令改正、出具警示函等监管措施，单处或者并处警告、罚款；对直接负责的主管人员和其他直接责任人员单处或者并处警告、罚款。

第三十条 基金评价机构违反本办法规定，聘任不具备基金从业资格的人员的，中国证监会采取责令改正等监管措施，单处或者并处警告、罚款；对直接负责的主管人员和其他直接责任人员单处或者并处警告、罚款。

第三十一条 基金评价机构未按照本办法规定保存有关文件和资料的，责令改正，单处或者并处警告、罚款。

第三十二条 基金评价机构有下列行为之一的，中国证监会采取责令改正、监管谈话、出具警示函等监管措施，单处或者并处警告、罚款：

（一）内部控制制度不符合本办法第九条的规定；

（二）基金评价标准和方法不符合本办法第十一条、第十二条的规定；

（三）未按照本办法第十三条规定公开披露基金评价标准、方法和程序，或未按照公开披露的基金评价标准、方法和程序从事基金评价业务；

（四）违反本办法第十四条的规定进行基金评价或发布基金评价结果；

（五）违反本办法第十五条和第十六条规定的利益冲突防范制度；

（六）不公平对待评价对象，或贬低、诋毁其他基金评价机构、评价人员等不正当竞争行为。

第六章 附 则

第三十三条 本办法自2010年1月1日起施行。

转融通业务监督管理试行办法

（2011年10月26日中国证券监督管理委员会令第75号公布　根据2017年12月7日中国证券监督管理委员会《关于修改〈证券登记结算管理办法〉等七部规章的决定》第一次修订　根据2020年10月30日中国证券监督管理委员会《关于修改、废止部分证券期货规章的决定》第二次修订）

第一章　总　　则

第一条　为了健全融资融券交易机制，拓宽证券公司融资融券业务资金和证券来源，规范转融通业务及相关活动，防范转融通业务风险，根据《证券法》、《证券公司监督管理条例》，制定本办法。

第二条　本办法所称转融通业务，是指证券金融公司将自有或者依法筹集的资金和证券出借给证券公司，以供其办理融资融券业务的经营活动。

第三条　从事转融通业务及相关活动，应当遵循平等、自愿、公平和诚实信用原则，不得损害社会公共利益。

第四条　证券金融公司应当遵守法律、行政法规和本办法的规定，严格防范和控制风险，稳健开展转融通业务。

第五条　中国证券监督管理委员会（以下简称证监会）依法对证券金融公司及其相关业务活动进行监督管理。

第二章　证券金融公司

第六条　证券金融公司根据国务院的决定设立。证监会根据国务院的决定，履行审批程序。

第七条　证券金融公司的组织形式为股份有限公司，注册资本不少于人民币60亿元。

证券金融公司的注册资本应当为实收资本，其股东应当用货币出资。

第八条　证券金融公司应当依照《公司法》和本办法的规定，制定公司章程，设立股东大会、董事会、监事会等组织机构，规范运作。

第九条　证券金融公司董事、监事和高级管理人员的选任，应当经证监会批准。

第十条 证券金融公司不以营利为目的,履行下列职责:

(一)为证券公司融资融券业务提供资金和证券的转融通服务;

(二)对证券公司融资融券业务运行情况进行监控;

(三)监测分析全市场融资融券交易情况,运用市场化手段防控风险;

(四)证监会确定的其他职责。

第十一条 证券金融公司变更名称、注册资本、股东、住所、职责范围,制定或者修改公司章程,设立或者撤销分支机构,应当报证监会备案。

第三章 业务规则

第十二条 证券金融公司开展转融通业务,应当以自己的名义,在证券登记结算机构分别开立转融通专用证券账户、转融通担保证券账户和转融通证券交收账户。

转融通专用证券账户用于记录证券金融公司持有的拟向证券公司融出的证券和证券公司归还的证券;转融通担保证券账户用于记录证券公司委托证券金融公司持有、担保证券金融公司因向证券公司转融通所生债权的证券;转融通证券交收账户用于办理证券金融公司与转融通业务有关的证券结算。

第十三条 证券金融公司开展转融通业务,应当以自己的名义,在商业银行开立转融通专用资金账户,在证券登记结算机构分别开立转融通担保资金账户和转融通资金交收账户。

转融通专用资金账户用于存放证券金融公司拟向证券公司融出的资金及证券公司归还的资金;转融通担保资金账户用于记录证券公司交存的、担保证券金融公司因向证券公司转融通所生债权的资金;转融通资金交收账户用于办理证券金融公司与转融通业务有关的资金结算。

第十四条 证券金融公司开展转融通业务,应当了解证券公司的基本情况、业务范围、财务状况、违约记录、风险控制能力等,并以书面和电子的方式予以记录和保存。

第十五条 证券金融公司应当建立客户信用评估机制,对证券公司的信用状况进行评估,并根据评估结果确定和调整对证券公司的授信额度。

第十六条 证券金融公司开展转融通业务,应当与证券公司签订转融通业务合同,约定转融通的资金数额、标的证券的种类和数量、期限、费率、保证金的比例、证券权益处理办法、违约责任等事项。

证券金融公司应当制定转融通业务合同标准格式,报证监会备案。

第十七条 除本条第二款规定的情形外,证券金融公司向证券公司转融通的期限不得超过6个月。转融通的期限,自资金或者证券实际交付之日起算。

证券金融公司可以与证券公司对转融通标的证券暂停交易、终止交易和其他特殊情形下转融通期限的顺延或者缩短作出约定。

第十八条 证券金融公司应当按照国家宏观政策,根据市场状况和风险控制需要,确定和调整转融通费率和保证金的比例。

第十九条 证券金融公司与证券公司签订转融通业务合同后,应当根据证券公司的申请,以证券公司的名义,为其开立转融通担保证券明细账户和转融通担保资金明细账户。

转融通担保证券明细账户是转融通担保证券账户的二级账户,用于记载证券公司委托证券金融公司持有的担保证券的明细数据。转融通担保资金明细账户是转融通担保资金账户的二级账户,用于记载证券公司交存的担保资金的明细数据。证券金融公司可以委托证券登记结算机构根据清算、交收结果等,对证券公司转融通担保证券明细账户和转融通担保资金明细账户内的数据进行变更。

第二十条 证券金融公司开展转融通业务,应当向证券公司收取一定比例的保证金。保证金可以证券充抵,但货币资金占应收取保证金的比例不得低于15%。

证券金融公司应当确定并公布可充抵保证金证券的种类和折算率。

证券金融公司可以与证券登记结算机构签订合同,委托证券登记结算机构代为管理保证金。

第二十一条 证券公司向证券金融公司交存保证金,采取设立信托的方式。保证金中的证券应当记入转融通担保证券账户,保证金中的资金应当记入转融通担保资金账户。

证券金融公司与证券公司应当约定,转融通担保证券账户内的证券和转融通担保资金账户内的资金,均为担保证券金融公司因向证券公司转融通所生债权的信托财产,因本办法第二十二条第三款规定情形所形成的信托财产对证券金融公司的债权,也归入信托财产。

第二十二条 证券金融公司应当逐日计算证券公司交存的保证金价值与其所欠债务的比例。当该比例低于约定的维持保证金比例时,应当通知证券公司在一定的期限内补交差额,直至达到约定的初始保证金比例。但是,对因本条第三款规定情形导致的差额,证券公司无须补交。

证券公司违约的,证券金融公司可以按照约定处分保证金,以实现对证券公司的债权;处分保证金不足以完全实现对证券公司的债权的,证券金融公司应当依法向证券公司追偿。

经证券公司书面同意,证券金融公司可以有偿使用证券公司交存的保证金。证券金融公司使用保证金的用途、期限、对价等具体事项,由双方通过转融通业务合同约定。

第二十三条 证券金融公司可以根据化解证券公司违约风险的需要,建立转融通互保基金。转融通互保基金的管理办法,由证券金融公司制定,报证监会备案后实施。

第二十四条 市场交易活动出现异常,已经或者可能危及市场稳定,有必要暂停转融通业务的,证券金融公司可以按照业务规则和合同约定,暂停全部或者部分转融通业务并公告。

第二十五条 证券登记结算机构根据证券账户和资金账户持有人发出或者认可的指令,办理转融通业务涉及的证券和资金的划转。

第二十六条 司法机关依法对证券公司转融通担保证券明细账户或者转融通担保资金明细账户记载的权益采取财产保全或者强制执行措施的,证券金融公司应当处分保证金,在实现因向证券公司转融通所生债权后,协助司法机关执行。

第四章 资金和证券的来源

第二十七条 证券金融公司开展转融通业务,可以使用下列资金和证券:

(一)自有资金和证券;

(二)通过证券交易所的业务平台融入的资金和证券;

(三)通过证券金融公司的业务平台融入的资金;

(四)依法筹集的其他资金和证券。

第二十八条 证券金融公司可以依照《公司法》、《证券法》等有关规定,发行公司债券。

第二十九条 证券金融公司可以向股东或者其他特定投资者借入次级债。证券金融公司借入次级债,应当事先向证监会报告。

证券金融公司借入的次级债,参照证监会对证券公司借入次级债的有关规定,计入净资本。

第三十条 证券金融公司通过证券交易所的业务平台融入资金和证券,按照证券交易所的业务规则办理。证券登记结算机构按照证券交易所业务平台的成交结果,办理有关登记结算。

第三十一条 证券金融公司为履行本办法规定的职责,可以通过其在证券登记结算机构开立的普通证券账户买卖证券。

第五章　权益处理

第三十二条　证券登记结算机构根据转融通担保证券账户内的记录,确认证券金融公司受托持有证券的事实,并以证券金融公司为名义持有人,登记于证券持有人名册。

第三十三条　对转融通担保证券账户内记录的证券,由证券金融公司以自己的名义,行使对证券发行人的权利。证券金融公司行使对证券发行人的权利,应当事先征求委托其持有该证券的证券公司意见,并按照其意见办理。

前款所称对证券发行人的权利,是指请求召开证券持有人会议、参加证券持有人会议、提案、表决、配售股份的认购、请求分配投资收益等因持有证券而产生的权利。

第三十四条　证券登记结算机构受证券发行人委托以证券或者现金形式分派投资收益的,应当分别将分派的证券或者现金记录在转融通担保证券账户或者转融通担保资金账户内,并相应变更证券公司转融通担保证券明细账户或者转融通担保资金明细账户的数据。

第三十五条　证券金融公司根据本办法规定融入证券后、归还证券前,或者证券公司向证券金融公司融入证券后、归还证券前,证券发行人分配投资收益、向证券持有人配售或者无偿派发证券、发行证券持有人有优先认购权的证券的,证券金融公司或者证券公司应当按照约定向融出方支付与所融入证券可得利益相等的证券或者资金。

第三十六条　证券金融公司通过转融通担保证券账户持有的证券不计入其自有证券,证券金融公司无须因该账户内证券数量的变动而履行信息报告、披露或者要约收购义务。

证券公司通过其自营证券账户、融券专用证券账户和转融通担保证券明细账户合计持有一家上市公司股票及其权益的数量或者其增减变动达到规定的比例时,应当依法履行信息报告、披露或者要约收购义务。有一致行动人的,一致行动人与证券公司持有的股票及其权益的数量合并计算。

第六章　监督管理

第三十七条　证券金融公司应当依照本办法的规定制定转融通业务规则,明确账户管理、授信管理、标的证券管理、保证金管理、费率管理、信息披露等事项,报证监会备案后实施。

第三十八条 证券金融公司应当每个交易日公布以下转融通信息:

(一)转融资余额;

(二)转融券余额;

(三)转融通成交数据;

(四)转融通费率。

第三十九条 证券金融公司应当建立合规管理机制,保证公司的经营管理及工作人员的执业行为合法合规。

第四十条 证券金融公司应当建立风险控制机制,有效识别、评估、控制公司经营管理中的各类风险。

第四十一条 证券金融公司应当遵守以下风险控制指标规定:

(一)净资本与各项风险资本准备之和的比例不得低于100%;

(二)对单一证券公司转融通的余额,不得超过证券金融公司净资本的50%;

(三)融出的每种证券余额不得超过该证券上市可流通市值的10%;

(四)充抵保证金的每种证券余额不得超过该证券总市值的15%。

证券金融公司净资本、风险资本准备的计算,参照证监会对证券公司的有关规定执行。证监会另有规定的除外。

第四十二条 证券金融公司不得为他人的债务提供担保。

第四十三条 证券金融公司应当每年按照税后利润的10%提取风险准备金。证监会可以根据防范证券金融公司风险的需要,对提取比例进行调整。

第四十四条 证券金融公司的资金,除用于履行本办法规定职责和维持公司正常运转外,只能用于以下用途:

(一)银行存款;

(二)购买国债、证券投资基金份额等经证监会认可的高流动性金融产品;

(三)购置自用不动产;

(四)证监会认可的其他用途。

第四十五条 证券金融公司应当建立信息系统安全管理机制,保障公司信息系统安全、稳定运行。

第四十六条 证券金融公司应当自每一会计年度结束之日起4个月内,向证监会报送年度报告。年度报告应当包含按照规定编制并经符合《证券法》规定的会计师事务所审计的财务会计报告。

证券金融公司应当自每月结束之日起7个工作日内,向证监会报送月度报告。月度报告应当包含本办法第四十一条所列各项风险控制指标和转融通业务专项报表,以及证监会要求报送的其他信息。

第四十七条　发生影响或者可能影响公司经营管理的重大事件的，证券金融公司应当立即向证监会报送临时报告，说明事件的起因、目前的状态、可能产生的后果和应对措施。

第四十八条　证券金融公司为履行监控证券公司融资融券业务运行情况的职责，可以制定证券公司融资融券业务监控规则，报证监会备案后实施。

证券公司应当按照规定向证券金融公司报送融资融券的相关数据。证券公司报送的数据应当真实、准确、完整。

证券交易所、证券登记结算机构、证券金融公司应当建立融资融券信息共享机制。

第四十九条　证券金融公司及其工作人员应当对因履行职责而获悉的信息保密。法律、行政法规和本办法另有规定的除外。

第五十条　证券金融公司应当妥善保存履行本办法规定职责所形成的各类文件、资料，保存期限不少于20年。

第五十一条　证监会为履行监督管理职责，可以要求证券金融公司及其工作人员提供有关信息、资料，并对公司进行现场检查。

第五十二条　证券金融公司或者证券公司违反本办法规定的，由证监会视具体情形，采取责令改正、出具警示函、责令公开说明、责令定期报告等监管措施；应当给予行政处罚的，由证监会对公司及其有关责任人员单处或者并处警告、罚款。

第七章　附　　则

第五十三条　证券交易所和证券登记结算机构根据本办法制定配套的交易、结算规则，按照规定报经证监会批准或者备案后实施。

第五十四条　本办法自公布之日起施行。

中国证券监督管理委员会
限制证券买卖实施办法

（2007年5月18日中国证券监督管理委员会令第45号公布
根据2020年10月30日中国证券监督管理委员会《关于修改、废止部分证券期货规章的决定》修订）

第一条 为维护证券市场正常秩序，保护投资者合法权益，有效打击证券违法行为，依据《中华人民共和国证券法》第一百七十条第（七）项，制订本办法。

第二条 限制证券买卖是指中国证券监督管理委员会（以下简称中国证监会）在调查操纵证券市场、内幕交易等重大证券违法行为时，对被调查事件当事人受限账户的证券买卖行为采取的限制措施。

限制证券买卖措施由中国证监会调查部门（以下简称调查部门）具体实施。

第三条 受限账户包括被调查事件当事人及其实际控制的资金账户、证券账户和与当事人有关的其他账户。

与当事人有关的其他账户包括：

（一）有资金往来的；

（二）资金存取人为相同人员或机构的；

（三）交易代理人为相同人员或机构的；

（四）有转托管或交叉指定关系的；

（五）有抵押关系的；

（六）受同一监管协议控制的；

（七）下挂同一个或多个股东账户的；

（八）属同一控制人控制的；

（九）调查部门通过调查认定的其他情况。

第四条 限制证券买卖措施包括：

（一）不得买入指定交易品种，但允许卖出；

（二）不得卖出指定交易品种，但允许买入；

（三）不得买入和卖出指定交易品种；

（四）不得办理转托管或撤销指定交易；

（五）调查部门认为应采取的其他限制措施。

第五条 调查部门限制证券买卖的时间不得超过三个月。案情复杂的，经批准可延长三个月。

第六条 调查部门实施本措施，应当制作《限制/解除限制证券买卖申请书》，经法律部门审核，报中国证监会主要负责人或者其授权的其他负责人批准。

第七条 《限制/解除限制证券买卖申请书》应当载明以下事项：

（一）案由；

（二）受限账户的基本情况；

（三）采取限制/解除限制措施的原因；

（四）采取限制/解除限制措施的法律依据；

（五）限制措施的主要内容，包括受限账户名称、代码、限制品种、限制方式和限制期限。

同时，应当附带下列材料：

（一）证明调查部门正在对被调查事件当事人的证券违法行为进行调查的材料；

（二）证明受限账户基本情况的材料；

（三）证明受限账户符合本办法第三条规定的材料；

（四）调查部门认为受限账户符合采取限制/解除限制措施的原因的证据。

《限制/解除限制证券买卖申请书》应当经调查部门主要负责人签字批准、加盖公章。

第八条 实施限制证券买卖措施，调查部门应当向证券交易所、证券登记结算公司、证券经营机构等协助实施限制证券买卖的机构发出《限制/解除限制证券买卖通知书》。

第九条 《限制/解除限制证券买卖通知书》应当载明以下事项：

（一）实施依据；

（二）受限账户；

（三）限制方式；

（四）限制品种；

（五）限制期限；

（六）协助执行单位。

第十条 协助实施限制证券买卖的机构应当按要求及时、有效地执行限制措施。限制期满，应及时解除。

第十一条 调查部门应将实施限制证券买卖措施的情况通知当事人或托

管受限账户的证券经营机构。

当事人有权申请复议。复议期间,限制证券买卖措施不停止执行。

第十二条 限制期限届满前,需解除限制证券买卖措施的,经中国证监会主要负责人或者其授权的其他负责人批准,可予以解除。

第十三条 根据需要,有关部门可对限制证券买卖情况予以公告。

第十四条 协助实施限制证券买卖的机构未按要求及时、有效地执行限制措施,依有关法规追究责任。

第十五条 调查部门未按规定程序实施限制证券买卖措施的,将依法追究责任。

第十六条 本办法自公布之日起施行。

证券期货投资者适当性管理办法

(2016 年 12 月 12 日中国证券监督管理委员会令第 130 号公布 根据 2020 年 10 月 30 日中国证券监督管理委员会《关于修改、废止部分证券期货规章的决定》修订)

第一条 为了规范证券期货投资者适当性管理,维护投资者合法权益,根据《证券法》《证券投资基金法》《证券公司监督管理条例》《期货交易管理条例》及其他相关法律、行政法规,制定本办法。

第二条 向投资者销售公开或者非公开发行的证券、公开或者非公开募集的证券投资基金和股权投资基金(包括创业投资基金,以下简称基金)、公开或者非公开转让的期货及其他衍生产品,或者为投资者提供相关业务服务的,适用本办法。

第三条 向投资者销售证券期货产品或者提供证券期货服务的机构(以下简称经营机构)应当遵守法律、行政法规、本办法及其他有关规定,在销售产品或者提供服务的过程中,勤勉尽责,审慎履职,全面了解投资者情况,深入调查分析产品或者服务信息,科学有效评估,充分揭示风险,基于投资者的不同风险承受能力以及产品或者服务的不同风险等级等因素,提出明确的适当性匹配意见,将适当的产品或者服务销售或者提供给适合的投资者,并对违法违规行为承担法律责任。

第四条 投资者应当在了解产品或者服务情况,听取经营机构适当性意见的基础上,根据自身能力审慎决策,独立承担投资风险。

经营机构的适当性匹配意见不表明其对产品或者服务的风险和收益做出

实质性判断或者保证。

第五条 中国证券监督管理委员会(以下简称中国证监会)及其派出机构依照法律、行政法规、本办法及其他相关规定,对经营机构履行适当性义务进行监督管理。

证券期货交易场所、登记结算机构及中国证券业协会、中国期货业协会、中国证券投资基金业协会(以下统称行业协会)等自律组织对经营机构履行适当性义务进行自律管理。

第六条 经营机构向投资者销售产品或者提供服务时,应当了解投资者的下列信息:

(一)自然人的姓名、住址、职业、年龄、联系方式,法人或者其他组织的名称、注册地址、办公地址、性质、资质及经营范围等基本信息;

(二)收入来源和数额、资产、债务等财务状况;

(三)投资相关的学习、工作经历及投资经验;

(四)投资期限、品种、期望收益等投资目标;

(五)风险偏好及可承受的损失;

(六)诚信记录;

(七)实际控制投资者的自然人和交易的实际受益人;

(八)法律法规、自律规则规定的投资者准入要求相关信息;

(九)其他必要信息。

第七条 投资者分为普通投资者与专业投资者。

普通投资者在信息告知、风险警示、适当性匹配等方面享有特别保护。

第八条 符合下列条件之一的是专业投资者:

(一)经有关金融监管部门批准设立的金融机构,包括证券公司、期货公司、基金管理公司及其子公司、商业银行、保险公司、信托公司、财务公司等;经行业协会备案或者登记的证券公司子公司、期货公司子公司、私募基金管理人。

(二)上述机构面向投资者发行的理财产品,包括但不限于证券公司资产管理产品、基金管理公司及其子公司产品、期货公司资产管理产品、银行理财产品、保险产品、信托产品、经行业协会备案的私募基金。

(三)社会保障基金、企业年金等养老基金,慈善基金等社会公益基金,合格境外机构投资者(QFII)、人民币合格境外机构投资者(RQFII)。

(四)同时符合下列条件的法人或者其他组织:

1. 最近1年末净资产不低于2000万元;

2. 最近1年末金融资产不低于1000万元;

3. 具有2年以上证券、基金、期货、黄金、外汇等投资经历。

(五)同时符合下列条件的自然人:

1. 金融资产不低于500万元,或者最近3年个人年均收入不低于50万元;

2. 具有2年以上证券、基金、期货、黄金、外汇等投资经历,或者具有2年以上金融产品设计、投资、风险管理及相关工作经历,或者属于本条第(一)项规定的专业投资者的高级管理人员、获得职业资格认证的从事金融相关业务的注册会计师和律师。

前款所称金融资产,是指银行存款、股票、债券、基金份额、资产管理计划、银行理财产品、信托计划、保险产品、期货及其他衍生产品等。

第九条 经营机构可以根据专业投资者的业务资格、投资实力、投资经历等因素,对专业投资者进行细化分类和管理。

第十条 专业投资者之外的投资者为普通投资者。

经营机构应当按照有效维护投资者合法权益的要求,综合考虑收入来源、资产状况、债务、投资知识和经验、风险偏好、诚信状况等因素,确定普通投资者的风险承受能力,对其进行细化分类和管理。

第十一条 普通投资者和专业投资者在一定条件下可以互相转化。

符合本办法第八条第(四)、(五)项规定的专业投资者,可以书面告知经营机构选择成为普通投资者,经营机构应当对其履行相应的适当性义务。

符合下列条件之一的普通投资者可以申请转化成为专业投资者,但经营机构有权自主决定是否同意其转化:

(一)最近1年末净资产不低于1000万元,最近1年末金融资产不低于500万元,且具有1年以上证券、基金、期货、黄金、外汇等投资经历的除专业投资者外的法人或其他组织;

(二)金融资产不低于300万元或者最近3年个人年均收入不低于30万元,且具有1年以上证券、基金、期货、黄金、外汇等投资经历或者1年以上金融产品设计、投资、风险管理及相关工作经历的自然人投资者。

第十二条 普通投资者申请成为专业投资者应当以书面形式向经营机构提出申请并确认自主承担可能产生的风险和后果,提供相关证明材料。

经营机构应当通过追加了解信息、投资知识测试或者模拟交易等方式对投资者进行谨慎评估,确认其符合前条要求,说明对不同类别投资者履行适当性义务的差别,警示可能承担的投资风险,告知申请的审查结果及其理由。

第十三条 经营机构应当告知投资者,其根据本办法第六条规定所提供的信息发生重要变化、可能影响分类的,应及时告知经营机构。经营机构应当建立投资者评估数据库并及时更新,充分使用已了解信息和已有评估结果,避免重复采集,提高评估效率。

第十四条 中国证监会、自律组织在针对特定市场、产品或者服务制定规则时,可以考虑风险性、复杂性以及投资者的认知难度等因素,从资产规模、收入水平、风险识别能力和风险承担能力、投资认购最低金额等方面,规定投资者准入要求。投资者准入要求包含资产指标的,应当规定投资者在购买产品或者接受服务前一定时期内符合该指标。

现有市场、产品或者服务规定投资者准入要求的,应当符合前款规定。

第十五条 经营机构应当了解所销售产品或者所提供服务的信息,根据风险特征和程度,对销售的产品或者提供的服务划分风险等级。

第十六条 划分产品或者服务风险等级时应当综合考虑以下因素:

(一)流动性;

(二)到期时限;

(三)杠杆情况;

(四)结构复杂性;

(五)投资单位产品或者相关服务的最低金额;

(六)投资方向和投资范围;

(七)募集方式;

(八)发行人等相关主体的信用状况;

(九)同类产品或者服务过往业绩;

(十)其他因素。

涉及投资组合的产品或者服务,应当按照产品或者服务整体风险等级进行评估。

第十七条 产品或者服务存在下列因素的,应当审慎评估其风险等级:

(一)存在本金损失的可能性,因杠杆交易等因素容易导致本金大部分或者全部损失的产品或者服务;

(二)产品或者服务的流动变现能力,因无公开交易市场、参与投资者少等因素导致难以在短期内以合理价格顺利变现的产品或者服务;

(三)产品或者服务的可理解性,因结构复杂、不易估值等因素导致普通人难以理解其条款和特征的产品或者服务;

(四)产品或者服务的募集方式,涉及面广、影响力大的公募产品或者相关服务;

(五)产品或者服务的跨境因素,存在市场差异、适用境外法律等情形的跨境发行或者交易的产品或者服务;

(六)自律组织认定的高风险产品或者服务;

（七）其他有可能构成投资风险的因素。

第十八条 经营机构应当根据产品或者服务的不同风险等级，对其适合销售产品或者提供服务的投资者类型作出判断，根据投资者的不同分类，对其适合购买的产品或者接受的服务作出判断。

第十九条 经营机构告知投资者不适合购买相关产品或者接受相关服务后，投资者主动要求购买风险等级高于其风险承受能力的产品或者接受相关服务的，经营机构在确认其不属于风险承受能力最低类别的投资者后，应当就产品或者服务风险高于其承受能力进行特别的书面风险警示，投资者仍坚持购买的，可以向其销售相关产品或者提供相关服务。

第二十条 经营机构向普通投资者销售高风险产品或者提供相关服务，应当履行特别的注意义务，包括制定专门的工作程序，追加了解相关信息，告知特别的风险点，给予普通投资者更多的考虑时间，或者增加回访频次等。

第二十一条 经营机构应当根据投资者和产品或者服务的信息变化情况，主动调整投资者分类、产品或者服务分级以及适当性匹配意见，并告知投资者上述情况。

第二十二条 禁止经营机构进行下列销售产品或者提供服务的活动：

（一）向不符合准入要求的投资者销售产品或者提供服务；

（二）向投资者就不确定事项提供确定性的判断，或者告知投资者有可能使其误认为具有确定性的意见；

（三）向普通投资者主动推介风险等级高于其风险承受能力的产品或者服务；

（四）向普通投资者主动推介不符合其投资目标的产品或者服务；

（五）向风险承受能力最低类别的投资者销售或者提供风险等级高于其风险承受能力的产品或者服务；

（六）其他违背适当性要求，损害投资者合法权益的行为。

第二十三条 经营机构向普通投资者销售产品或者提供服务前，应当告知下列信息：

（一）可能直接导致本金亏损的事项；

（二）可能直接导致超过原始本金损失的事项；

（三）因经营机构的业务或者财产状况变化，可能导致本金或者原始本金亏损的事项；

（四）因经营机构的业务或者财产状况变化，影响客户判断的重要事由；

（五）限制销售对象权利行使期限或者可解除合同期限等全部限制内容；

（六）本办法第二十九条规定的适当性匹配意见。

第二十四条 经营机构对投资者进行告知、警示，内容应当真实、准确、完整，不存在虚假记载、误导性陈述或者重大遗漏，语言应当通俗易懂；告知、警示应当采用书面形式送达投资者，并由其确认已充分理解和接受。

第二十五条 经营机构通过营业网点向普通投资者进行本办法第十二条、第二十条、第二十一条和第二十三条规定的告知、警示，应当全过程录音或者录像；通过互联网等非现场方式进行的，经营机构应当完善配套留痕安排，由普通投资者通过符合法律、行政法规要求的电子方式进行确认。

第二十六条 经营机构委托其他机构销售本机构发行的产品或者提供服务，应当审慎选择受托方，确认受托方具备代销相关产品或者提供服务的资格和落实相应适当性义务要求的能力，应当制定并告知代销方所委托产品或者提供服务的适当性管理标准和要求，代销方应当严格执行，但法律、行政法规、中国证监会其他规章另有规定的除外。

第二十七条 经营机构代销其他机构发行的产品或者提供相关服务，应当在合同中约定要求委托方提供的信息，包括本办法第十六条、第十七条规定的产品或者服务分级考虑因素等，自行对该信息进行调查核实，并履行投资者评估、适当性匹配等适当性义务。委托方不提供规定的信息、提供信息不完整的，经营机构应当拒绝代销产品或者提供服务。

第二十八条 对在委托销售中违反适当性义务的行为，委托销售机构和受托销售机构应当依法承担相应法律责任，并在委托销售合同中予以明确。

第二十九条 经营机构应当制定适当性内部管理制度，明确投资者分类、产品或者服务分级、适当性匹配的具体依据、方法、流程等，严格按照内部管理制度进行分类、分级，定期汇总分类、分级结果，并对每名投资者提出匹配意见。

经营机构应当制定并严格落实与适当性内部管理有关的限制不匹配销售行为、客户回访检查、评估与销售隔离等风控制度，以及培训考核、执业规范、监督问责等制度机制，不得采取鼓励不适当销售的考核激励措施，确保从业人员切实履行适当性义务。

第三十条 经营机构应当每半年开展一次适当性自查，形成自查报告。发现违反本办法规定的问题，应当及时处理并主动报告住所地中国证监会派出机构。

第三十一条 鼓励经营机构将投资者分类政策、产品或者服务分级政策、自查报告在公司网站或者符合中国证监会规定条件的媒体进行披露。

第三十二条 经营机构应当按照相关规定妥善保存其履行适当性义务的相关信息资料，防止泄露或者被不当利用，接受中国证监会及其派出机构和自律组织的检查。对匹配方案、告知警示资料、录音录像资料、自查报告等的保存期限不得少于20年。

第三十三条 投资者购买产品或者接受服务，按规定需要提供信息的，所提供的信息应当真实、准确、完整。投资者根据本办法第六条规定所提供的信息发生重要变化、可能影响其分类的，应当及时告知经营机构。

投资者不按照规定提供相关信息，提供信息不真实、不准确、不完整的，应当依法承担相应法律责任，经营机构应当告知其后果，并拒绝向其销售产品或者提供服务。

第三十四条 经营机构应当妥善处理适当性相关的纠纷，与投资者协商解决争议，采取必要措施支持和配合投资者提出的调解。经营机构履行适当性义务存在过错并造成投资者损失的，应当依法承担相应法律责任。

经营机构与普通投资者发生纠纷的，经营机构应当提供相关资料，证明其已向投资者履行相应义务。

第三十五条 中国证监会及其派出机构在监管中应当审核或者关注产品或者服务的适当性安排，对适当性制度落实情况进行检查，督促经营机构严格落实适当性义务，强化适当性管理。

第三十六条 证券期货交易场所应当制定完善本市场相关产品或者服务的适当性管理自律规则。

行业协会应当制定完善会员落实适当性管理要求的自律规则，制定并定期更新本行业的产品或者服务风险等级名录以及本办法第十九条、第二十二条规定的风险承受能力最低的投资者类别，供经营机构参考。经营机构评估相关产品或者服务的风险等级不得低于名录规定的风险等级。

证券期货交易场所、行业协会应当督促、引导会员履行适当性义务，对备案产品或者相关服务应当重点关注高风险产品或者服务的适当性安排。

第三十七条 经营机构违反本办法规定的，中国证监会及其派出机构可以对经营机构及其直接负责的主管人员和其他直接责任人员，采取责令改正、监管谈话、出具警示函等监督管理措施。

第三十八条 证券公司、期货公司违反本办法规定，存在较大风险或者风险隐患的，中国证监会及其派出机构可以按照《证券法》第一百四十条、《证券公司监督管理条例》第七十条、《期货交易管理条例》第五十五条的规定，采取监督管理措施。

第三十九条 违反本办法第六条、第十八条、第十九条、第二十条、第二十一条、第二十二条第(三)项至第(六)项、第二十三条、第二十四条、第三十三条规定的，按照《证券法》第一百九十八条、《证券投资基金法》第一百三十七条、《证券公司监督管理条例》第八十四条、《期货交易管理条例》第六十七条予以处理。

第四十条 违反本办法第二十二条第(一)项至第(二)项、第二十六条、第二十七条规定的,按照《证券投资基金法》第一百三十五条、《证券公司监督管理条例》第八十三条、《期货交易管理条例》第六十六条予以处理。

第四十一条 经营机构有下列情形之一的,给予警告,并处以3万元以下罚款;对直接负责的主管人员和其他直接责任人员,给予警告,并处以3万元以下罚款:

(一)违反本办法第十条,未按规定对普通投资者进行细化分类和管理的;

(二)违反本办法第十一条、第十二条,未按规定进行投资者类别转化的;

(三)违反本办法第十三条,未建立或者更新投资者评估数据库的;

(四)违反本办法第十五条,未按规定了解所销售产品或者所提供服务信息或者履行分级义务的;

(五)违反本办法第十六条、第十七条,未按规定划分产品或者服务风险等级的;

(六)违反本办法第二十五条,未按规定录音录像或者采取配套留痕安排的;

(七)违反本办法第二十九条,未按规定制定或者落实适当性内部管理制度和相关制度机制的;

(八)违反本办法第三十条,未按规定开展适当性自查的;

(九)违反本办法第三十二条,未按规定妥善保存相关信息资料的;

(十)违反本办法第六条、第十八条至第二十四条、第二十六条、第二十七条、第三十三条规定,未构成《证券法》第一百九十八条,《证券投资基金法》第一百三十五条、第一百三十七条,《证券公司监督管理条例》第八十三条、第八十四条,《期货交易管理条例》第六十六条、第六十七条规定情形的。

第四十二条 经营机构从业人员违反相关法律法规和本办法规定,情节严重的,中国证监会可以依法采取市场禁入的措施。

第四十三条 本办法自2017年7月1日起施行。

国家市场监督管理总局
关于修改部分规章的决定

（2020年10月23日国家市场监督管理总局令第31号公布　自公布之日起施行　国司备字[2020003090]）

为了全面落实党的十九届三中全会审议通过的《中共中央关于深化党和国家机构改革的决定》《深化党和国家机构改革方案》和十三届全国人大一次会议批准的《国务院机构改革方案》，确保行政机关依法履行职责，进一步推进简政放权、放管结合、优化服务改革，市场监管总局决定对30件部门规章的部分条款予以修改。

一、对《侵害消费者权益行为处罚办法》（2015年1月5日国家工商行政管理总局令第73号公布）作出修改

（一）将第二条、第三条、第七条、第十四条、第十五条、第十七条、第十八条、第十九条第一款、第二十条、第二十一条中的“工商行政管理”修改为“市场监督管理”。

（二）将第九条修改为：“经营者采用网络、电视、电话、邮购等方式销售商品，应当依照法律规定承担无理由退货义务，不得故意拖延或者无理拒绝。经营者有下列情形之一的，视为故意拖延或者无理拒绝：

“（一）对于适用无理由退货的商品，自收到消费者退货要求之日起超过十五日未办理退货手续，或者未向消费者提供真实、准确的退货地址、退货联系人等有效联系信息，致使消费者无法办理退货手续；

“（二）未经消费者确认，以自行规定该商品不适用无理由退货为由拒绝退货；

“（三）以消费者已拆封、查验影响商品完好为由拒绝退货；

“（四）自收到退回商品之日起无正当理由超过十五日未向消费者返还已支付的商品价款。”

二、对《关于禁止滥用知识产权排除、限制竞争行为的规定》（2015年4月7日国家工商行政管理总局令第74号公布）作出修改

（一）删去第三条第一款中的“（价格垄断行为除外）”。

（二）将第十二条第三款第六项、第十八条中的“国家工商行政管理总局”修改为“国家市场监督管理总局”。

将第十四条、第十七条中的“工商行政管理机关”修改为“反垄断执法机构”。

（三）将第十四条中的“《工商行政管理机关查处垄断协议、滥用市场支配地位案件程序规定》”修改为“《禁止垄断协议暂行规定》、《禁止滥用市场支配地位行为暂行规定》”。

在第十四条中增加一款，作为第二款：“本规定所称反垄断执法机构包括国家市场监督管理总局和各省、自治区、直辖市市场监督管理部门。”

三、对《拍卖监督管理办法》（2017 年 9 月 30 日国家工商行政管理局令第 91 号公布）作出修改

（一）将第三条第一款、第四条、第十一条、第十二条、第十三条、第十四条中的“工商行政管理部门”修改为“市场监督管理部门”。

（二）删去第三条第二款。

四、对《网络购买商品七日无理由退货暂行办法》（2017 年 1 月 6 日国家工商行政管理总局令第 90 号公布）作出修改

（一）将第二十三条、第二十六条、第二十七条、第二十八条、第二十九条、第三十四条中的“工商行政管理部门”修改为“市场监督管理部门”。

将第三十八条中的“国家工商行政管理总局”修改为“国家市场监督管理总局”。

（二）将第二十二条修改为：“网络交易平台提供者应当依法建立、完善其平台七日无理由退货规则以及配套的消费者权益保护有关制度，在其首页显著位置持续公示，并保证消费者能够便利、完整地阅览和下载。”

（三）将第三十二条修改为：“网络交易平台提供者违反本办法第二十二条规定的，依照《电子商务法》第八十一条第一款第（一）项规定予以处罚。”

（四）删去第三十五条。

五、对《中华人民共和国企业法人登记管理条例施行细则》（1988 年 11 月 3 日国家工商行政管理局令第 1 号公布）作出修改

（一）将第二条中的“具备企业法人条件的全民所有制企业、集体所有制企业、联营企业、在中国境内设立的外商投资企业（包括中外合资经营企业、中外合作经营企业、外资企业）和其他企业，应当根据国家法律、法规及本细则有关规定，申请企业法人登记”修改为“具备企业法人条件的全民所有制企业、集体所有制企业、联营企业、在中国境内设立的外商投资企业和其他企业，应当根据国家法律、法规及本细则有关规定，申请企业法人登记”。

（二）删去第十条、第十六条第三款、第十八条、第十九条、第二十四条、第二十七条、第三十条、第三十二条、第四十一条、第四十三条、第四十六条、第四十八条、第六十六条。

六、对《外国(地区)企业在中国境内从事生产经营活动登记管理办法》(1992年8月15日国家工商行政管理局令第10号公布)作出修改

(一)将第二条中的"工商行政管理部门"修改为"市场监督管理部门"。

(二)将第十八条中的"国家工商行政管理局"修改为"国家市场监督管理总局"。

七、对《农药广告审查发布标准》(2015年12月24日国家工商行政管理总局令第81号公布)作出修改

(一)将规章名称修改为《农药广告审查发布规定》。

(二)将第一条、第十二条、第十三条、第十四条中的"本标准"修改为"本规定"。

八、对《兽药广告审查发布标准》(2015年12月24日国家工商行政管理总局令第82号公布)作出修改

(一)规章名称修改为《兽药广告审查发布规定》。

(二)将第一条、第十一条、第十二条、第十三条中的"本标准"修改为"本规定"。

九、对《关于在香港特别行政区知识产权署提出的首次申请的优先权的规定》(1999年12月15日国家知识产权局令第10号公布)作出修改

将其中的"国家知识产权局专利局"修改为"国家知识产权局"。

十、对《商标印制管理办法》(2004年8月19日国家工商行政管理总局令第15号公布)作出修改

(一)将第十一条、第十二条、第十四条中的"工商行政管理局"修改为"市场监督管理部门"。

(二)将第十五条中的"国家工商行政管理总局商标局"修改为"国家知识产权局"。

(三)将第四条修改为:"商标印制委托人委托印制注册商标的,应当出示《商标注册证》,并另行提供一份复印件。

"签订商标使用许可合同使用他人注册商标,被许可人需印制商标的,还应当出示商标使用许可合同文本并提供一份复印件;商标注册人单独授权被许可人印制商标的,还应当出示授权书并提供一份复印件。"

(四)将第十三条修改为:"商标印制单位违反第七条规定承接印制业务,且印制的商标与他人注册商标相同或者近似的,属于《商标法实施条例》第七十五条所述的商标侵权行为,由所在地或者行为地市场监督管理部门依《商标法》的有关规定予以处理。"

十一、对《缺陷汽车产品召回管理条例实施办法》(2015 年 11 月 27 日国家质量监督检验检疫总局令第 176 号公布)作出修改

(一)将第四条修改为:“国家市场监督管理总局(以下简称市场监管总局)负责全国缺陷汽车产品召回的监督管理工作。”

(二)将第五条第一款修改为:“市场监管总局根据工作需要,可以委托省级市场监督管理部门在本行政区域内负责缺陷汽车产品召回监督管理的部分工作。”

(三)将第五条第二款、第七条、第十一条、第十三条、第十四条、第十五条、第十六条、第十七条、第十八条、第二十条、第二十一条、第二十二条、第二十三条、第二十四条、第二十八条、第三十条、第三十四条、第四十一条、第四十二条中的“质检总局”修改为“市场监管总局”。

将第十八条、第二十条、第三十四条中的“质检部门”修改为“市场监督管理部门”。

(四)将第六条、第八条、第三十九条中的“产品质量监督部门和出入境检验检疫机构”、“地方产品质量监督部门和各地出入境检验检疫机构”修改为“市场监督管理部门”。

十二、对《茧丝质量监督管理办法》(2003 年 1 月 14 日国家质量监督检验检疫总局令第 43 号公布)作出修改

(一)将第三条修改为:“国家市场监督管理总局(以下简称市场监管总局)主管全国茧丝质量监督工作,其所属的中国纤维质量监测中心承担茧丝质量监督检查的技术支撑相关工作、茧丝质量公证检验的组织实施工作,并对公证检验实施监督抽验。

“省、自治区、直辖市市场监督管理部门(以下简称省级市场监管部门)负责本行政区域内茧丝质量监督工作。地方市场监督管理部门和承担棉花等纤维质量监督职责的专业纤维检验机构统称纤维质量监督机构。地方专业纤维检验机构承担茧丝质量公证检验工作。”

(二)删去第四条、第五条、第六条、第七条。

(三)第八条改为第四条,删去第四款,将第五款中的“中国纤维检验局”修改为“中国纤维质量监测中心”。

(四)第九条改为第五条,删去其中的“除茧丝经营者从事桑蚕鲜茧收购、桑蚕干茧加工活动是否具备规定的质量保证条件外,还”。

(五)第十二条改为第八条,将其中的“中国纤维检验局”修改为“中国纤维质量监测中心”,将“复验”修改为“复检”。

(六)第十三条改为第九条,删去第一项。第二十一条改为第十七条,将其中的“第十三条第(一)项、第(二)项、第(三)项、第(四)项、第(五)项、第(七)项中任何一项规定的”修改为“第九条第(一)项、第(二)项、第(三)项、第(四)项、第(六)项中任何一项规定的”。

(七)第十四条改为第十条,删去第一款第一项、第二项。

(八)第十九条改为第十五条,删去其中的“质量保证条件审核意见书”。

(九)第二十五条改为第十四条,删去其中的“第十三条第(六)项”,将“建议工商行政管理机关”修改为“依法”。第二十六条改为第二十四条,将其中的“建议工商行政管理机关”修改为“依法”。

(十)第二十九条改为第二十五条,将其中的“国家质检总局或者地方质量技术监督部门”修改为“市场监管总局或者地方市场监督管理部门”。第三十五条改为第三十一条,将其中的“国家质检总局”修改为“市场监管总局”。

十三、对《毛绒纤维质量监督管理办法》(2003 年 7 月 18 日国家质量监督检验检疫总局令第 49 号公布)作出修改

(一)将第三条修改为:“国家市场监督管理总局(以下简称市场监管总局)主管全国毛绒纤维质量监督工作,其所属的中国纤维质量监测中心承担毛绒纤维质量监督检查的技术支撑相关工作、毛绒纤维质量公证检验的组织实施工作,并对公证检验实施监督抽验。

“省、自治区、直辖市市场监督管理部门负责本行政区域内毛绒纤维质量监督工作。地方市场监督管理部门和承担棉花等纤维质量监督职责的专业纤维检验机构统称纤维质量监督机构。地方专业纤维检验机构承担毛绒纤维质量公证检验工作。”

(二)将第六条第四款修改为:“毛绒纤维质量公证检验办法由中国纤维质量监测中心制定。”

(三)将第七条、第三十条中的“国家质量监督检验检疫总局”修改为“市场监管总局”。

将第二十六条、第二十七条中的“国务院质量监督检验检疫部门”修改为“市场监管总局”。

将第七条、第二十六条、第二十七条中的“质量监督部门”修改为“市场监督管理部门”。

(四)将第十二条中的“中国纤维检验局”修改为“中国纤维质量监测中心”。

(五)将第十九条、第二十四条中的“建议工商行政管理机关”修改为“依法”。

十四、对《麻类纤维质量监督管理办法》(2005 年 4 月 22 日国家质量监督检验检疫总局令第 73 号公布)作出修改

(一)将第三条修改为:“国家市场监督管理总局(以下简称市场监管总局)主管全国麻类纤维质量监督工作,其所属的中国纤维质量监测中心承担麻类纤维质量监督检查的技术支撑相关工作、麻类纤维质量公证检验的组织实施工作,并对公证检验实施监督抽验。

“省、自治区、直辖市市场监督管理部门负责本行政区域内麻类纤维质量监督工作。地方市场监督管理部门和承担棉花等纤维质量监督职责的专业纤维检验机构统称纤维质量监督机构。地方专业纤维检验机构承担麻类纤维质量公证检验工作。”

(二)将第六条第四款修改为:“麻类纤维质量公证检验办法由中国纤维质量监测中心制定。”

(三)将第七条、第二十五条、第二十六条、第二十九条中的“国家质检总局”修改为“市场监管总局”。

将第七条、第二十五条、第二十六条中的“质量技术监督部门”、“质量监督部门”修改为“市场监督管理部门”。

(四)将第十条中的“中国纤维检验局”修改为“中国纤维质量监测中心”。

(五)将第十九条、第二十三条中的“建议工商行政管理机关”修改为“依法”。

十五、对《计量基准管理办法》(2007 年 6 月 6 日国家质量监督检验检疫总局令第 94 号公布)作出修改

(一)将第二条中的“国家质量监督检验检疫总局(以下简称国家质检总局)”修改为“国家市场监督管理总局(以下简称市场监管总局)”。

(二)将第四条、第五条、第七条、第八条、第九条、第十一条、第十二条、第十三条、第十四条、第十五条、第十六条、第十七条、第十八条、第十九条、第二十一条中的“国家质检总局”修改为“市场监管总局”。

十六、对《全国专业标准化技术委员会管理办法》(2017 年 10 月 30 日国家质量监督检验检疫总局令第 191 号公布)作出修改

(一)将第三条中的“国家质量监督检验检疫总局(以下简称质检总局)负责技术委员会的统一管理。国家标准化管理委员会(以下简称国家标准委)负责技术委员会的规划、协调、组建和管理”修改为“国务院标准化行政主管部门统一管理技术委员会工作,负责技术委员会的规划、协调、组建和管理”。

(二)将第四条、第五条、第六条、第十二条、第十五条、第二十六条、第二十七条、第二十八条、第二十九条、第三十一条、第三十二条、第三十三条、第三十四条、第三十五条、第三十六条、第三十七条、第三十八条、第三十九条、第四十二条、第四十三条、第四十四条、第四十六条、第四十七条、第四十八条、第四十九条、第五十条、第五十一条中的“国家标准委”修改为“国务院标准化行政主管部门”。

将第五十五条中的“国家质检总局”修改为“国务院标准化行政主管部门”。

(三)将第四十五条中的“技术委员会应当按照《标准档案管理办法》的要求管理标准档案”修改为“技术委员会应当按照国家档案管理的相关要求管理标准档案”。

(四)将第五十六条中的“本办法施行后,国家质检总局、国家标准委以前发布的规章、规范性文件与本办法规定不一致的,适用本办法”修改为“国务院标准化行政主管部门以前发布的部门规章与本办法规定不一致的,适用本办法”。

十七、对《认证机构管理办法》(2017 年 11 月 14 日国家质量监督检验检疫总局令第 193 号公布)作出修改

(一)将第四条修改为:“国务院认证认可监督管理部门主管认证机构的资质审批及监督管理工作。

“县级以上地方认证监督管理部门依照本办法的规定,负责所辖区域内认证机构从事认证活动的监督管理。”

(二)将第七条、第九条、第十条、第十一条、第十二条、第十五条、第二十三条、第二十四条、第二十五条、第二十六条、第二十七条、第二十八条、第二十九条、第三十条、第三十一条、第三十二条、第三十三条、第三十四条、第三十五条、第三十六条、第三十七条、第四十二条、第四十三条中的“国家认监委”修改为“国务院认证认可监督管理部门”。

将第四十五条中的“国家质检总局”修改为“国务院认证认可监督管理部门”。

(三)删去第八条第三款。

(四)将第十条第二款中的“国家认监委尚未制定认证规则的”修改为“属于认证新领域,国务院认证认可监督管理部门尚未制定认证规则的”。

(五)将第十七条第一款第三项中的“国家信用信息严重失信主体相关名录”修改为“严重违法失信名单”。

(六)将第二十七条中的“失信名录”修改为“严重违法失信名单”。

(七)将第二十八条第一款第五项中的“失信名录以及失信信息”修改为“严重违法失信名单”,删去第二款。

（八）将第二十九条第一款中的“国家信用信息失信主体名录”和第二款中的“国家信用信息失信主体名录或者国家认监委公布的失信名录”修改为“严重违法失信名单”。

十八、对《高耗能特种设备节能监督管理办法》（2009 年 7 月 3 日国家质量监督检验检疫总局令第 116 号公布）作出修改

（一）将第一条中的“根据《中华人民共和国节约能源法》、《特种设备安全监察条例》等法律、行政法规的规定”修改为“根据《中华人民共和国特种设备安全法》、《中华人民共和国节约能源法》、《特种设备安全监察条例》等法律、行政法规的规定”。

（二）删去第二条中的“电梯”。

（三）将第三条、第十三条、第十五条、第十六条中的“维修”修改为“修理”。

（四）将第四条修改为：“国家市场监督管理总局（以下简称市场监管总局）负责综合管理全国高耗能特种设备的节能监督工作。

“地方各级市场监督管理部门负责本行政区域内高耗能特种设备的节能监督管理工作。”

（五）将第六条、第三十条、第三十五条中的“国家质检总局”修改为“市场监管总局”。

将第六条、第二十八条、第二十九条、第三十条中的“质量技术监督部门”修改为“市场监督管理部门”。

（六）删去第十一条中的“电梯产品在安全性能型式试验时进行能效测试”。

（七）删去第十三条中的“影响设备或者系统能效的项目”。

（八）删去第十四条中的“设备经济运行文件”。

（九）将第十九条中的“对国家明令淘汰的高耗能特种设备，不予办理使用登记”修改为“对国家明令淘汰或者不符合能效指标要求的高耗能特种设备，不予办理使用登记。”

（十）将第二十八条中的“应当以书面形式责令有关单位予以改正”修改为“应当依法予以处理”。

十九、对《客运索道安全监督管理规定》（2016 年 2 月 25 日国家质量监督检验检疫总局令第 179 号公布）作出修改

（一）将第三条中的“国家质量监督检验检疫总局（以下简称质检总局）负责全国客运索道安全监督管理工作的统一管理”修改为“国家市场监督管理总局（以下简称市场监管总局）负责综合管理全国客运索道安全监督管理工作”。

（二）将第十条、第三十八条中的“质检总局”修改为“市场监管总局”。

（三）删去第十四条中的“和安全”。

（四）将第三十二条中的“设计、制造、安装、改造、修理、使用、检验、检测”修改为“生产、使用单位和检验、检测机构”。

二十、对《商品量计量违法行为处罚规定》（1999 年 3 月 12 日国家质量技术监督局令第 3 号公布）作出修改

（一）将第一条、第三条、第八条中的“质量技术监督部门”修改为“市场监督管理部门”。

将第九条中的“国家质量技术监督局”修改为“国家市场监督管理总局”。

（二）将第四条修改为：“生产者生产定量包装商品，其实际量与标注量不相符，计量偏差超过《定量包装商品计量监督管理办法》或者国家其他有关规定的，市场监督管理部门责令改正，并处 30000 元以下罚款。”

（三）将第五条修改为：“销售者销售的定量包装商品或者零售商品，其实际量与标注量或者实际量与贸易结算量不相符，计量偏差超过《定量包装商品计量监督管理办法》《零售商品称重计量监督管理办法》或者国家其他有关规定的，市场监督管理部门责令改正，并处 30000 元以下罚款。”

（四）将第六条修改为：“销售者销售国家对计量偏差没有规定的商品，其实际量与贸易结算量之差，超过国家规定使用的计量器具极限误差的，市场监督管理部门责令改正，并处 20000 元以下罚款。”

（五）将第七条修改为：“收购者收购商品，其实际量与贸易结算量之差，超过国家规定使用的计量器具极限误差的，市场监督管理部门责令改正，并处 20000 元以下罚款。”

（六）将第八条中的“《技术监督行政案件办理程序的规定》和《技术监督行政案件现场处罚规定》”修改为“国家市场监督管理总局关于行政案件办理程序的有关规定”。

二十一、对《中华人民共和国进口计量器具监督管理办法实施细则》（1996 年 6 月 24 日国家技术监督局令第 44 号公布）作出修改

（一）将第三条、第六条中的“《中华人民共和国进口计量器具型式审查目录》内”修改为“《实施强制管理的计量器具目录》内监管方式为型式批准”。

（二）删去第三章。

（三）第三十条改为第二十五条，将其中的“违反本实施细则规定，进口或者销售非法定计量单位的计量器具或者国务院禁止使用的其它计量器具的”修改为“违反规定进口或者销售非法定计量单位的计量器具的”。

（四）删去第三十六条。

（五）第三十七条改为第三十一条，将其中的“国家技术监督局”修改为“国家市场监督管理总局”。

二十二、对《集贸市场计量监督管理办法》（2002年4月19日国家质量监督检验检疫总局令第17号公布）作出修改

（一）删去第一条中的“及《国务院办公厅关于开展集贸市场专项整治工作的通知》（国办发〔2002〕15号）”。

（二）将第三条、第十四条、第十五条中的“国家质量监督检验检疫总局”修改为“国家市场监督管理总局”。

将第三条、第五条、第六条、第八条、第十四条中的“质量技术监督部门”修改为“市场监督管理部门”。

（三）将第六条中的“《定量包装商品计量监督规定》”修改为“《定量包装商品计量监督管理办法》”。

将第十二条第五款中的“《定量包装商品计量监督规定》第十五条、第十六条的规定”修改为“《定量包装商品计量监督管理办法》有关规定”。

（四）删去第十一条第二款中的“情节严重的，由当地工商行政管理部门吊销集市主办者营业执照”。

（五）将第十二条第一款中的“限期改正，逾期不改的，没收计量器具，并处1000元以下的罚款”修改为“责令其停止使用，可并处1000元以下的罚款”。第二款中的“并处2000元以下的罚款”修改为“可并处2000元以下的罚款”。删去第三款中的“给予现场处罚，并”。删去第四款。

二十三、对《加油站计量监督管理办法》（2002年12月31日国家质量监督检验检疫总局令第35号公布）作出修改

（一）将第一条、第三条、第十三条、第十六条、第十七条中的“国家质量监督检验检疫总局”修改为“国家市场监督管理总局”。

将第三条、第五条、第六条、第七条、第八条、第九条、第十三条中的“质量技术监督部门”修改为“市场监督管理部门”。

（二）删去第五条第四项中的“制造计量器具许可证标志、编号和”。第六项中的“不得使用国务院规定废除的非法定计量单位的计量器具”修改为“不得违反规定使用非法定计量单位的计量器具”。

（三）将第六条第三项修改为：“引导加油站加强计量保证能力，完善计量检测体系”。

（四）删去第九条第一项中的“计量器具许可证标志、编号和”。删去第三项。

二十四、对《零售商品称重计量监督管理办法》(2004 年 8 月 10 日国家质量监督检验检疫总局、国家工商行政管理总局令第 66 号公布)作出修改

(一)将第九条、第十条、第十一条中的“质量技术监督部门或者工商行政管理部门”修改为“市场监督管理部门”。

将第十一条第二款中的“国家质量监督检验检疫总局或者国家工商行政管理总局按照职责分工”修改为“国家市场监督管理总局”。

将第十三条中的“国家质量监督检验检疫总局、国家工商行政管理总局”修改为“国家市场监督管理总局”。

(二)将第二条中的“《定量包装商品计量监督规定》”修改为“《定量包装商品计量监督管理办法》”。

二十五、对《计量标准考核办法》(2005 年 1 月 14 日国家质量监督检验检疫总局令第 72 号公布)作出修改

(一)将第三条中的“国家质量监督检验检疫总局及地方各级质量技术监督部门(以下简称质量技术监督部门)”修改为“市场监督管理部门”。

将第四条中的“国家质量监督检验检疫总局(以下简称国家质检总局)”修改为“国家市场监督管理总局”。

将第五条、第十二条、第二十一条、第二十二条中的“国家质检总局”修改为“国家市场监督管理总局”。

将第四条、第五条、第八条、第九条、第十条、第十一条、第十二条、第十四条、第十五条、第十六条、第十七条、第十九条、第二十条中的“质量技术监督部门”修改为“市场监督管理部门”。

(二)将第五条第三款中的“工商注册地”修改为“登记注册地”。

(三)将第六条第五项中的“周期检定制度,检定记录及检定证书核验制度”修改为“量值溯源制度,原始记录及证书核验制度”。

(四)删去第八条第三项。

(五)将第九条第三项中的“《计量标准封存(或注销)申请表》(如果适用)”修改为“计量标准封存、注销、更换等相关申请材料(如果适用)”。删去第四项。

(六)将第十六条中的“计量标准考核证书的有效期为 4 年”修改为“计量标准考核证书的有效期为 5 年”。

(七)将第十八条修改为:“主持考核的市场监督管理部门应当加强对计量标准考核工作的管理,可以采用计量比对、盲样检测和现场试验等方式,对计量标准考核证书有效期内的计量标准进行监督管理”。

二十六、对《能源计量监督管理办法》(2010 年 9 月 17 日国家质量监督检验检疫总局令第 132 号公布)作出修改

(一)将第三条、第二十二条中的“国家质量监督检验检疫总局”修改为“国家市场监督管理总局”。

将第三条、第四条、第十六条、第十七条、第十八条、第十九条、第二十条中的“质量技术监督部门”修改为“市场监督管理部门”。

(二)将第十三条中的“具备法定资质的社会公正行(站)”修改为“有关计量技术机构”。

二十七、对《眼镜制配计量监督管理办法》(2003 年 10 月 15 日国家质量监督检验检疫总局令第 54 号公布)作出修改

(一)将第一条、第三条、第十五条、第十八条中的“国家质量监督检验检疫总局”修改为“国家市场监督管理总局”。

将第三条、第四条、第七条、第十五条中的“质量技术监督部门”修改为“市场监督管理部门”。

(二)将第二条第四款中的“验光单”修改为“相关数据”。

(三)删去第四条第二项中的“遵守职业人员市场准入制度规定”和“取得相应职业资格”。第五项修改为:“不得违反规定使用非法定计量单位。”

(四)删去第七条第三项中的“和对有条件的眼镜制配制配者开展‘价格、计量信得过’活动”。

(五)删去第八条第一项中的“在规定期限内”。

(六)删去第九条第二项中的“使用国务院规定废除的非法定计量单位的计量器具和国务院禁止使用的其他计量器具的,责令停止使用,可以并处 2000 元以下罚款”。

(七)删去第十条第一项、第十一条第二项中的“拒不改正,情节严重的,建议工商主管部门吊销其营业执照”。

二十八、对《食品召回管理办法》(2015 年 3 月 11 日国家食品药品监督管理总局令第 12 号公布)作出修改

(一)将第四条、第六条、第十七条中的“国家食品药品监督管理总局”修改为“国家市场监督管理总局”。

(二)将第四条、第五条、第六条、第八条、第十二条、第十三条、第十四条、第十七条、第十八条、第二十三条、第二十四条、第二十九条、第三十条、第三十一条、第三十二条、第三十三条、第三十四条、第三十五条、第三十六条、第三十八条、第三十九条、第四十条、第四十一条、第四十二条、第四十四条中的“食品药品监督管理部门”修改为“市场监督管理部门”。

二十九、对《网络餐饮服务食品安全监督管理办法》(2017 年 11 月 6 日国家食品药品监督管理总局令第 36 号公布)作出修改

(一)将第三条、第二十一条中的"国家食品药品监督管理总局"修改为"国家市场监督管理总局"。

(二)将第三条、第五条、第十六条、第二十一条、第二十二条、第二十三条、第二十四条、第二十五条、第二十六条、第二十七条、第二十八条、第二十九条、第三十条、第三十一条、第三十二条、第三十三条、第三十四条、第三十五条、第三十六条、第三十七条、第三十八条、第三十九条、第四十条、第四十一条、第四十二条中的"食品药品监督管理部门"修改为"市场监督管理部门"。

三十、对《保健食品注册与备案管理办法》(2016 年 2 月 26 日国家食品药品监督管理总局令第 22 号公布)作出修改

(一)将第五条、第六条、第十四条、第十六条、第二十三条、第二十五条、第二十六条、第二十八条、第二十九条、第三十条、第四十四条、第六十一条、第六十六条、第六十七条、第七十条、第七十一条中的"国家食品药品监督管理总局"修改为"国家市场监督管理总局"。

(二)将第三条、第五条、第六条、第七条、第八条、第三十四条、第三十八条、第四十四条、第五十条、第五十一条、第五十二条、第六十四条、第六十五条、第六十八条、第七十二条、第七十三条中的"食品药品监督管理部门"修改为"市场监督管理部门"。

本决定自公布之日起施行。

《侵害消费者权益行为处罚办法》《关于禁止滥用知识产权排除、限制竞争行为的规定》《拍卖监督管理办法》《网络购买商品七日无理由退货暂行办法》《中华人民共和国企业法人登记管理条例施行细则》《外国(地区)企业在中国境内从事生产经营活动登记管理办法》《农药广告审查发布标准》《兽药广告审查发布标准》《关于在香港特别行政区知识产权署提出的首次申请的优先权的规定》《商标印制管理办法》《缺陷汽车产品召回管理条例实施办法》《茧丝质量监督管理办法》《毛绒纤维质量监督管理办法》《麻类纤维质量监督管理办法》《计量基准管理办法》《全国专业标准化技术委员会管理办法》《认证机构管理办法》《高耗能特种设备节能监督管理办法》《客运索道安全监督管理规定》《商品量计量违法行为处罚规定》《中华人民共和国进口计量器具监督管理办法实施细则》《集贸市场计量监督管理办法》《加油站计量监督管理办法》《零售商品称重计量监督管理办法》《计量标准考核办法》《能源计量监督管理办法》《眼镜制配计量监督管理办法》《食品召回管理办法》《网络餐饮服务食品安全监督管理办法》《保健食品注册与备案管理办法》根据本决定作相应修改,重新公布。

侵害消费者权益行为处罚办法

（2015 年 1 月 5 日国家工商行政管理总局令第 73 号公布　根据 2020 年 10 月 23 日《国家市场监督管理总局关于修改部分规章的决定》修订）

第一条　为依法制止侵害消费者权益行为，保护消费者的合法权益，维护社会经济秩序，根据《消费者权益保护法》等法律法规，制定本办法。

第二条　市场监督管理部门依照《消费者权益保护法》等法律法规和本办法的规定，保护消费者为生活消费需要购买、使用商品或者接受服务的权益，对经营者侵害消费者权益的行为实施行政处罚。

第三条　市场监督管理部门依法对侵害消费者权益行为实施行政处罚，应当依照公正、公开、及时的原则，坚持处罚与教育相结合，综合运用建议、约谈、示范等方式实施行政指导，督促和指导经营者履行法定义务。

第四条　经营者为消费者提供商品或者服务，应当遵循自愿、平等、公平、诚实信用的原则，依照《消费者权益保护法》等法律法规的规定和与消费者的约定履行义务，不得侵害消费者合法权益。

第五条　经营者提供商品或者服务不得有下列行为：

（一）销售的商品或者提供的服务不符合保障人身、财产安全要求；

（二）销售失效、变质的商品；

（三）销售伪造产地、伪造或者冒用他人的厂名、厂址、篡改生产日期的商品；

（四）销售伪造或者冒用认证标志等质量标志的商品；

（五）销售的商品或者提供的服务侵犯他人注册商标专用权；

（六）销售伪造或者冒用知名商品特有的名称、包装、装潢的商品；

（七）在销售的商品中掺杂、掺假，以假充真，以次充好，以不合格商品冒充合格商品；

（八）销售国家明令淘汰并停止销售的商品；

（九）提供商品或者服务中故意使用不合格的计量器具或者破坏计量器具准确度；

（十）骗取消费者价款或者费用而不提供或者不按照约定提供商品或者服务。

第六条　经营者向消费者提供有关商品或者服务的信息应当真实、全面、

准确,不得有下列虚假或者引人误解的宣传行为:

(一)不以真实名称和标记提供商品或者服务;

(二)以虚假或者引人误解的商品说明、商品标准、实物样品等方式销售商品或者服务;

(三)作虚假或者引人误解的现场说明和演示;

(四)采用虚构交易、虚标成交量、虚假评论或者雇佣他人等方式进行欺骗性销售诱导;

(五)以虚假的“清仓价”、“甩卖价”、“最低价”、“优惠价”或者其他欺骗性价格表示销售商品或者服务;

(六)以虚假的“有奖销售”、“还本销售”、“体验销售”等方式销售商品或者服务;

(七)谎称正品销售“处理品”、“残次品”、“等外品”等商品;

(八)夸大或隐瞒所提供的商品或者服务的数量、质量、性能等与消费者有重大利害关系的信息误导消费者;

(九)以其他虚假或者引人误解的宣传方式误导消费者。

第七条 经营者对市场监督管理部门责令其对提供的缺陷商品或者服务采取停止销售或者服务等措施,不得拒绝或者拖延。经营者未按照责令停止销售或者服务通知、公告要求采取措施的,视为拒绝或者拖延。

第八条 经营者提供商品或者服务,应当依照法律规定或者当事人约定承担修理、重作、更换、退货、补足商品数量、退还货款和服务费用或者赔偿损失等民事责任,不得故意拖延或者无理拒绝消费者的合法要求。经营者有下列情形之一并超过十五日的,视为故意拖延或者无理拒绝:

(一)经有关行政部门依法认定为不合格商品,自消费者提出退货要求之日起未退货的;

(二)自国家规定、当事人约定期满之日起或者不符合质量要求的自消费者提出要求之日起,无正当理由拒不履行修理、重作、更换、退货、补足商品数量、退还货款和服务费用或者赔偿损失等义务的。

第九条 经营者采用网络、电视、电话、邮购等方式销售商品,应当依照法律规定承担无理由退货义务,不得故意拖延或者无理拒绝。经营者有下列情形之一的,视为故意拖延或者无理拒绝:

(一)对于适用无理由退货的商品,自收到消费者退货要求之日起超过十五日未办理退货手续,或者未向消费者提供真实、准确的退货地址、退货联系人等有效联系信息,致使消费者无法办理退货手续;

(二)未经消费者确认,以自行规定该商品不适用无理由退货为由拒绝退货；

（三）以消费者已拆封、查验影响商品完好为由拒绝退货；

（四）自收到退回商品之日起无正当理由超过十五日未向消费者返还已支付的商品价款。

第十条 经营者以预收款方式提供商品或者服务，应当与消费者明确约定商品或者服务的数量和质量、价款或者费用、履行期限和方式、安全注意事项和风险警示、售后服务、民事责任等内容。未按约定提供商品或者服务的，应当按照消费者的要求履行约定或者退回预付款，并应当承担预付款的利息、消费者必须支付的合理费用。对退款无约定的，按照有利于消费者的计算方式折算退款金额。

经营者对消费者提出的合理退款要求，明确表示不予退款，或者自约定期满之日起、无约定期限的自消费者提出退款要求之日起超过十五日未退款的，视为故意拖延或者无理拒绝。

第十一条 经营者收集、使用消费者个人信息，应当遵循合法、正当、必要的原则，明示收集、使用信息的目的、方式和范围，并经消费者同意。经营者不得有下列行为：

（一）未经消费者同意，收集、使用消费者个人信息；

（二）泄露、出售或者非法向他人提供所收集的消费者个人信息；

（三）未经消费者同意或者请求，或者消费者明确表示拒绝，向其发送商业性信息。

前款中的消费者个人信息是指经营者在提供商品或者服务活动中收集的消费者姓名、性别、职业、出生日期、身份证件号码、住址、联系方式、收入和财产状况、健康状况、消费情况等能够单独或者与其他信息结合识别消费者的信息。

第十二条 经营者向消费者提供商品或者服务使用格式条款、通知、声明、店堂告示等的，应当以显著方式提请消费者注意与消费者有重大利害关系的内容，并按照消费者的要求予以说明，不得作出含有下列内容的规定：

（一）免除或者部分免除经营者对其所提供的商品或者服务应当承担的修理、重作、更换、退货、补足商品数量、退还货款和服务费用、赔偿损失等责任；

（二）排除或者限制消费者提出修理、更换、退货、赔偿损失以及获得违约金和其他合理赔偿的权利；

（三）排除或者限制消费者依法投诉、举报、提起诉讼的权利；

（四）强制或者变相强制消费者购买和使用其提供的或者其指定的经营者提供的商品或者服务，对不接受其不合理条件的消费者拒绝提供相应商品或

者服务,或者提高收费标准;

(五)规定经营者有权任意变更或者解除合同,限制消费者依法变更或者解除合同权利;

(六)规定经营者单方享有解释权或者最终解释权;

(七)其他对消费者不公平、不合理的规定。

第十三条 从事服务业的经营者不得有下列行为:

(一)从事为消费者提供修理、加工、安装、装饰装修等服务的经营者谎报用工用料,故意损坏、偷换零部件或材料,使用不符合国家质量标准或者与约定不相符的零部件或材料,更换不需要更换的零部件,或者偷工减料、加收费用,损害消费者权益的;

(二)从事房屋租赁、家政服务等中介服务的经营者提供虚假信息或者采取欺骗、恶意串通等手段损害消费者权益的。

第十四条 经营者有本办法第五条至第十一条规定的情形之一,其他法律、法规有规定的,依照法律、法规的规定执行;法律、法规未作规定的,由市场监督管理部门依照《消费者权益保护法》第五十六条予以处罚。

第十五条 经营者违反本办法第十二条、第十三条规定,其他法律、法规有规定的,依照法律、法规的规定执行;法律、法规未作规定的,由市场监督管理部门责令改正,可以单处或者并处警告,违法所得三倍以下、但最高不超过三万元的罚款,没有违法所得的,处以一万元以下的罚款。

第十六条 经营者有本办法第五条第(一)项至第(六)项规定行为之一且不能证明自己并非欺骗、误导消费者而实施此种行为的,属于欺诈行为。

经营者有本办法第五条第(七)项至第(十)项、第六条和第十三条规定行为之一的,属于欺诈行为。

第十七条 经营者对市场监督管理部门作出的行政处罚决定不服的,可以依法申请行政复议或者提起行政诉讼。

第十八条 侵害消费者权益违法行为涉嫌犯罪的,市场监督管理部门应当按照有关规定,移送司法机关追究其刑事责任。

第十九条 市场监督管理部门依照法律法规及本办法规定对经营者予以行政处罚的,应当记入经营者的信用档案,并通过企业信用信息公示系统等及时向社会公布。

企业应当依据《企业信息公示暂行条例》的规定,通过企业信用信息公示系统及时向社会公布相关行政处罚信息。

第二十条 市场监督管理执法人员玩忽职守或者包庇经营者侵害消费者合法权益的行为的,应当依法给予行政处分;涉嫌犯罪的,依法移送司法机关。

第二十一条 本办法由国家市场监督管理总局负责解释。

第二十二条 本办法自2015年3月15日起施行。1996年3月15日国家工商行政管理局发布的《欺诈消费者行为处罚办法》(国家工商行政管理局令第50号)同时废止。

关于禁止滥用知识产权排除、限制竞争行为的规定

(2015年4月7日国家工商行政管理总局令第74号公布 根据2020年10月23日《国家市场监督管理总局关于修改部分规章的决定》修订)

第一条 为了保护市场公平竞争和激励创新,制止经营者滥用知识产权排除、限制竞争的行为,根据《中华人民共和国反垄断法》(以下简称《反垄断法》),制定本规定。

第二条 反垄断与保护知识产权具有共同的目标,即促进竞争和创新,提高经济运行效率,维护消费者利益和社会公共利益。

经营者依照有关知识产权的法律、行政法规规定行使知识产权的行为,不适用《反垄断法》;但是,经营者滥用知识产权,排除、限制竞争的行为,适用《反垄断法》。

第三条 本规定所称滥用知识产权排除、限制竞争行为,是指经营者违反《反垄断法》的规定行使知识产权,实施垄断协议、滥用市场支配地位等垄断行为。

本规定所称相关市场,包括相关商品市场和相关地域市场,依据《反垄断法》和《国务院反垄断委员会关于相关市场界定的指南》进行界定,并考虑知识产权、创新等因素的影响。在涉及知识产权许可等反垄断执法工作中,相关商品市场可以是技术市场,也可以是含有特定知识产权的产品市场。相关技术市场是指由行使知识产权所涉及的技术和可以相互替代的同类技术之间相互竞争所构成的市场。

第四条 经营者之间不得利用行使知识产权的方式达成《反垄断法》第十三条、第十四条所禁止的垄断协议。但是,经营者能够证明所达成的协议符合《反垄断法》第十五条规定的除外。

第五条 经营者行使知识产权的行为有下列情形之一的,可以不被认定

为《反垄断法》第十三条第一款第六项和第十四条第三项所禁止的垄断协议，但是有相反的证据证明该协议具有排除、限制竞争效果的除外：

（一）具有竞争关系的经营者在受其行为影响的相关市场上的市场份额合计不超过百分之二十，或者在相关市场上存在至少四个可以以合理成本得到的其他独立控制的替代性技术；

（二）经营者与交易相对人在相关市场上的市场份额均不超过百分之三十，或者在相关市场上存在至少两个可以以合理成本得到的其他独立控制的替代性技术。

第六条　具有市场支配地位的经营者不得在行使知识产权的过程中滥用市场支配地位，排除、限制竞争。

市场支配地位根据《反垄断法》第十八条和第十九条的规定进行认定和推定。经营者拥有知识产权可以构成认定其市场支配地位的因素之一，但不能仅根据经营者拥有知识产权推定其在相关市场上具有市场支配地位。

第七条　具有市场支配地位的经营者没有正当理由，不得在其知识产权构成生产经营活动必需设施的情况下，拒绝许可其他经营者以合理条件使用该知识产权，排除、限制竞争。

认定前款行为需要同时考虑下列因素：

（一）该项知识产权在相关市场上不能被合理替代，为其他经营者参与相关市场的竞争所必需；

（二）拒绝许可该知识产权将会导致相关市场上的竞争或者创新受到不利影响，损害消费者利益或者公共利益；

（三）许可该知识产权对该经营者不会造成不合理的损害。

第八条　具有市场支配地位的经营者没有正当理由，不得在行使知识产权的过程中，实施下列限定交易行为，排除、限制竞争：

（一）限定交易相对人只能与其进行交易；

（二）限定交易相对人只能与其指定的经营者进行交易。

第九条　具有市场支配地位的经营者没有正当理由，不得在行使知识产权的过程中，实施同时符合下列条件的搭售行为，排除、限制竞争：

（一）违背交易惯例、消费习惯等或者无视商品的功能，将不同商品强制捆绑销售或者组合销售；

（二）实施搭售行为使该经营者将其在搭售品市场的支配地位延伸到被搭售品市场，排除、限制了其他经营者在搭售品或者被搭售品市场上的竞争。

第十条　具有市场支配地位的经营者没有正当理由，不得在行使知识产权的过程中，实施下列附加不合理限制条件的行为，排除、限制竞争：

（一）要求交易相对人将其改进的技术进行独占性的回授；

（二）禁止交易相对人对其知识产权的有效性提出质疑；

（三）限制交易相对人在许可协议期限届满后，在不侵犯知识产权的情况下利用竞争性的商品或者技术；

（四）对保护期已经届满或者被认定无效的知识产权继续行使权利；

（五）禁止交易相对人与第三方进行交易；

（六）对交易相对人附加其他不合理的限制条件。

第十一条 具有市场支配地位的经营者没有正当理由，不得在行使知识产权的过程中，对条件相同的交易相对人实行差别待遇，排除、限制竞争。

第十二条 经营者不得在行使知识产权的过程中，利用专利联营从事排除、限制竞争的行为。

专利联营的成员不得利用专利联营交换产量、市场划分等有关竞争的敏感信息，达成《反垄断法》第十三条、第十四条所禁止的垄断协议。但是，经营者能够证明所达成的协议符合《反垄断法》第十五条规定的除外。

具有市场支配地位的专利联营管理组织没有正当理由，不得利用专利联营实施下列滥用市场支配地位的行为，排除、限制竞争：

（一）限制联营成员在联营之外作为独立许可人许可专利；

（二）限制联营成员或者被许可人独立或者与第三方联合研发与联营专利相竞争的技术；

（三）强迫被许可人将其改进或者研发的技术独占性地回授给专利联营管理组织或者联营成员；

（四）禁止被许可人质疑联营专利的有效性；

（五）对条件相同的联营成员或者同一相关市场的被许可人在交易条件上实行差别待遇；

（六）国家市场监督管理总局认定的其他滥用市场支配地位行为。

本规定所称专利联营，是指两个或者两个以上的专利权人通过某种形式将各自拥有的专利共同许可给第三方的协议安排。其形式可以是为此目的成立的专门合资公司，也可以是委托某一联营成员或者某独立的第三方进行管理。

第十三条 经营者不得在行使知识产权的过程中，利用标准（含国家技术规范的强制性要求，下同）的制定和实施从事排除、限制竞争的行为。

具有市场支配地位的经营者没有正当理由，不得在标准的制定和实施过程中实施下列排除、限制竞争行为：

（一）在参与标准制定的过程中，故意不向标准制定组织披露其权利信息，或者明确放弃其权利，但是在某项标准涉及该专利后却对该标准的实施者主张其专利权。

（二）在其专利成为标准必要专利后，违背公平、合理和无歧视原则，实施拒绝许可、搭售商品或者在交易时附加其他的不合理交易条件等排除、限制竞争的行为。

本规定所称标准必要专利，是指实施该项标准所必不可少的专利。

第十四条 经营者涉嫌滥用知识产权排除、限制竞争行为的，反垄断执法机构依据《反垄断法》和《禁止垄断协议暂行规定》、《禁止滥用市场支配地位行为暂行规定》进行调查。

本规定所称反垄断执法机构包括国家市场监督管理总局和各省、自治区、直辖市市场监督管理部门。

第十五条 分析认定经营者涉嫌滥用知识产权排除、限制竞争行为，可以采取以下步骤：

（一）确定经营者行使知识产权行为的性质和表现形式；

（二）确定行使知识产权的经营者之间相互关系的性质；

（三）界定行使知识产权所涉及的相关市场；

（四）认定行使知识产权的经营者的市场地位；

（五）分析经营者行使知识产权的行为对相关市场竞争的影响。

分析认定经营者之间关系的性质需要考虑行使知识产权行为本身的特点。在涉及知识产权许可的情况下，原本具有竞争关系的经营者之间在许可合同中是交易关系，而在许可人和被许可人都利用该知识产权生产产品的市场上则又是竞争关系。但是，如果当事人之间在订立许可协议时不是竞争关系，在协议订立之后才产生竞争关系的，则仍然不视为竞争者之间的协议，除非原协议发生实质性的变更。

第十六条 分析认定经营者行使知识产权的行为对竞争的影响，应当考虑下列因素：

（一）经营者与交易相对人的市场地位；

（二）相关市场的市场集中度；

（三）进入相关市场的难易程度；

（四）产业惯例与产业的发展阶段；

（五）在产量、区域、消费者等方面进行限制的时间和效力范围；

（六）对促进创新和技术推广的影响；

（七）经营者的创新能力和技术变化的速度；

（八）与认定行使知识产权的行为对竞争影响有关的其他因素。

第十七条 经营者滥用知识产权排除、限制竞争的行为构成垄断协议的，由反垄断执法机构责令停止违法行为，没收违法所得，并处上一年度销售额百分之一以上百分之十以下的罚款；尚未实施所达成的垄断协议的，可以处五十万元以下的罚款。

经营者滥用知识产权排除、限制竞争的行为构成滥用市场支配地位的，由反垄断执法机构责令停止违法行为，没收违法所得，并处上一年度销售额百分之一以上百分之十以下的罚款。

反垄断执法机构确定具体罚款数额时，应当考虑违法行为的性质、情节、程度、持续的时间等因素。

第十八条 本规定由国家市场监督管理总局负责解释。

第十九条 本规定自2015年8月1日起施行。

拍卖监督管理办法

（2017年9月30日国家工商行政管理总局令第91号公布 根据2020年10月23日《国家市场监督管理总局关于修改部分规章的决定》修订）

第一条 为了规范拍卖行为，维护拍卖秩序，保护拍卖活动各方当事人的合法权益，根据《中华人民共和国拍卖法》等法律法规，制定本办法。

第二条 拍卖人、委托人、竞买人及其他参与拍卖活动的当事人从事拍卖活动，应当遵守有关法律法规和本办法，遵循公开、公平、公正、诚实信用的原则。

第三条 市场监督管理部门依照《中华人民共和国拍卖法》等法律法规和本办法对拍卖活动实施监督管理，主要职责是：

（一）依法对拍卖人进行登记注册；

（二）依法对拍卖人、委托人、竞买人及其他参与拍卖活动的当事人进行监督管理；

（三）依法查处违法拍卖行为；

（四）法律法规及规章规定的其他职责。

第四条 设立拍卖企业应当依照《中华人民共和国拍卖法》《中华人民共和国公司法》等法律法规的规定，向市场监督管理部门申请登记，领取营业执照，并经所在地的省、自治区、直辖市人民政府负责管理拍卖业的部门审核，取得从事拍卖业务的许可。

第五条 拍卖人不得有下列行为：

(一)采用财物或者其他手段进行贿赂以争揽业务；

(二)利用拍卖公告或者其他方法，对拍卖标的作引人误解的虚假宣传；

(三)捏造、散布虚假事实，损害其他拍卖人的商业信誉；

(四)以不正当手段侵犯他人的商业秘密；

(五)拍卖人及其工作人员以竞买人的身份参与自己组织的拍卖活动，或者委托他人代为竞买；

(六)在自己组织的拍卖活动中拍卖自己的物品或者财产权利；

(七)雇佣非拍卖师主持拍卖活动；

(八)其他违反法律法规及规章的行为。

第六条 委托人在拍卖活动中不得参与竞买或者委托他人代为竞买。

第七条 竞买人之间不得有下列恶意串通行为：

(一)相互约定一致压低拍卖应价；

(二)相互约定拍卖应价；

(三)相互约定买受人或相互约定排挤其他竞买人；

(四)其他恶意串通行为。

第八条 竞买人与拍卖人之间不得有下列恶意串通行为：

(一)私下约定成交价；

(二)拍卖人违背委托人的保密要求向竞买人泄露拍卖标的保留价；

(三)其他恶意串通行为。

第九条 拍卖人、委托人、竞买人不得拍卖或者参与拍卖国家禁止买卖的物品或者财产权利。

第十条 拍卖人不得以委托人、竞买人、买受人要求保密等为由，阻碍监督检查。

第十一条 违反本办法第四条规定，未经许可从事拍卖业务的，由市场监督管理部门依照《中华人民共和国拍卖法》第六十条的规定处罚。

第十二条 拍卖人违反本办法第五条第一项至第四项规定的，由市场监督管理部门依照《中华人民共和国反不正当竞争法》的有关规定处罚。拍卖人违反本办法第五条第五项、第六项规定的，由市场监督管理部门分别依照《中华人民共和国拍卖法》第六十二条、第六十三条的规定处罚。

第十三条 拍卖人违反本办法第五条第七项规定的，由市场监督管理部门予以警告，并可处10000元以下的罚款。

第十四条 拍卖人、委托人、竞买人违反本办法第六条、第七条、第八条规定的，由市场监督管理部门依照《中华人民共和国拍卖法》第六十四条、第六十五条的规定处罚。

第十五条 本办法自2017年11月1日起施行。2013年1月5日国家工商行政管理总局令第59号修订的《拍卖监督管理办法》同时废止。

网络购买商品七日无理由退货暂行办法

（2017年1月6日国家工商行政管理总局令第90号公布 根据2020年10月23日《国家市场监督管理总局关于修改部分规章的决定》修订）

第一章 总 则

第一条 为保障《消费者权益保护法》七日无理由退货规定的实施，保护消费者合法权益，促进电子商务健康发展，根据《消费者权益保护法》等相关法律、行政法规，制定本办法。

第二条 消费者为生活消费需要通过网络购买商品，自收到商品之日起七日内依照《消费者权益保护法》第二十五条规定退货的，适用本办法。

第三条 网络商品销售者应当依法履行七日无理由退货义务。

网络交易平台提供者应当引导和督促平台上的网络商品销售者履行七日无理由退货义务，进行监督检查，并提供技术保障。

第四条 消费者行使七日无理由退货权利和网络商品销售者履行七日无理由退货义务都应当遵循公平、诚实信用的原则，遵守商业道德。

第五条 鼓励网络商品销售者作出比本办法更有利于消费者的无理由退货承诺。

第二章 不适用退货的商品范围和商品完好标准

第六条 下列商品不适用七日无理由退货规定：

（一）消费者定作的商品；

（二）鲜活易腐的商品；

（三）在线下载或者消费者拆封的音像制品、计算机软件等数字化商品；

（四）交付的报纸、期刊。

第七条 下列性质的商品经消费者在购买时确认，可以不适用七日无理由退货规定：

(一)拆封后易影响人身安全或者生命健康的商品,或者拆封后易导致商品品质发生改变的商品;

(二)一经激活或者试用后价值贬损较大的商品;

(三)销售时已明示的临近保质期的商品、有瑕疵的商品。

第八条 消费者退回的商品应当完好。

商品能够保持原有品质、功能,商品本身、配件、商标标识齐全的,视为商品完好。

消费者基于查验需要而打开商品包装,或者为确认商品的品质、功能而进行合理的调试不影响商品的完好。

第九条 对超出查验和确认商品品质、功能需要而使用商品,导致商品价值贬损较大的,视为商品不完好。具体判定标准如下:

(一)食品(含保健食品)、化妆品、医疗器械、计生用品:必要的一次性密封包装被损坏;

(二)电子电器类:进行未经授权的维修、改动,破坏、涂改强制性产品认证标志、指示标贴、机器序列号等,有难以恢复原状的外观类使用痕迹,或者产生激活、授权信息、不合理的个人使用数据留存等数据类使用痕迹;

(三)服装、鞋帽、箱包、玩具、家纺、家居类:商标标识被摘、标识被剪,商品受污、受损。

第三章 退货程序

第十条 选择无理由退货的消费者应当自收到商品之日起七日内向网络商品销售者发出退货通知。

七日期间自消费者签收商品的次日开始起算。

第十一条 网络商品销售者收到退货通知后应当及时向消费者提供真实、准确的退货地址、退货联系人、退货联系电话等有效联系信息。

消费者获得上述信息后应当及时退回商品,并保留退货凭证。

第十二条 消费者退货时应当将商品本身、配件及赠品一并退回。

赠品包括赠送的实物、积分、代金券、优惠券等形式。如果赠品不能一并退回,经营者可以要求消费者按照事先标明的赠品价格支付赠品价款。

第十三条 消费者退回的商品完好的,网络商品销售者应当在收到退回商品之日起七日内向消费者返还已支付的商品价款。

第十四条 退款方式比照购买商品的支付方式。经营者与消费者另有约定的,从其约定。

购买商品时采用多种方式支付价款的，一般应当按照各种支付方式的实际支付价款以相应方式退款。

除征得消费者明确表示同意的以外，网络商品销售者不应当自行指定其他退款方式。

第十五条 消费者采用积分、代金券、优惠券等形式支付价款的，网络商品销售者在消费者退还商品后应当以相应形式返还消费者。对积分、代金券、优惠券的使用和返还有约定的，可以从其约定。

第十六条 消费者购买商品时采用信用卡支付方式并支付手续费的，网络商品销售者退款时可以不退回手续费。

消费者购买商品时采用信用卡支付方式并被网络商品销售者免除手续费的，网络商品销售者可以在退款时扣除手续费。

第十七条 退货价款以消费者实际支出的价款为准。

套装或者满减优惠活动中的部分商品退货，导致不能再享受优惠的，根据购买时各商品价格进行结算，多退少补。

第十八条 商品退回所产生的运费依法由消费者承担。经营者与消费者另有约定的，按照约定。

消费者参加满足一定条件免运费活动，但退货后已不能达到免运费活动要求的，网络商品销售者在退款时可以扣除运费。

第十九条 网络商品销售者可以与消费者约定退货方式，但不应当限制消费者的退货方式。

网络商品销售者可以免费上门取货，也可以征得消费者同意后有偿上门取货。

第四章　特别规定

第二十条 网络商品销售者应当采取技术手段或者其他措施，对于本办法第六条规定的不适用七日无理由退货的商品进行明确标注。

符合本办法第七条规定的商品，网络商品销售者应当在商品销售必经流程中设置显著的确认程序，供消费者对单次购买行为进行确认。如无确认，网络商品销售者不得拒绝七日无理由退货。

第二十一条 网络交易平台提供者应当与其平台上的网络商品销售者订立协议，明确双方七日无理由退货各自的权利、义务和责任。

第二十二条 网络交易平台提供者应当依法建立、完善其平台七日无理由退货规则以及配套的消费者权益保护有关制度，在其首页显著位置持续公示,并保证消费者能够便利、完整地阅览和下载。

第二十三条 网络交易平台提供者应当对其平台上的网络商品销售者履行七日无理由退货义务建立检查监控制度,发现有违反相关法律、法规、规章的,应当及时采取制止措施,并向网络交易平台提供者或者网络商品销售者所在地市场监督管理部门报告,必要时可以停止对其提供平台服务。

第二十四条 网络交易平台提供者应当建立消费纠纷和解和消费维权自律制度。消费者在网络交易平台上购买商品,因退货而发生消费纠纷或其合法权益受到损害时,要求网络交易平台提供者调解的,网络交易平台提供者应当调解;消费者通过其他渠道维权的,网络交易平台提供者应当向消费者提供其平台上的网络商品销售者的真实名称、地址和有效联系方式,积极协助消费者维护自身合法权益。

第二十五条 网络商品销售者应当建立完善的七日无理由退货商品检验和处理程序。

对能够完全恢复到初始销售状态的七日无理由退货商品,可以作为全新商品再次销售;对不能够完全恢复到初始销售状态的七日无理由退货商品而再次销售的,应当通过显著的方式将商品的实际情况明确标注。

第五章 监督检查

第二十六条 市场监督管理部门应当加强对网络商品销售者和网络交易平台提供者经营行为的监督检查,督促和引导其建立健全经营者首问和赔偿先付制度,依法履行网络购买商品七日无理由退货义务。

第二十七条 市场监督管理部门应当及时受理和依法处理消费者有关七日无理由退货的投诉、举报。

第二十八条 市场监督管理部门应当依照公正、公开、及时的原则,综合运用建议、约谈、示范等方式,加强对网络商品销售者和网络交易平台提供者履行七日无理由退货法定义务的行政指导。

第二十九条 市场监督管理部门在对网络商品交易的监督检查中,发现经营者存在拒不履行七日无理由退货义务,侵害消费者合法权益行为的,应当依法进行查处,同时将相关处罚信息计入信用档案,向社会公布。

第六章 法律责任

第三十条 网络商品销售者违反本办法第六条、第七条规定,擅自扩大不适用七日无理由退货的商品范围的，按照《消费者权益保护法》第五十六条第一款第(八)项规定予以处罚。

第三十一条 网络商品销售者违反本办法规定，有下列情形之一的，依照《消费者权益保护法》第五十六条第一款第(八)项规定予以处罚：

(一)未经消费者在购买时确认，擅自以商品不适用七日无理由退货为由拒绝退货，或者以消费者已拆封、查验影响商品完好为由拒绝退货的；

(二)自收到消费者退货要求之日起超过十五日未办理退货手续，或者未向消费者提供真实、准确的退货地址、退货联系人等有效联系信息，致使消费者无法办理退货手续的；

(三)在收到退回商品之日起超过十五日未向消费者返还已支付的商品价款的。

第三十二条 网络交易平台提供者违反本办法第二十二条规定的，依照《电子商务法》第八十一条第一款第(一)项规定予以处罚。

第三十三条 网络商品销售者违反本办法第二十五条规定，销售不能够完全恢复到初始状态的无理由退货商品，且未通过显著的方式明确标注商品实际情况的，违反其他法律、行政法规的，依照有关法律、行政法规的规定处罚；法律、行政法规未作规定的，予以警告，责令改正，并处一万元以上三万元以下的罚款。

第三十四条 网络交易平台提供者拒绝协助市场监督管理部门对涉嫌违法行为采取措施、开展调查的，予以警告，责令改正；拒不改正的，处三万元以下的罚款。

第七章 附 则

第三十五条 网络商品销售者提供的商品不符合质量要求，消费者要求退货的，适用《消费者权益保护法》第二十四条以及其他相关规定。

第三十六条 经营者采用电视、电话、邮购等方式销售商品，依照本办法执行。

第三十七条 本办法由国家市场监督管理总局负责解释。

第三十八条 本办法自2017年3月15日起施行。

中华人民共和国企业法人登记管理条例施行细则

(1988年11月3日国家工商行政管理局令第1号公布　根据1996年12月25日《〈中华人民共和国企业法人登记管理条例施行细则〉修改意见》第一次修订　根据2000年12月1日《〈中华人民共和国企业法人登记管理条例施行细则〉修正案》第二次修订　根据2011年12月12日《国家工商行政管理总局关于按照〈中华人民共和国行政强制法〉修改有关规章的决定》第三次修订　根据2014年2月20日《国家工商行政管理总局关于修改〈中华人民共和国企业法人登记管理条例施行细则〉、〈外商投资合伙企业登记管理规定〉、〈个人独资企业登记管理办法〉、〈个体工商户登记管理办法〉等规章的决定》第四次修订　根据2016年4月29日《国家工商行政管理总局关于废止和修改部分工商行政管理规章的决定》第五次修订　根据2017年10月27日《国家工商行政管理总局关于废止和修改部分规章的决定》第六次修订　根据2019年8月8日《市场监管总局关于修改〈中华人民共和国企业法人登记管理条例施行细则〉等四部规章的决定》第七次修订　根据2020年10月23日《国家市场监督管理总局关于修改部分规章的决定》第八次修订)

第一条　根据《中华人民共和国企业法人登记管理条例》(以下简称《条例》),制定本施行细则。

登记范围

第二条　具备企业法人条件的全民所有制企业、集体所有制企业、联营企业、在中国境内设立的外商投资企业和其他企业,应当根据国家法律、法规及本细则有关规定,申请企业法人登记。

第三条　实行企业化经营、国家不再核拨经费的事业单位和从事经营活动的科技性社会团体,具备企业法人条件的,应当申请企业法人登记。

第四条　不具备企业法人条件的下列企业和经营单位,应当申请营业登记:

（一）联营企业；

（二）企业法人所属的分支机构；

（三）外商投资企业设立的分支机构；

（四）其他从事经营活动的单位。

第五条 省、自治区、直辖市人民政府规定应当办理登记的企业和经营单位，按照《条例》和本细则的有关规定申请登记。

登记主管机关

第六条 市场监督管理部门是企业法人登记和营业登记的主管机关。登记主管机关依法独立行使职权，实行分级登记管理的原则。

对外商投资企业实行国家市场监督管理总局登记管理和授权登记管理的原则。

上级登记主管机关有权纠正下级登记主管机关不符合国家法律、法规和政策的决定。

第七条 国家市场监督管理总局负责以下企业的登记管理：

（一）国务院批准设立的或者行业归口管理部门审查同意由国务院各部门以及科技性社会团体设立的全国性公司和大型企业；

（二）国务院授权部门审查同意由国务院各部门设立的经营进出口业务、劳务输出业务或者对外承包工程的公司。

第八条 省、自治区、直辖市市场监督管理部门负责以下企业的登记管理：

（一）省、自治区、直辖市人民政府批准设立的或者行业归口管理部门审查同意由政府各部门以及科技性社会团体设立的公司和企业；

（二）省、自治区、直辖市人民政府授权部门审查同意由政府各部门设立的经营进出口业务、劳务输出业务或者对外承包工程的公司；

（三）国家市场监督管理总局根据有关规定核转的企业或分支机构。

第九条 市、县、区（指县级以上的市辖区，下同）市场监督管理部门负责第七条、第八条所列企业外的其他企业的登记管理。

第十条 国家市场监督管理总局和省、自治区、直辖市市场监督管理部门应将核准登记的企业的有关资料，抄送企业所在市、县、区市场监督管理部门。

第十一条 各级登记主管机关可以运用登记注册档案、登记统计资料以及有关的基础信息资料，向机关、企事业单位、社会团体等单位和个人提供各种形式的咨询服务。

登记条件

第十二条 申请企业法人登记,应当具备下列条件(外商投资企业另列):

(一)有符合规定的名称和章程;

(二)有国家授予的企业经营管理的财产或者企业所有的财产,并能够以其财产独立承担民事责任;

(三)有与生产经营规模相适应的经营管理机构、财务机构、劳动组织以及法律或者章程规定必须建立的其他机构;

(四)有必要的并与经营范围相适应的经营场所和设施;

(五)有与生产经营规模和业务相适应的从业人员,其中专职人员不得少于8人;

(六)有健全的财会制度,能够实行独立核算,自负盈亏,独立编制资金平衡表或者资产负债表;

(七)有符合规定数额并与经营范围相适应的注册资金,国家对企业注册资金数额有专项规定的按规定执行;

(八)有符合国家法律、法规和政策规定的经营范围;

(九)法律、法规规定的其他条件。

第十三条 外商投资企业申请企业法人登记,应当具备下列条件:

(一)有符合规定的名称;

(二)有合同、章程;

(三)有固定经营场所、必要的设施和从业人员;

(四)有符合国家规定的注册资本;

(五)有符合国家法律、法规和政策规定的经营范围;

(六)有健全的财会制度,能够实行独立核算,自负盈亏,独立编制资金平衡表或者资产负债表。

第十四条 申请营业登记,应当具备下列条件:

(一)有符合规定的名称;

(二)有固定的经营场所和设施;

(三)有相应的管理机构和负责人;

(四)有经营活动所需要的资金和从业人员;

(五)有符合规定的经营范围;

(六)有相应的财务核算制度。

不具备企业法人条件的联营企业,还应有联合签署的协议。

外商投资企业设立的从事经营活动的分支机构应当实行非独立核算。

第十五条 企业法人章程的内容应当符合国家法律、法规和政策的规定，并载明下列事项：

（一）宗旨；

（二）名称和住所；

（三）经济性质；

（四）注册资金数额及其来源；

（五）经营范围和经营方式；

（六）组织机构及其职权；

（七）法定代表人产生的程序和职权范围；

（八）财务管理制度和利润分配形式；

（九）劳动用工制度；

（十）章程修改程序；

（十一）终止程序；

（十二）其他事项。

联营企业法人的章程还应载明：

（一）联合各方出资方式、数额和投资期限；

（二）联合各方成员的权利和义务；

（三）参加和退出的条件、程序；

（四）组织管理机构的产生、形式、职权及其决策程序；

（五）主要负责人任期。

登记注册事项

第十六条 企业法人登记注册的主要事项按照《条例》第九条规定办理。

营业登记的主要事项有：名称、地址、负责人、经营范围、经营方式、经济性质、隶属关系、资金数额。

第十七条 企业名称应当符合国家有关法律法规及登记主管机关的规定。

第十八条 住所、地址、经营场所按所在市、县、（镇）及街道门牌号码的详细地址注册。

第十九条 经登记主管机关核准登记注册的代表企业行使职权的主要负责人，是企业法人的法定代表人。法定代表人是代表企业法人根据章程行使职权的签字人。

企业的法定代表人必须是完全民事行为能力人，并且应当符合国家法律、法规和政策的规定。

第二十条 登记主管机关根据申请单位提交的文件和章程所反映的财产所有权、资金来源、分配形式，核准企业和经营单位的经济性质。

经济性质可分别核准为全民所有制、集体所有制。联营企业应注明联合各方的经济性质，并标明“联营”字样。

第二十一条 登记主管机关根据申请单位的申请和所具备的条件，按照国家法律、法规和政策以及规范化要求，核准经营范围和经营方式。企业必须按照登记主管机关核准登记注册的经营范围和经营方式从事经营活动。

第二十二条 注册资金数额是企业法人经营管理的财产或者企业法人所有的财产的货币表现。除国家另有规定外，企业的注册资金应当与实有资金相一致。

企业法人的注册资金的来源包括财政部门或者设立企业的单位的拨款、投资。

第二十三条 营业期限是联营企业、外商投资企业的章程、协议或者合同所确定的经营时限。营业期限自登记主管机关核准登记之日起计算。

开业登记

第二十四条 申请企业法人登记，应按《条例》第十五条（一）至（七）项规定提交文件、证件。

企业章程应经主管部门审查同意。

资金信用证明是财政部门证明全民所有制企业资金数额的文件。

验资证明是会计师事务所或者审计事务所及其他具有验资资格的机构出具的证明资金真实性的文件。

企业主要负责人的身份证明包括任职文件和附照片的个人简历。个人简历由该负责人的人事关系所在单位或者乡镇、街道出具。

第二十五条 申请营业登记，应根据不同情况，提交下列文件、证件：

（一）登记申请书；

（二）经营资金数额的证明；

（三）负责人的任职文件；

（四）经营场所使用证明；

（五）其他有关文件、证件。

第二十六条 登记主管机关应当对申请单位提交的文件、证件、登记申请

书、登记注册书以及其他有关文件进行审查,经核准后分别核发下列证照:

(一)对具备企业法人条件的企业,核发《企业法人营业执照》;

(二)对不具备企业法人条件,但具备经营条件的企业和经营单位,核发《营业执照》。

登记主管机关应当分别编定注册号,在颁发的证照上加以注明,并记入登记档案。

第二十七条 登记主管机关核发的《企业法人营业执照》是企业取得法人资格和合法经营权的凭证。登记主管机关核发的《营业执照》是经营单位取得合法经营权的凭证。经营单位凭据《营业执照》可以刻制公章,开立银行账户,开展核准的经营范围以内的生产经营活动。

变更登记

第二十八条 企业法人根据《条例》第十七条规定,申请变更登记时,应提交下列文件、证件:

(一)法定代表人签署的变更登记申请书;

(二)原主管部门审查同意的文件;

(三)其他有关文件、证件。

第二十九条 企业法人实有资金比原注册资金数额增加或者减少超过20%时,应持资金信用证明或者验资证明,向原登记主管机关申请变更登记。

登记主管机关在核准企业法人减少注册资金的申请时,应重新审核经营范围和经营方式。

第三十条 企业法人在异地(跨原登记主管机关管辖地)增设或者撤销分支机构,应向原登记主管机关申请变更登记。经核准后,向分支机构所在地的登记主管机关申请开业登记或者注销登记。

第三十一条 因分立或者合并而保留的企业应当申请变更登记;因分立或者合并而新办的企业应当申请开业登记;因合并而终止的企业应当申请注销登记。

第三十二条 企业法人迁移(跨原登记主管机关管辖地),应向原登记主管机关申请办理迁移手续;原登记主管机关根据新址所在地登记主管机关同意迁入的意见,收缴《企业法人营业执照》,撤销注册号,开出迁移证明,并将企业档案移交企业新址所在地登记主管机关。企业凭迁移证明和有关部门的批准文件,向新址所在地登记主管机关申请变更登记,领取《企业法人营业执照》。

第三十三条 企业法人因主管部门改变,涉及原主要登记事项的,应当分别情况,持有关文件申请变更、开业、注销登记。不涉及原主要登记事项变更的,企业法人应当持主管部门改变的有关文件,及时向原登记主管机关备案。

第三十四条 经营单位改变营业登记的主要事项,应当申请变更登记。变更登记的程序和应当提交的文件、证件,参照企业法人变更登记的有关规定执行。

第三十五条 登记主管机关应当在申请变更登记的单位提交的有关文件、证件齐备后30日内,作出核准变更登记或者不予核准变更登记的决定。

注销登记

第三十六条 企业法人根据《条例》第二十条规定,申请注销登记,应提交下列文件、证件:

(一)法定代表人签署的注销登记申请书;

(二)原主管部门审查同意的文件;

(三)主管部门或者清算组织出具的负责清理债权债务的文件或者清理债务完结的证明。

第三十七条 经营单位终止经营活动,应当申请注销登记。注销登记程序和应当提交的文件、证件,参照企业法人注销登记的有关规定执行。

第三十八条 登记主管机关核准注销登记或者吊销执照,应当同时撤销注册号,收缴执照正、副本和公章,并通知开户银行。

登记审批程序

第三十九条 登记主管机关审核登记注册的程序是受理、审查、核准、发照、公告。

(一)受理:申请登记的单位应提交的文件、证件和填报的登记注册书齐备后,方可受理,否则不予受理。

(二)审查:审查提交的文件、证件和填报的登记注册书是否符合有关登记管理规定。

(三)核准:经过审查和核实后,做出核准登记或者不予核准登记的决定,并及时通知申请登记的单位。

(四)发照:对核准登记的申请单位,应当分别颁发有关证照,及时通知法定代表人(负责人)领取证照,并办理法定代表人签字备案手续。

公示和证照管理

第四十条 登记主管机关应当将企业法人登记、备案信息通过企业信用信息公示系统向社会公示。

第四十一条 企业法人应当于每年1月1日至6月30日,通过企业信用信息公示系统向登记主管机关报送上一年度年度报告,并向社会公示。

年度报告公示的内容及监督检查按照国务院的规定执行。

第四十二条 《企业法人营业执照》、《营业执照》分为正本和副本,同样具有法律效力。正本应悬挂在主要办事场所或者主要经营场所。登记主管机关根据企业申请和开展经营活动的需要,可以核发执照副本若干份。

国家推行电子营业执照。电子营业执照与纸质营业执照具有同等法律效力。

第四十三条 登记主管机关对申请筹建登记的企业,在核准登记后核发《筹建许可证》。

第四十四条 执照正本和副本、《筹建许可证》、企业法人申请开业登记注册书、企业申请营业登记注册书、企业申请变更登记注册书、企业申请注销登记注册书、企业申请筹建登记注册书以及其他有关登记管理的重要文书表式,由国家市场监督管理总局统一制定。

监督管理与罚则

第四十五条 登记主管机关对企业进行监督管理的主要内容是:

(一)监督企业是否按照《条例》和本细则规定办理开业登记变更登记和注销登记;

(二)监督企业是否按照核准登记的事项以及章程、合同或协议开展经营活动;

(三)监督企业是否按照规定报送、公示年度报告;

(四)监督企业和法定代表人是否遵守国家有关法律、法规和政策。

第四十六条 各级登记主管机关,均有权对管辖区域内的企业进行监督检查。企业应当接受检查,提供检查所需要的文件、账册、报表及其他有关资料。

第四十七条 登记主管机关对辖区内的企业进行监督检查时,有权依照有关规定予以处罚。但责令停业整顿、扣缴或者吊销证照,只能由原发照机关作出决定。

第四十八条 上级登记主管机关对下级登记主管机关作出的不适当的处罚有权予以纠正。

对违法企业的处罚权限和程序,由国家市场监督管理总局和省、自治区、直辖市市场监督管理部门分别作出规定。

第四十九条 对有下列行为的企业和经营单位,登记主管机关作出如下处罚,可以单处,也可以并处:

(一)未经核准登记擅自开业从事经营活动的,责令终止经营活动,没收非法所得,处以非法所得额3倍以下的罚款,但最高不超过3万元,没有非法所得的,处以1万元以下的罚款。

(二)申请登记时隐瞒真实情况、弄虚作假的,除责令提供真实情况外,视其具体情节,予以警告,没收非法所得,处以非法所得额3倍以下的罚款,但最高不超过3万元,没有非法所得的,处以1万元以下的罚款。经审查不具备企业法人条件或者经营条件的,吊销营业执照。伪造证件骗取营业执照的,没收非法所得,处以非法所得额3倍以下的罚款,但最高不超过3万元,没有非法所得的,处以1万元以下的罚款,并吊销营业执照。

(三)擅自改变主要登记事项,不按规定办理变更登记的,予以警告,没收非法所得,处以非法所得额3倍以下的罚款,但最高不超过3万元,没有非法所得的,处以1万元以下的罚款,并限期办理变更登记;逾期不办理的,责令停业整顿或者扣缴营业执照;情节严重的,吊销营业执照。超出经营期限从事经营活动的,视为无照经营,按照本条第一项规定处理。

(四)超出核准登记的经营范围或者经营方式从事经营活动的,视其情节轻重,予以警告,没收非法所得,处以非法所得额3倍以下的罚款,但最高不超过3万元,没有非法所得的,处以1万元以下的罚款。同时违反国家其他有关规定,从事非法经营的,责令停业整顿,没收非法所得,处以非法所得额3倍以下的罚款,但最高不超过3万元,没有非法所得的,处以1万元以下的罚款;情节严重的,吊销营业执照。

(五)侵犯企业名称专用权的,依照企业名称登记管理的有关规定处理。

(六)伪造、涂改、出租、出借、转让、出卖营业执照的,没收非法所得,处以非法所得额3倍以下的罚款,但最高不超过3万元,没有非法所得的,处以1万元以下的罚款;情节严重的,吊销营业执照。

(七)不按规定悬挂营业执照的,予以警告,责令改正;拒不改正的,处以2000元以下的罚款。

(八)抽逃、转移资金,隐匿财产逃避债务的,责令补足抽逃、转移的资金,追回隐匿的财产，没收非法所得，处以非法所得额3倍以下的罚款，但最高不超过3万元，没有非法所得的，处以1万元以下的罚款；情节严重的，责令停业整顿或者吊销营业执照。

（九）不按规定申请办理注销登记的，责令限期办理注销登记。拒不办理的，处以3000元以下的罚款，吊销营业执照，并可追究企业主管部门的责任。

（十）拒绝监督检查或者在接受监督检查过程中弄虚作假的，除责令其接受监督检查和提供真实情况外，予以警告，处以1万元以下的罚款。

登记主管机关对有上述违法行为的企业作出处罚决定后，企业逾期不提出申诉又不缴纳罚没款的，可以申请人民法院强制执行。

第五十条　对提供虚假文件、证件的单位和个人，除责令其赔偿因出具虚假文件、证件给他人造成的损失外，处以1万元以下的罚款。

第五十一条　登记主管机关在查处企业违法活动时，对构成犯罪的有关人员，交由司法机关处理。

第五十二条　登记主管机关对工作人员不按规定程序办理登记、监督管理和严重失职的，根据情节轻重给予相应的行政处分，对构成犯罪的人员，交由司法机关处理。

第五十三条　企业根据《条例》第三十一条规定向上一级登记主管机关申请复议的，上一级登记主管机关应当在规定的期限内作出维持、撤销或者纠正的复议决定，并通知申请复议的企业。

附　　则

第五十四条　根据《条例》第三十五条规定应当申请筹建登记的企业，按照国务院有关部门或者省、自治区、直辖市人民政府的专项规定办理筹建登记。

第五十五条　对在中国境内从事经营活动的外国（地区）企业的登记管理，按专项规定执行。

第五十六条　本细则自公布之日起施行。

外国(地区)企业在中国境内从事生产经营活动登记管理办法

(1992年8月15日国家工商行政管理局令第10号公布　根据2016年4月29日《国家工商行政管理总局关于废止和修改部分规章的决定》第一次修订　根据2017年10月27日《国家工商行政管理总局关于修改部分规章的决定》第二次修订　根据2020年10月23日《国家市场监督管理总局关于修改部分规章的决定》第三次修订)

第一条　为促进对外经济合作,加强对在中国境内从事生产经营活动的外国(地区)企业(以下简称外国企业)的管理,保护其合法权益,维护正常的经济秩序,根据国家有关法律、法规的规定,制定本办法。

第二条　根据国家有关法律、法规的规定,经国务院及国务院授权的主管机关(以下简称审批机关)批准,在中国境内从事生产经营活动的外国企业,应向省级市场监督管理部门(以下简称登记主管机关)申请登记注册。外国企业经登记主管机关核准登记注册,领取营业执照后,方可开展生产经营活动。未经审批机关批准和登记主管机关核准登记注册,外国企业不得在中国境内从事生产经营活动。

第三条　根据国家现行法律、法规的规定,外国企业从事下列生产经营活动应办理登记注册:

(一)陆上、海洋的石油及其它矿产资源勘探开发;

(二)房屋、土木工程的建造、装饰或线路、管道、设备的安装等工程承包;

(三)承包或接受委托经营管理外商投资企业;

(四)外国银行在中国设立分行;

(五)国家允许从事的其它生产经营活动。

第四条　外国企业从事生产经营的项目经审批机关批准后,应在批准之日起三十日内向登记主管机关申请办理登记注册。

第五条　外国企业申请办理登记注册时应提交下列文件或证件:

(一)外国企业董事长或总经理签署的申请书。

(二)审批机关的批准文件或证件。

(三)从事生产经营活动所签订的合同(外国银行在中国设立分行不适用此项)。

（四）外国企业所属国（地区）政府有关部门出具的企业合法开业证明。

（五）外国企业的资金信用证明。

（六）外国企业董事长或总经理委派的中国项目负责人的授权书、简历及身份证明。

（七）其它有关文件。

第六条 外国企业登记注册的主要事项有：企业名称、企业类型、地址、负责人、资金数额、经营范围、经营期限。

企业名称是指外国企业在国外合法开业证明载明的名称，应与所签订生产经营合同的外国企业名称一致。外国银行在中国设立分行，应冠以总行的名称，标明所在地地名，并缀以分行。

企业类型是指按外国企业从事生产经营活动的不同内容划分的类型，其类型分别为：矿产资源勘探开发、承包工程、外资银行、承包经营管理等。

企业地址是指外国企业在中国境内从事生产经营活动的场所。外国企业在中国境内的住址与经营场所不在一处的，需同时申报。

企业负责人是指外国企业董事长或总经理委派的项目负责人。

资金数额是指外国企业用以从事生产经营活动的总费用，如承包工程的承包合同额，承包或受委托经营管理外商投资企业的外国企业在管理期限内的累计管理费用，从事合作开发石油所需的勘探、开发和生产费，外国银行分行的营运资金等。

经营范围是指外国企业在中国境内从事生产经营活动的范围。

经营期限是指外国企业在中国境内从事生产经营活动的期限。

第七条 登记主管机关受理外国企业的申请后，应在三十日内作出核准登记注册或不予核准登记注册的决定。登记主管机关核准外国企业登记注册后，向其核发《营业执照》。

第八条 根据外国企业从事生产经营活动的不同类型，《营业执照》的有效期分别按以下期限核定：

（一）从事矿产资源勘探开发的外国企业，其《营业执照》有效期根据勘探（查）、开发和生产三个阶段的期限核定。

（二）外国银行设立的分行，其《营业执照》有效期为三十年，每三十年换发一次《营业执照》。

（三）从事其它生产经营活动的外国企业，其《营业执照》有效期按合同规定的经营期限核定。

第九条 外国企业应在登记主管机关核准的生产经营范围内开展经营活动，其合法权益和经营活动受中国法律保护。外国企业不得超越登记主管机关核准的生产经营范围从事生产经营活动。

第十条 外国企业登记注册事项发生变化的,应在三十日内向原登记主管机关申请办理变更登记。办理变更登记的程序和应当提交的文件或证件,参照本办法第五条的规定执行。

第十一条 外国企业《营业执照》有效期届满不再申请延期登记或提前中止合同、协议的,应向原登记主管机关申请注销登记。

第十二条 外国企业申请注销登记应提交以下文件或证件:

(一)外国企业董事长或总经理签署的注销登记申请书;

(二)《营业执照》及其副本、印章;

(三)海关、税务部门出具的完税证明;

(四)项目主管部门对外国企业申请注销登记的批准文件。

登记主管机关在核准外国企业的注销登记时,应收缴《营业执照》及其副本、印章,撤销注册号,并通知银行、税务、海关等部门。

第十三条 外国企业应当于每年1月1日至6月30日,通过企业信用信息公示系统向原登记主管机关报送上一年度年度报告,并向社会公示。

第十四条 与外国企业签订生产经营合同的中国企业,应及时将合作的项目、内容和时间通知登记主管机关并协助外国企业办理营业登记、变更登记、注销登记。如中国企业未尽责任的,要负相应的责任。

第十五条 登记主管机关对外国企业监督管理的主要内容是:

(一)监督外国企业是否按本办法办理营业登记、变更登记和注销登记;

(二)监督外国企业是否按登记主管机关核准的经营范围从事生产经营活动;

(三)督促外国企业报送年度报告并向社会公示;

(四)监督外国企业是否遵守中国的法律、法规。

第十六条 对外国企业违反本办法的行为,由登记主管机关参照《中华人民共和国企业法人登记管理条例》及其施行细则的处罚条款进行查处。

第十七条 香港、澳门、台湾地区企业从事上述生产经营活动的,参照本办法执行。

外国企业承包经营中国内资企业的,参照本办法执行。

第十八条 本办法由国家市场监督管理总局负责解释。

第十九条 本办法自一九九二年十月一日起施行。

农药广告审查发布规定

（2015年12月24日国家工商行政管理总局令第81号公布　根据2020年10月23日《国家市场监督管理总局关于修改部分规章的决定》修订）

第一条　为了保证农药广告的真实、合法、科学，制定本规定。

第二条　发布农药广告，应当遵守《中华人民共和国广告法》（以下简称《广告法》）及国家有关农药管理的规定。

第三条　未经国家批准登记的农药不得发布广告。

第四条　农药广告内容应当与《农药登记证》和《农药登记公告》的内容相符，不得任意扩大范围。

第五条　农药广告不得含有下列内容：

（一）表示功效、安全性的断言或者保证；

（二）利用科研单位、学术机构、技术推广机构、行业协会或者专业人士、用户的名义或者形象作推荐、证明；

（三）说明有效率；

（四）违反安全使用规程的文字、语言或者画面；

（五）法律、行政法规规定禁止的其他内容。

第六条　农药广告不得贬低同类产品，不得与其他农药进行功效和安全性对比。

第七条　农药广告中不得含有评比、排序、推荐、指定、选用、获奖等综合性评价内容。

第八条　农药广告中不得使用直接或者暗示的方法，以及模棱两可、言过其实的用语，使人在产品的安全性、适用性或者政府批准等方面产生误解。

第九条　农药广告中不得滥用未经国家认可的研究成果或者不科学的词句、术语。

第十条　农药广告中不得含有"无效退款"、"保险公司保险"等承诺。

第十一条　农药广告的批准文号应当列为广告内容同时发布。

第十二条　违反本规定的农药广告，广告经营者不得设计、制作，广告发布者不得发布。

第十三条　违反本规定发布广告，《广告法》及其他法律法规有规定的，依照有关法律法规规定予以处罚。法律法规没有规定的，对负有责任的广告主、广告经营者、广告发布者，处以违法所得三倍以下但不超过三万元的罚款；没有违法所得的，处以一万元以下的罚款。

第十四条 本规定自2016年2月1日起施行。1995年3月28日国家工商行政管理局第28号令公布的《农药广告审查标准》同时废止。

兽药广告审查发布规定

（2015年12月24日国家工商行政管理总局令第82号公布 根据2020年10月23日《国家市场监督管理总局关于修改部分规章的决定》修订）

第一条 为了保证兽药广告的真实、合法、科学，制定本规定。

第二条 发布兽药广告，应当遵守《中华人民共和国广告法》（以下简称《广告法》）及国家有关兽药管理的规定。

第三条 下列兽药不得发布广告：

（一）兽用麻醉药品、精神药品以及兽医医疗单位配制的兽药制剂；

（二）所含成分的种类、含量、名称与兽药国家标准不符的兽药；

（三）临床应用发现超出规定毒副作用的兽药；

（四）国务院农牧行政管理部门明令禁止使用的，未取得兽药产品批准文号或者未取得《进口兽药注册证书》的兽药。

第四条 兽药广告不得含有下列内容：

（一）表示功效、安全性的断言或者保证；

（二）利用科研单位、学术机构、技术推广机构、行业协会或者专业人士、用户的名义或者形象作推荐、证明；

（三）说明有效率；

（四）违反安全使用规程的文字、语言或者画面；

（五）法律、行政法规规定禁止的其他内容。

第五条 兽药广告不得贬低同类产品，不得与其他兽药进行功效和安全性对比。

第六条 兽药广告中不得含有“最高技术”、“最高科学”、“最进步制法”、“包治百病”等绝对化的表示。

第七条 兽药广告中不得含有评比、排序、推荐、指定、选用、获奖等综合性评价内容。

第八条 兽药广告不得含有直接显示疾病症状和病理的画面，也不得含有“无效退款”、“保险公司保险”等承诺。

第九条 兽药广告中兽药的使用范围不得超出国家兽药标准的规定。

第十条 兽药广告的批准文号应当列为广告内容同时发布。

第十一条 违反本规定的兽药广告，广告经营者不得设计、制作，广告发布者不得发布。

第十二条 违反本规定发布广告，《广告法》及其他法律法规有规定的，依照有关法律法规规定予以处罚。法律法规没有规定的，对负有责任的广告主、广告经营者、广告发布者，处以违法所得三倍以下但不超过三万元的罚款；没有违法所得的，处以一万元以下的罚款。

第十三条 本规定自2016年2月1日起施行。1995年3月28日国家工商行政管理局第26号令公布的《兽药广告审查标准》同时废止。

关于在香港特别行政区知识产权署提出的首次申请的优先权的规定

（1999年12月15日国家知识产权局令第10号公布　根据2020年10月23日《国家市场监督管理总局关于修改部分规章的决定》修订）

为方便在香港特别行政区知识产权署首次提出短期专利申请或者外观设计注册申请的申请人在国家知识产权局提出专利申请，特规定如下：

申请人自其短期专利申请在香港特别行政区知识产权署第一次提出之日起十二个月内，或者自其外观设计注册申请在香港特别行政区知识产权署第一次提出之日起六个月内，又在国家知识产权局就相同主题提出专利申请的，可以享有优先权。

申请人要求上述短期专利申请或者外观设计注册申请的优先权的，应当在申请的时候提出书面声明，并且在三个月内提交第一次提出的上述短期专利申请或者外观设计注册申请（以下称在先申请）文件的副本；未提出书面声明或者逾期未提交在先申请文件副本的，视为未要求优先权。

申请人应当在书面声明中写明在先申请的申请日和申请号，并写明受理局为香港特别行政区知识产权署；书面声明中未写明在先申请的申请日和受理局的，视为未提出声明。

申请人提交的在先申请文件副本应当经香港特别行政区知识产权署证明。

申请人在一件专利申请中，可以要求一项或者多项优先权；要求多项优先权的，该申请的优先权期限从最早的优先权日起算。

本规定适用于自1999年12月1日起在香港特别行政区知识产权署第一次提出的短期专利申请和外观设计注册申请。

商标印制管理办法

（2004年8月19日国家工商行政管理总局令第15号公布　根据2020年10月23日《国家市场监督管理总局关于修改部分规章的决定》修订）

第一条　为了加强商标印制管理，保护注册商标专用权，维护社会主义市场经济秩序，根据《中华人民共和国商标法》、《中华人民共和国商标法实施条例》（以下分别简称《商标法》、《商标法实施条例》）的有关规定，制定本办法。

第二条　以印刷、印染、制版、刻字、织字、晒蚀、印铁、铸模、冲压、烫印、贴花等方式制作商标标识的，应当遵守本办法。

第三条　商标印制委托人委托商标印制单位印制商标的，应当出示营业执照副本或者合法的营业证明或者身份证明。

第四条　商标印制委托人委托印制注册商标的，应当出示《商标注册证》，并另行提供一份复印件。

签订商标使用许可合同使用他人注册商标，被许可人需印制商标的，还应当出示商标使用许可合同文本并提供一份复印件；商标注册人单独授权被许可人印制商标的，还应当出示授权书并提供一份复印件。

第五条　委托印制注册商标的，商标印制委托人提供的有关证明文件及商标图样应当符合下列要求：

（一）所印制的商标样稿应当与《商标注册证》上的商标图样相同；

（二）被许可人印制商标标识的，应有明确的授权书，或其所提供的《商标使用许可合同》含有许可人允许其印制商标标识的内容；

（三）被许可人的商标标识样稿应当标明被许可人的企业名称和地址；其注册标记的使用符合《商标法实施条例》的有关规定。

第六条　委托印制未注册商标的，商标印制委托人提供的商标图样应当符合下列要求：

（一）所印制的商标不得违反《商标法》第十条的规定；

（二）所印制的商标不得标注“注册商标”字样或者使用注册标记。

第七条 商标印制单位应当对商标印制委托人提供的证明文件和商标图样进行核查。

商标印制委托人未提供本办法第三条、第四条所规定的证明文件，或者其要求印制的商标标识不符合本办法第五条、第六条规定的，商标印制单位不得承接印制。

第八条 商标印制单位承印符合本办法规定的商标印制业务的，商标印制业务管理人员应当按照要求填写《商标印制业务登记表》，载明商标印制委托人所提供的证明文件的主要内容，《商标印制业务登记表》中的图样应当由商标印制单位业务主管人员加盖骑缝章。

商标标识印制完毕，商标印制单位应当在15天内提取标识样品，连同《商标印制业务登记表》、《商标注册证》复印件、商标使用许可合同复印件、商标印制授权书复印件等一并造册存档。

第九条 商标印制单位应当建立商标标识出入库制度，商标标识出入库应当登记台帐。废次标识应当集中进行销毁，不得流入社会。

第十条 商标印制档案及商标标识出入库台帐应当存档备查，存查期为两年。

第十一条 商标印制单位违反本办法第七条至第十条规定的，由所在地市场监督管理部门责令其限期改正，并视其情节予以警告，处以非法所得额三倍以下的罚款，但最高不超过三万元，没有违法所得的，可以处以一万元以下的罚款。

第十二条 擅自设立商标印刷企业或者擅自从事商标印刷经营活动的，由所在地或者行为地市场监督管理部门依照《印刷业管理条例》的有关规定予以处理。

第十三条 商标印制单位违反第七条规定承接印制业务，且印制的商标与他人注册商标相同或者近似的，属于《商标法实施条例》第七十五条所述的商标侵权行为，由所在地或者行为地市场监督管理部门依《商标法》的有关规定予以处理。

第十四条 商标印制单位的违法行为构成犯罪的，所在地或者行为地市场监督管理部门应及时将案件移送司法机关追究刑事责任。

第十五条 本办法所称"商标印制"是指印刷、制作商标标识的行为。

本办法所称"商标标识"是指与商品配套一同进入流通领域的带有商标的有形载体，包括注册商标标识和未注册商标标识。

本办法所称"商标印制委托人"是指要求印制商标标识的商标注册人、未注册商标使用人、注册商标被许可使用人以及符合《商标法》规定的其他商标使用人。

本办法所称"商标印制单位"是指依法登记从事商标印制业务的企业和个体工商户。

本办法所称《商标注册证》包括国家知识产权局所发的有关变更、续展、转让等证明文件。

第十六条 本办法自2004年9月1日起施行。国家工商行政管理局1996年9月5日发布的《商标印制管理办法》同时废止。

缺陷汽车产品召回管理条例实施办法

(2015年11月27日国家质量监督检验检疫总局令第176号公布 根据2020年10月23日《国家市场监督管理总局关于修改部分规章的决定》修订)

第一章 总 则

第一条 根据《缺陷汽车产品召回管理条例》,制定本办法。

第二条 在中国境内生产、销售的汽车和汽车挂车(以下统称汽车产品)的召回及其监督管理,适用本办法。

第三条 汽车产品生产者(以下简称生产者)是缺陷汽车产品的召回主体。汽车产品存在缺陷的,生产者应当依照本办法实施召回。

第四条 国家市场监督管理总局(以下简称市场监管总局)负责全国缺陷汽车产品召回的监督管理工作。

第五条 市场监管总局根据工作需要,可以委托省级市场监督管理部门在本行政区域内负责缺陷汽车产品召回监督管理的部分工作。

市场监管总局缺陷产品召回技术机构(以下简称召回技术机构)按照市场监管总局的规定承担缺陷汽车产品召回信息管理、缺陷调查、召回管理中的具体技术工作。

第二章 信息管理

第六条 任何单位和个人有权向市场监督管理部门投诉汽车产品可能存在的缺陷等有关问题。

第七条 市场监管总局负责组织建立缺陷汽车产品召回信息管理系统,

收集汇总、分析处理有关缺陷汽车产品信息,备案生产者信息,发布缺陷汽车产品信息和召回相关信息。

市场监管总局负责与国务院有关部门共同建立汽车产品的生产、销售、进口、登记检验、维修、事故、消费者投诉、召回等信息的共享机制。

第八条 市场监督管理部门发现本行政区域内缺陷汽车产品信息的,应当将信息逐级上报。

第九条 生产者应当建立健全汽车产品可追溯信息管理制度,确保能够及时确定缺陷汽车产品的召回范围并通知车主。

第十条 生产者应当保存以下汽车产品设计、制造、标识、检验等方面的信息:

(一)汽车产品设计、制造、标识、检验的相关文件和质量控制信息;

(二)涉及安全的汽车产品零部件生产者及零部件的设计、制造、检验信息;

(三)汽车产品生产批次及技术变更信息;

(四)其他相关信息。

生产者还应当保存车主名称、有效证件号码、通信地址、联系电话、购买日期、车辆识别代码等汽车产品初次销售的车主信息。

第十一条 生产者应当向市场监管总局备案以下信息:

(一)生产者基本信息;

(二)汽车产品技术参数和汽车产品初次销售的车主信息;

(三)因汽车产品存在危及人身、财产安全的故障而发生修理、更换、退货的信息;

(四)汽车产品在中国境外实施召回的信息;

(五)技术服务通报、公告等信息;

(六)其他需要备案的信息。

生产者依法备案的信息发生变化的,应当在20个工作日内进行更新。

第十二条 销售、租赁、维修汽车产品的经营者(以下统称经营者)应当建立并保存其经营的汽车产品型号、规格、车辆识别代码、数量、流向、购买者信息、租赁、维修等信息。

第十三条 经营者、汽车产品零部件生产者应当向市场监管总局报告所获知的汽车产品可能存在缺陷的相关信息,并通报生产者。

第三章 缺陷调查

第十四条 生产者获知汽车产品可能存在缺陷的,应当立即组织调查分析，并将调查分析结果报告市场监管总局。

生产者经调查分析确认汽车产品存在缺陷的，应当立即停止生产、销售、进口缺陷汽车产品，并实施召回；生产者经调查分析认为汽车产品不存在缺陷的，应当在报送的调查分析结果中说明分析过程、方法、风险评估意见以及分析结论等。

第十五条 市场监管总局负责组织对缺陷汽车产品召回信息管理系统收集的信息、有关单位和个人的投诉信息以及通过其他方式获取的缺陷汽车产品相关信息进行分析，发现汽车产品可能存在缺陷的，应当立即通知生产者开展相关调查分析。

生产者应当按照市场监管总局通知要求，立即开展调查分析，并如实向市场监管总局报告调查分析结果。

第十六条 召回技术机构负责组织对生产者报送的调查分析结果进行评估，并将评估结果报告市场监管总局。

第十七条 存在下列情形之一的，市场监管总局应当组织开展缺陷调查：

（一）生产者未按照通知要求开展调查分析的；

（二）经评估生产者的调查分析结果不能证明汽车产品不存在缺陷的；

（三）汽车产品可能存在造成严重后果的缺陷的；

（四）经实验检测，同一批次、型号或者类别的汽车产品可能存在不符合保障人身、财产安全的国家标准、行业标准情形的；

（五）其他需要组织开展缺陷调查的情形。

第十八条 市场监管总局、受委托的省级市场监督管理部门开展缺陷调查，可以行使以下职权：

（一）进入生产者、经营者、零部件生产者的生产经营场所进行现场调查；

（二）查阅、复制相关资料和记录，收集相关证据；

（三）向有关单位和个人了解汽车产品可能存在缺陷的情况；

（四）其他依法可以采取的措施。

第十九条 与汽车产品缺陷有关的零部件生产者应当配合缺陷调查，提供调查需要的有关资料。

第二十条 市场监管总局、受委托的省级市场监督管理部门开展缺陷调查，应当对缺陷调查获得的相关信息、资料、实物、实验检测结果和相关证据等进行分析，形成缺陷调查报告。

省级市场监督管理部门应当及时将缺陷调查报告报送市场监管总局。

第二十一条 市场监管总局可以组织对汽车产品进行风险评估，必要时向社会发布风险预警信息。

第二十二条 市场监管总局根据缺陷调查报告认为汽车产品存在缺陷的，应当向生产者发出缺陷汽车产品召回通知书，通知生产者实施召回。

生产者认为其汽车产品不存在缺陷的，可以自收到缺陷汽车产品召回通知书之日起15个工作日内向市场监管总局提出书面异议，并提交相关证明材料。

生产者在15个工作日内提出异议的，市场监管总局应当组织与生产者无利害关系的专家对生产者提交的证明材料进行论证；必要时市场监管总局可以组织对汽车产品进行技术检测或者鉴定；生产者申请听证的或者市场监管总局根据工作需要认为有必要组织听证的，可以组织听证。

第二十三条 生产者既不按照缺陷汽车产品召回通知书要求实施召回，又不在15个工作日内向市场监管总局提出异议的，或者经组织论证、技术检测、鉴定，确认汽车产品存在缺陷的，市场监管总局应当责令生产者召回缺陷汽车产品。

第四章 召回实施与管理

第二十四条 生产者实施召回，应当按照市场监管总局的规定制定召回计划，并自确认汽车产品存在缺陷之日起5个工作日内或者被责令召回之日起5个工作日内向市场监管总局备案；同时以有效方式通报经营者。

生产者制定召回计划，应当内容全面，客观准确，并对其内容的真实性、准确性及召回措施的有效性负责。

生产者应当按照已备案的召回计划实施召回；生产者修改已备案的召回计划，应当重新向市场监管总局备案，并提交说明材料。

第二十五条 经营者获知汽车产品存在缺陷的，应当立即停止销售、租赁、使用缺陷汽车产品，并协助生产者实施召回。

第二十六条 生产者应当自召回计划备案之日起5个工作日内，通过报刊、网站、广播、电视等便于公众知晓的方式发布缺陷汽车产品信息和实施召回的相关信息，30个工作日内以挂号信等有效方式，告知车主汽车产品存在的缺陷、避免损害发生的应急处置方法和生产者消除缺陷的措施等事项。

生产者应当通过热线电话、网络平台等方式接受公众咨询。

第二十七条 车主应当积极配合生产者实施召回，消除缺陷。

第二十八条 市场监管总局应当向社会公布已经确认的缺陷汽车产品信息、生产者召回计划以及生产者实施召回的其他相关信息。

第二十九条 生产者应当保存已实施召回的汽车产品召回记录，保存期不得少于10年。

第三十条 生产者应当自召回实施之日起每3个月向市场监管总局提交一次召回阶段性报告。市场监管总局有特殊要求的,生产者应当按要求提交。

生产者应当在完成召回计划后15个工作日内,向市场监管总局提交召回总结报告。

第三十一条 生产者被责令召回的,应当立即停止生产、销售、进口缺陷汽车产品,并按照本办法的规定实施召回。

第三十二条 生产者完成召回计划后,仍有未召回的缺陷汽车产品的,应当继续实施召回。

第三十三条 对未消除缺陷的汽车产品,生产者和经营者不得销售或者交付使用。

第三十四条 市场监管总局对生产者召回实施情况进行监督或者委托省级市场监督管理部门进行监督,组织与生产者无利害关系的专家对消除缺陷的效果进行评估。

受委托对召回实施情况进行监督的省级市场监督管理部门,应当及时将有关情况报告市场监管总局。

市场监管总局通过召回实施情况监督和评估发现生产者的召回范围不准确、召回措施无法有效消除缺陷或者未能取得预期效果的,应当要求生产者再次实施召回或者采取其他相应补救措施。

第五章 法律责任

第三十五条 生产者违反本办法规定,有下列行为之一的,责令限期改正;逾期未改正的,处以1万元以上3万元以下罚款:

(一)未按规定更新备案信息的;

(二)未按规定提交调查分析结果的;

(三)未按规定保存汽车产品召回记录的;

(四)未按规定发布缺陷汽车产品信息和召回信息的。

第三十六条 零部件生产者违反本办法规定不配合缺陷调查的,责令限期改正;逾期未改正的,处以1万元以上3万元以下罚款。

第三十七条 违反本办法规定,构成《缺陷汽车产品召回管理条例》等有关法律法规规定的违法行为的,依法予以处理。

第三十八条 违反本办法规定,构成犯罪的,依法追究刑事责任。

第三十九条 本办法规定的行政处罚由违法行为发生地具有管辖权的市

场监督管理部门在职责范围内依法实施;法律、行政法规另有规定的,依照法律、行政法规的规定执行。

第六章　附　　则

第四十条　本办法所称汽车产品是指中华人民共和国国家标准《汽车和挂车类型的术语和定义》规定的汽车和挂车。

本办法所称生产者是指在中国境内依法设立的生产汽车产品并以其名义颁发产品合格证的企业。

从中国境外进口汽车产品到境内销售的企业视为前款所称的生产者。

第四十一条　汽车产品出厂时未随车装备的轮胎的召回及其监督管理由市场监管总局另行规定。

第四十二条　本办法由市场监管总局负责解释。

第四十三条　本办法自2016年1月1日起施行。

茧丝质量监督管理办法

(2003年1月14日国家质量监督检验检疫总局令第43号公布　根据2018年3月6日《国家质量监督检验检疫总局关于废止和修改部分规章的决定》第一次修订　根据2020年10月23日《国家市场监督管理总局关于修改部分规章的决定》第二次修订)

第一章　总　　则

第一条　为了加强对茧丝质量的监督管理,明确茧丝质量责任,促进茧丝质量的提高,维护茧丝市场秩序和茧丝交易各方的合法权益,根据《棉花质量监督管理条例》等有关规定,制定本办法。

第二条　茧丝经营者(含茧丝收购者、加工者、销售者、承储者,下同)从事茧丝经营活动,纤维质量监督机构对茧丝质量实施监督管理,必须遵守本办法。

本办法所称的茧丝是蚕茧和丝的统称。蚕茧主要包括桑蚕鲜茧、桑蚕干茧、柞蚕鲜茧、柞蚕干茧等。丝主要包括生丝、绢丝、细丝等。

本办法所称的茧丝加工主要包括桑蚕干茧的加工、柞蚕干茧加工、生丝的生产、绢丝的生产、细丝的生产等。

第三条 国家市场监督管理总局(以下简称市场监管总局)主管全国茧丝质量监督工作,其所属的中国纤维质量监测中心承担茧丝质量监督检查的技术支撑相关工作、茧丝质量公证检验的组织实施工作,并对公证检验实施监督抽验。

省、自治区、直辖市市场监督管理部门(以下简称省级市场监管部门)负责本行政区域内茧丝质量监督工作。地方市场监督管理部门和承担棉花等纤维质量监督职责的专业纤维检验机构统称纤维质量监督机构。地方专业纤维检验机构承担茧丝质量公证检验工作。

第二章 茧丝质量监督

第四条 国家推行茧丝质量公证检验制度。桑蚕干茧销售逐步实行质量公证检验;其他有必要进行质量公证检验的茧丝(含国家储备的茧丝),由国家确定实施公证检验的茧丝品种、类别和实施公证检验的环节。

上款所称茧丝质量公证检验,是指专业纤维检验机构按照国家标准和技术规范,对茧丝质量、数量进行检验并出具公证检验证书的活动。

茧丝质量公证检验证书是茧丝质量、数量的依据。

茧丝质量公证检验的具体实施办法,由中国纤维质量监测中心负责制定。

第五条 纤维质量监督机构可以在茧丝收购、加工、销售、承储活动所涉及的场所实施茧丝质量监督检查。

监督检查的内容包括:茧丝经营者收购桑蚕鲜茧是否按要求进行仪评;未经质量公证检验的茧丝质量、数量和包装、标识是否符合国家标准、地方标准和国家的有关规定;茧丝的标识以及质量凭证是否与实物相符等。

纤维质量监督机构应当设置举报电话并向社会公布,积极受理有关茧丝质量违法行为的举报。

第六条 纤维质量监督机构进行茧丝质量监督检查,以及根据违法嫌疑证据或者举报,对涉嫌违反本办法规定的行为进行查处时,可以行使下列职权:

(一)对涉嫌从事违反本办法的茧丝经营活动所涉及的场所实施现场检查;

(二)向与茧丝经营活动有关的人员调查、了解涉嫌从事违反本办法的经营活动的有关情况;

(三)查阅、复制与茧丝经营活动有关的合同、单据、帐簿以及其他资料;

(四)对涉嫌掺杂掺假、以次充好、以假充真或者其他有严重质量问题的茧丝以及直接用于生产掺杂掺假、以次充好、以假充真的茧丝的设备、工具予以查封或者扣押。

第七条 纤维质量监督机构根据监督检查的需要,可以对茧丝的质量进行检验;检验所需样品按照国家有关标准,从被检查的茧丝中抽取,并应当自抽到检验样品之日起15个工作日内作出检验结论。

第八条 茧丝经营者、使用者对依照本办法进行的茧丝质量公证检验或者茧丝质量监督检查中实施检验(以下统称原验)的结果有异议的,可以自收到检验结果之日起5个工作日内,按照有关规定向省级纤维质量监督机构或者中国纤维质量监测中心申请复检。

茧丝经营者、使用者应当在标准规定的复检项目范围内提出复检申请。

省级纤维质量监督机构或者中国纤维质量监测中心受理的复检申请,应当对原验的留样进行检验。复检结论应当自收到复检申请之日起10个工作日内作出,并告知申请人。

茧丝质量复检的具体实施办法由中国纤维质量监测中心制定。

第三章　茧丝经营者的质量义务

第九条 茧丝经营者收购蚕茧,必须符合下列要求:

(一)按照国家标准、行业标准或者地方标准以及技术规范,保证收购蚕茧的质量;

(二)按照国家标准、行业标准或者地方标准以及技术规范,对收购的桑蚕鲜茧进行仪评;

(三)根据仪评的结果真实确定所收购桑蚕鲜茧的类别、等级、数量,并在与交售者结算前以书面形式将仪评结果告知交售者;

(四)不得收购毛脚茧、过潮茧、统茧等有严重质量问题的蚕茧;

(五)不得伪造、变造仪评的数据或结论;

(六)分类别、分等级置放所收购的蚕茧。

第十条 茧丝经营者加工茧丝,必须符合下列要求:

(一)按照国家标准、行业标准或者地方标准以及技术规范,对茧丝进行加工,不得使用土灶加工等可能导致茧丝资源被破坏的方法加工茧丝;

(二)按照本办法第十五条对加工的茧丝进行包装;

(三)按照本办法第十六条规定对加工的茧丝标注标识;

(四)标注的标识与茧丝的质量、数量相符;

(五)对加工后的桑蚕干茧进行合理放置,保证放置在一起的桑蚕干茧的

品种、类别、等级、蚕茧收购期(茧季)、养殖地域(庄口)一致;

(六)合理贮存,防止茧丝受潮、霉变、被污染、虫蛀鼠咬等质量损毁。

茧丝经营者不得使用按国家规定应当淘汰、报废的生产设备生产生丝。

第十一条 对加工的茧丝进行包装应当符合国家标准、行业标准或者地方标准以及技术规范的规定,国家标准、行业标准、地方标准、技术规范中没有规定的,应当符合下列要求:

(一)包装物无毒、无害、清洁;

(二)有足够的牢固性,能够耐受正常的运输和贮存;

(三)能防止加工的茧丝受潮、霉变、被污染、被虫蛀鼠咬等质量损毁。

第十二条 对加工的茧丝标注标识应当符合下列要求:

(一)有中文标明的茧丝名称、原产地域、蚕茧收购期(茧季);

(二)有中文标明的茧丝加工者的名称、地址、联系方法和加工日期;

(三)标明茧丝的类别、等级、重量、批号、包号或者件号;

(四)执行的标准编号;

(五)按国家规定附有产品合格证;

(六)国家有关标注标识的其他规定。

茧丝的标识应当标注在茧丝或者其外包装的显著位置上,标识的字迹应当清楚、牢固、便于识别。

第十三条 茧丝经营者销售茧丝,必须符合下列要求:

(一)建立并严格执行进货检查验收制度,验明茧丝的标识、质量凭证、质量、数量;

(二)每批茧丝附有有效的质量凭证,质量凭证有效期为 6 个月;在质量凭证有效期内,发生茧丝受潮、霉变、被污染、虫蛀鼠咬等非正常质量变异的,质量凭证自行失效;

(三)茧丝包装、标识符合本办法第十五条、第十六条的规定;

(四)茧丝的质量、数量与质量凭证、标识相符;

(五)经公证检验的茧丝,必须附有公证检验证书。有公证检验标记粘贴规定的,应当附有公证检验标记。

第十四条 茧丝经营者承储国家储备茧丝,应当符合下列要求:

(一)建立健全茧丝入库、出库质量检查验收制度,保证入库、出库的国家储备茧丝的质量、数量与标识、质量凭证相符;

(二)按照国家规定维护、保养承储设施,保证国家储备茧丝质量免受人为因素造成的质量变异;

(三)国家规定的其他有关质量义务。

第十五条 茧丝经营者收购、加工、销售、承储茧丝,不得伪造、变造、冒用茧丝质量凭证、标识、公证检验证书。

第十六条 严禁茧丝经营者在收购、加工、销售、承储等茧丝经营活动中掺杂掺假、以次充好、以假充真。

第四章 罚 则

第十七条 违反本办法第九条第(一)项、第(二)项、第(三)项、第(四)项、第(六)项中任何一项规定的,由纤维质量监督机构责令限期改正,可以处3万元以下罚款。

第十八条 违反本办法第十条第一款规定的,由纤维质量监督机构责令改正,并可以根据情节轻重,处10万元以下的罚款。

违反本办法第十条第二款规定的,由纤维质量监督机构没收并监督销毁按国家规定应当淘汰、报废的生产设备,并处非法设备实际价值2倍以上10倍以下的罚款。

第十九条 违反本办法第十三条第(二)项、第(三)项、第(四)项、第(五)项中任何一项规定的,由纤维质量监督机构责令改正,并可以根据情节轻重,处以10万元以下的罚款。

第二十条 违反本办法第十四条中任何一项规定的,由纤维质量监督机构责令改正,可以处10万元以下罚款;造成重大损失或有其他严重情节的,建议主管部门对负责人员和其他直接责任人员给予相应的处分。

第二十一条 违反本办法第十五条规定的,由纤维质量监督机构处5万元以上10万元以下的罚款;情节严重的,依法吊销营业执照;构成犯罪的,依法追究刑事责任。

第二十二条 违反本办法第十六条规定构成犯罪的,依法追究刑事责任;尚不构成犯罪的,由纤维质量监督机构没收掺杂掺假、以次充好、以假充真的茧丝和违法所得,并处货值金额2倍以上5倍以下的罚款;依法吊销营业执照。

茧丝经营者经营掺杂掺假、以次充好、以假充真的茧丝的,依照上款处理。

第二十三条 茧丝经营者隐匿、转移、毁损被纤维质量监督机构查封、扣押的物品的,由纤维质量监督机构处被隐匿、转移、毁损物品货值金额2倍以上5倍以下的罚款;构成犯罪的,依法追究刑事责任。

第二十四条 政府机关及其工作人员包庇、纵容茧丝质量违法行为,或者阻挠、干预纤维质量监督机构依法对茧丝收购、加工、销售、承储中违反本办法规定的行为进行查处的，建议其主管机关依法给予行政处分；构成犯罪的，依法追究刑事责任。

第二十五条 专业纤维检验机构在茧丝质量公证检验中不符合有关要求，出具的茧丝质量公证检验证书不真实、不客观的，由市场监管总局或者地方市场监督管理部门责令改正，对负责的主管人员和其他直接责任人员依法给予降级或者撤职的行政处分；构成犯罪的，依法追究刑事责任。

第二十六条 凡未按规定获得行政执法资格并取得行政执法证件的，不得从事本办法所规定的监督检查，不得依据本办法实施处罚。

第二十七条 纤维质量监督机构在茧丝质量监督行政执法活动中，由于主观故意或者过失，违反了法律、法规和规章的规定，导致行政处罚错误，并造成严重后果的，依据有关行政执法过错责任追究的规定，追究有关行政执法人员及其他相关人员的法律责任。

第二十八条 本办法第二十二条、第二十三条规定的茧丝货值金额按照违法经营的茧丝的牌价或者结算票据计算；没有牌价或者结算票据的，按照同类茧丝市场价格计算。

第二十九条 依照本办法规定实施罚款的行政处罚，应当依照有关法律、行政法规的规定，实行罚款决定与罚款收缴分离，收缴的罚款必须全部上缴国库。

第五章　附　　则

第三十条 本办法所称“仪评”是指通过仪器检验的结果评定桑蚕鲜茧的质量、数量。

第三十一条 本办法由市场监管总局负责解释。

第三十二条 本办法自 2003 年 3 月 1 日起实施。

毛绒纤维质量监督管理办法

（2003 年 7 月 18 日国家质量监督检验检疫总局令第 49 号公布
根据 2020 年 10 月 23 日《国家市场监督管理总局关于修改部分规章的决定》修订）

第一章　总　　则

第一条　为了加强毛绒纤维质量监督管理，明确质量责任，保护毛绒纤维资源，维护交易各方的合法权益，根据《棉花质量监督管理条例》等有关规定，制定本办法。

第二条　毛绒纤维经营者（含毛绒纤维收购者、加工者、销售者、承储者，下同）从事毛绒纤维经营活动，纤维质量监督机构对毛绒纤维质量实施监督管理，必须遵守本办法。

本办法所称毛绒纤维是指在国内流通的羊毛、山羊绒、羽绒、牦牛绒、骆驼绒等毛绒纤维。

第三条　国家市场监督管理总局（以下简称市场监管总局）主管全国毛绒纤维质量监督工作，其所属的中国纤维质量监测中心承担毛绒纤维质量监督检查的技术支撑相关工作、毛绒纤维质量公证检验的组织实施工作，并对公证检验实施监督抽验。

省、自治区、直辖市市场监督管理部门负责本行政区域内毛绒纤维质量监督工作。地方市场监督管理部门和承担棉花等纤维质量监督职责的专业纤维检验机构统称纤维质量监督机构。地方专业纤维检验机构承担毛绒纤维质量公证检验工作。

第四条　禁止毛绒纤维经营者在毛绒纤维收购、加工、销售、承储等经营活动中，掺杂掺假、以假充真、以次充好。

第五条　任何单位和个人对毛绒纤维质量违法行为，均有权检举。纤维质量监督机构应当向社会公布举报电话，积极受理毛绒纤维质量的举报、投诉。

第二章　毛绒纤维质量监督

第六条　国家实行毛绒纤维质量公证检验制度。

上款所称毛绒纤维质量公证检验，是指专业纤维检验机构按照国家标准和技术规范，对毛绒纤维的质量、数量进行检验并出具公证检验证书的活动。

实施公证检验的毛绒纤维品种和类别、检验环节和检验费用等，按照国家有关规定执行。

毛绒纤维质量公证检验办法由中国纤维质量监测中心制定。

第七条 市场监管总局在全国范围内对经毛绒纤维质量公证检验的毛绒纤维组织实施监督抽验，省、自治区、直辖市人民政府市场监督管理部门在本行政区域内对经毛绒纤维质量公证检验的毛绒纤维组织实施监督抽验。

监督抽验的内容是：毛绒纤维质量公证检验证书和检验标志是否与实物相符；专业纤维检验机构实施毛绒纤维质量公证检验是否客观、公正、及时。

监督抽验所需样品从公证检验的留样中随机抽取，并应当自抽取样品之日起10日内作出检验结论。

第八条 纤维质量监督机构对公证检验和本办法第九条规定的检验以外的毛绒纤维实施监督检查。

监督检查的内容是：毛绒纤维质量、数量和包装是否符合国家标准；毛绒纤维标识以及质量凭证是否与实物相符等。

第九条 毛绒纤维经营者销售未实施公证检验的批量山羊绒，须向省、自治区、直辖市专业纤维检验机构（以下简称省级专业纤维检验机构）或者其指定的地（市）级以上专业纤维检验机构申请检验。

第十条 纤维质量监督机构进行监督检查以及根据涉嫌质量违法的证据或者举报，对违反本办法规定的行为进行查处时，可以行使下列职权：

（一）对涉嫌从事违反本办法的收购、加工、销售、承储活动所涉及的场所实施现场检查；

（二）向与毛绒纤维收购、加工、销售、承储活动有关人员调查、了解与涉嫌从事违反本办法的经营活动有关的情况；

（三）查阅、复制与毛绒纤维收购、加工、销售、承储活动有关的合同、单据、帐簿以及其他资料；

（四）对涉嫌掺杂掺假、以假充真、以次充好或者其他有严重质量问题的毛绒纤维，以及直接用于生产掺杂掺假、以假充真、以次充好的设备、工具予以查封或者扣押。

第十一条 根据监督检查的需要，可以由专业纤维检验机构对毛绒纤维质量进行检验，检验所需样品按照国家有关标准，从收购、加工、销售、承储的毛绒纤维中随机抽取，并应当自抽取样品之日起7日内作出检验结论。

第十二条 毛绒纤维经营者对依照本办法进行的毛绒纤维质量公证检

验、本办法第九条规定的检验、监督检查中实施的检验结果有异议，可以自收到检验结果之日起5日内向省、自治区、直辖市纤维质量监督机构（以下简称省级纤维质量监督机构）或者中国纤维质量监测中心申请复检；省级纤维质量监督机构或者中国纤维质量监测中心应当自收到申请之日起10日内作出复检结论，并告知申请人。

第十三条 专业纤维检验机构进行毛绒纤维质量检验，必须执行国家标准、技术规范和时间要求，保证客观、公正、及时。出具的检验证书应客观、真实、有效地反映毛绒纤维的质量、数量。

第三章 毛绒纤维经营者质量义务

第十四条 毛绒纤维经营者收购毛绒纤维，应当符合下列要求：

（一）按照国家标准、技术规范真实确定所收购毛绒纤维的类别、等级、重量；

（二）按照国家标准、技术规范挑拣、排除导致质量下降的异性纤维及其他非毛绒纤维物质；

（三）对所收购毛绒纤维的水分含量超过国家标准规定的，进行晾晒、烘干等技术处理；

（四）对所收购的毛绒纤维按类别、等级、型号分别置放，并妥善保管；

（五）对所收购的毛绒纤维按净毛绒计算公量。

第十五条 毛绒纤维经营者从事毛绒纤维加工活动，应当符合下列要求：

（一）具备符合规定的质量标准、检验设备和环境、检验人员、加工机械和加工场所、质量保证制度以及国家规定的其他条件；

（二）挑拣、排除毛绒纤维中导致质量下降的异性纤维及其他非毛绒纤维物质；

（三）按照国家标准、技术规范，对毛绒纤维分类别、分等级加工，对加工后的毛绒纤维成包组批；

（四）按国家标准、技术规范，对加工后的毛绒纤维进行包装并标注标识，且标识有中文标明的品种、等级、批次、包号、重量、生产日期、厂名、厂址；标识与毛绒纤维的质量、数量相符；

（五）经毛绒纤维质量公证检验的毛绒纤维，应附有毛绒纤维质量公证检验证书和标志；未经毛绒纤维质量公证检验的毛绒纤维，应附有质量凭证，质量凭证与实物质量相符。

从事毛绒纤维加工活动，不得使用国家明令禁用的加工设备。

第十六条 毛绒纤维经营者批量销售未经过加工的毛绒纤维(以下统称原毛绒)应当符合以下要求:

(一)进行包装要防止异性纤维及其他非毛绒纤维物质混入包装;

(二)类别、型号、等级、标识与国家标准、技术规范相一致;

(三)经过毛绒纤维质量公证检验或本办法第九条规定的检验的毛绒纤维,须附有毛绒纤维质量公证检验证书、标志或本办法第九条规定的检验的证书;既未经过毛绒纤维质量公证检验也未经过本办法第九条规定的检验的毛绒纤维,附有质量凭证,质量凭证与实物质量相符;

(四)对所销售的毛绒纤维按净毛绒计算公量;

(五)建立并执行进货检查验收制度;

(六)国家规定的其他要求。

毛绒纤维经营者销售经过加工的毛绒纤维,除应当保证所销售毛绒纤维符合前款要求外,还应当保证符合本办法第十五条第(四)项要求。

山羊绒纤维经营者批量销售山羊绒的,应当符合本办法第九条的规定。

第十七条 毛绒纤维经营者承储国家储备毛绒纤维,应当建立健全毛绒纤维入库质量验收、出库质量检查制度,保证入库、出库的国家储备毛绒纤维的类别、型号、等级、数量、包装、标识等与质量凭证相符。

第十八条 任何单位或个人不得伪造、变造、冒用毛绒纤维质量凭证、标识、毛绒纤维质量公证检验证书和标志、本办法第九条规定的检验的证书。

第四章　罚　　则

第十九条 毛绒纤维经营者违反本办法第四条规定,在毛绒纤维经营活动中掺杂掺假、以假充真、以次充好构成犯罪的,依法追究刑事责任;尚不构成犯罪的,由纤维质量监督机构没收掺杂掺假、以假充真、以次充好的毛绒纤维和违法所得,并处违法货值金额 2 倍以上 5 倍以下的罚款;依法吊销营业执照。

毛绒纤维经营者经营掺杂掺假、以假充真、以次充好毛绒纤维的,依照上款处理。

第二十条 毛绒纤维经营者在收购毛绒纤维活动中,违反本办法第十四条第(一)至第(四)项规定的,由纤维质量监督机构责令改正,可以处 3 万元以下的罚款;违反本办法第十四条第(五)项规定的,由纤维质量监督机构责令改正,拒不改正的,处以 3 万元以下罚款。

第二十一条 毛绒纤维经营者在加工毛绒纤维活动中,违反本办法第十五条第一款第(一)项规定的,由纤维质量监督机构责令改正,拒不改正的,处以1万元以下的罚款;违反本办法第十五条第(二)项、第(三)项、第(四)项、第(五)项规定的,由纤维质量监督机构责令改正,并可以根据情节轻重,处10万元以下的罚款。

违反本办法第十五条第二款规定的,由纤维质量监督机构没收并监督销毁禁用的毛绒纤维加工设备,并处非法加工设备实际价值2倍以上10倍以下的罚款。

第二十二条 毛绒纤维经营者在销售活动中,违反本办法第十六条第一款第(一)项、第(二)项、第(三)项、第(六)项以及第二款规定的,由纤维质量监督机构责令改正,并可以根据情节轻重,处10万元以下的罚款;违反本办法第十六条第一款第(四)项规定的,由纤维质量监督机构责令改正,拒不改正的,处以3万元以下的罚款;违反本办法第十六条第三款规定的,由纤维质量监督机构责令补办检验,对拒不补办的,处以3万元以下的罚款。

第二十三条 毛绒纤维经营者在承储国家储备毛绒纤维活动中,违反本办法第十七条规定的,由纤维质量监督机构责令改正,可以处10万元以下的罚款;造成重大损失的,依法追究刑事责任。

第二十四条 毛绒纤维经营者在收购、加工、销售、承储活动中违反本办法第十八条规定的,由纤维质量监督机构处5万元以上10万元以下的罚款;情节严重的,依法吊销营业执照;构成犯罪的,依法追究刑事责任。

第二十五条 隐匿、转移、损毁被纤维质量监督机构查封、扣押物品的,由纤维质量监督机构处被隐匿、转移、损毁物品货值金额2倍以上5倍以下的罚款;构成犯罪的,依法追究刑事责任。

第二十六条 专业纤维检验机构不执行国家标准及其检验方法、技术规范和时间要求,或者出具的毛绒纤维质量检验证书不真实、不客观的,由市场监管总局或者地方市场监督管理部门责令改正;对负责的主管人员和其他直接责任人员根据情节依法给予行政处分。

第二十七条 专业纤维检验机构未实施检验而编造、出具毛绒纤维质量检验证书,弄虚作假的,由市场监管总局或者地方市场监督管理部门,对负责的主管人员和其他直接责任人员依法给予行政处分;构成犯罪的,依法追究刑事责任。

第二十八条 纤维质量监督行政执法人员滥用职权、徇私舞弊、包庇违法行为的,由其主管部门给予行政处分;构成犯罪的,依法追究刑事责任。

第五章　附　　则

第二十九条　本办法所称批量是指羊毛纤维为1000kg及以上；绒类纤维为25kg及以上。

第三十条　本办法由市场监管总局负责解释。

第三十一条　本办法自2003年8月1日起施行。原国家技术监督局、国家经济贸易委员会、国家计划委员会、农业部、纺织工业部、商业部联合发布的《羊毛质量监督管理办法》同时废止。

麻类纤维质量监督管理办法

（2005年4月22日国家质量监督检验检疫总局令第73号公布　根据2020年10月23日《国家市场监督管理总局关于修改部分规章的决定》修订）

第一章　总　　则

第一条　为了加强麻类纤维质量监督管理，明确质量责任，保护麻类纤维资源，促进麻类纤维质量提高，维护麻类纤维市场秩序和交易各方的合法权益，根据《棉花质量监督管理条例》等有关规定，制定本办法。

第二条　麻类纤维经营者（含麻类纤维收购者、加工者、销售者，下同）从事麻类纤维经营活动，纤维质量监督机构对麻类纤维质量实施监督管理，必须遵守本办法。

本办法所称麻类纤维是指在国内生产、流通的原麻及其加工后的纤维，主要包括苎麻、黄麻、红麻、亚麻、剑麻等。

第三条　国家市场监督管理总局（以下简称市场监管总局）主管全国麻类纤维质量监督工作，其所属的中国纤维质量监测中心承担麻类纤维质量监督检查的技术支撑相关工作、麻类纤维质量公证检验的组织实施工作，并对公证检验实施监督抽验。

省、自治区、直辖市市场监督管理部门负责本行政区域内麻类纤维质量监督工作。地方市场监督管理部门和承担棉花等纤维质量监督职责的专业纤维检验机构统称纤维质量监督机构。地方专业纤维检验机构承担麻类纤维质量公证检验工作。

第四条 禁止麻类纤维经营者在麻类纤维收购、加工、销售等经营活动中，掺杂掺假、以假充真、以次充好。

第五条 任何单位和个人对麻类纤维质量违法行为，均有权检举。纤维质量监督机构应当向社会公布举报电话，积极受理麻类纤维质量的检举、投诉。

第二章 麻类纤维质量监督

第六条 国家推行麻类纤维质量公证检验制度。

本办法所称麻类纤维质量公证检验，是指专业纤维检验机构按照国家标准和技术规范，对麻类纤维的质量、数量进行检验并出具公证检验证书的活动。

实施公证检验的麻类纤维品种、检验环节和检验费用等，按照国家有关规定执行。

麻类纤维质量公证检验办法由中国纤维质量监测中心制定。

第七条 市场监管总局在全国范围内对经麻类纤维质量公证检验的麻类纤维组织实施监督抽验，省、自治区、直辖市人民政府市场监督管理部门在本行政区域内对经麻类纤维质量公证检验的麻类纤维组织实施监督抽验。

监督抽验的内容是：麻类纤维质量公证检验证书和检验标志是否与实物相符；专业纤维检验机构实施麻类纤维质量公证检验是否客观、公正、及时。

监督抽验所需样品从公证检验的留样中随机抽取，并应当自抽取样品之日起 10 日内作出检验结论。

第八条 纤维质量监督机构对公证检验以外的麻类纤维质量实施监督检查。

监督检查主要内容包括：麻类纤维质量、数量和包装、标识是否符合国家标准和技术规范规定；麻类纤维标识以及质量凭证是否与实物相符等。

第九条 专业纤维检验机构根据监督检查的需要，可以对麻类纤维质量进行检验；检验所需样品按照国家有关标准从收购、加工、销售的麻类纤维中随机抽取，并应当自抽取样品之日起 10 日内作出检验结论。

第十条 麻类纤维经营者、用麻企业对依照本办法进行的麻类纤维质量公证检验和麻类纤维质量监督检查的检验结果有异议的，可以自收到检验结果之日起 5 日内向省级纤维质量监督机构或者中国纤维质量监测中心申请复检。复检样品应在留样中抽取。省级纤维质量监督机构或者中国纤维质量监测中心应当自收到申请之日起 10 日内作出复检结论，并告知申请人。

第十一条 纤维质量监督机构进行麻类纤维质量监督检查,以及根据涉嫌违法证据或者举报,对涉嫌违反本办法规定的行为进行查处时,可以行使下列职权:

(一)对涉嫌从事违反本办法的经营活动的场所实施现场检查;

(二)调查、了解与涉嫌从事违反本办法的经营活动有关的情况;

(三)查阅、复制与麻类纤维经营活动有关的合同、单据、账簿以及其他资料;

(四)对涉嫌掺杂掺假、以假充真、以次充好或者其他有严重质量问题的麻类纤维,以及直接用于生产掺杂掺假、以假充真、以次充好的麻类纤维的设备、工具予以查封或者扣押。

第十二条 纤维质量监督机构根据公证检验、监督检查以及核查后的举报投诉情况等,建立相关企业的质量档案。

纤维质量监督机构根据质量档案等资料提供的情况,按规定对相关企业质量信用进行评定,并根据评定结果实行分类监督管理。

有关质量信用评定办法另行制定。

第十三条 纤维质量监督机构的监督检查结果和质量信用评定结果应当向社会公布。

第十四条 专业纤维检验机构进行麻类纤维质量检验,必须执行国家标准、技术规范和时间要求,保证客观、公正、及时。专业纤维检验机构出具的麻类纤维检验证书应当客观、真实、有效地反映麻类纤维的质量、数量。

第三章 麻类纤维经营者的质量义务

第十五条 麻类纤维经营者收购麻类纤维,应当符合下列要求:

(一)具备麻类纤维收购质量验收制度、相应的文字标准和实物标准样品等质量保证基本条件;

(二)按照国家标准、技术规范确定所收购麻类纤维的品种、类别、季别、等级、重量,并分别置放;

(三)按照国家标准、技术规范挑拣、排除麻类纤维中的异性纤维及其他非麻类纤维物质;

(四)对所收购麻类纤维的水分含量超过国家标准规定的,进行晾晒等技术处理。

第十六条 麻类纤维经营者从事麻类纤维加工活动,应当符合下列要求:

(一)具备符合规定的质量标准、检验设备和环境、检验人员、加工机械和加工场所、质量保证制度等质量保证基本条件；

（二）挑拣、排除麻类纤维中的异性纤维及其他非麻类纤维物质；

（三）按照国家标准、技术规范，对麻类纤维分品种、分类别、分季别、分等级加工，对加工后的麻类纤维组批置放；

（四）按照国家标准、技术规范，对加工后的麻类纤维进行包装；

（五）对加工后的麻类纤维标注标识，并且所标注标识应当有中文标明的产品名称、等级（规格型号）、重量、批号、执行标准编号、加工者名称、地址、生产日期，国家有关麻类纤维标准对标识有其他规定的，还应当符合其规定；

（六）标识和质量凭证与麻类纤维的质量、数量相符。

第十七条 麻类纤维经营者销售麻类纤维，应当符合下列要求：

（一）每批麻类纤维应附有质量凭证；

（二）麻类纤维包装、标识应符合本办法第十六条第（四）项、第（五）项的规定；

（三）麻类纤维品种、等级、重量与质量凭证、标识相符；

（四）经公证检验的麻类纤维，应附有公证检验证书、公证检验标志。

第十八条 任何单位和个人不得伪造、变造、冒用麻类纤维质量凭证、标识、公证检验证书、公证检验标志。

第四章 罚 则

第十九条 麻类纤维经营者违反本办法第四条规定，在麻类纤维经营活动中掺杂掺假、以假充真、以次充好构成犯罪的，依法追究刑事责任；尚不构成犯罪的，由纤维质量监督机构没收掺杂掺假、以假充真、以次充好的麻类纤维和违法所得，并处违法货值金额2倍以上5倍以下罚款；依法吊销营业执照。

第二十条 麻类纤维经营者在收购麻类纤维活动中，违反本办法第十五条第（一）项规定的，由纤维质量监督机构责令改正，拒不改正的，处以1万元以下的罚款；违反本办法第十五条第（二）项至第（四）项任何一项规定的，由纤维质量监督机构责令改正，并可以处3万元以下罚款。

第二十一条 麻类纤维经营者在加工麻类纤维活动中，违反本办法第十六条第（一）项规定的，由纤维质量监督机构责令改正，拒不改正的，处以1万元以下的罚款；违反本办法第十六条第（二）项至第（六）项任何一项规定的，由纤维质量监督机构责令改正，并可以根据情节轻重，处10万元以下的罚款。

第二十二条 麻类纤维经营者在销售麻类纤维活动中，违反本办法第十七条任何一项规定的，由纤维质量监督机构责令改正，并可以根据情节轻重，处10万元以下罚款。

第二十三条 麻类纤维经营者违反本办法第十八条规定的,由纤维质量监督机构处5万元以上10万元以下的罚款;情节严重的,依法吊销营业执照;构成犯罪的,依法追究刑事责任。

第二十四条 隐匿、转移、损毁被纤维质量监督机构查封、扣押物品的,由纤维质量监督机构处被隐匿、转移、损毁物品货值金额2倍以上5倍以下罚款;构成犯罪的,依法追究刑事责任。

第二十五条 专业纤维检验机构不执行国家标准、技术规范或者时间要求,或者出具的麻类纤维质量公证检验证书不真实、不客观的,由市场监管总局或者地方市场监督管理部门责令改正;对负责的主管人员和其他直接责任人员根据情节依法给予行政处分。

第二十六条 专业纤维检验机构未实施检验而出具质量检验证书,弄虚作假的,由市场监管总局或者地方市场监督管理部门,对负责的主管人员和其他直接责任人员依法给予行政处分;构成犯罪的,依法追究刑事责任。

第二十七条 纤维质量监督行政执法人员滥用职权、徇私舞弊,包庇、放纵麻类纤维质量违法行为,由其主管机关给予行政处分;构成犯罪的,依法追究刑事责任。

第五章 附 则

第二十八条 本办法所称"品种"是指麻类纤维中苎麻、黄麻、红麻、亚麻、剑麻等。

本办法所称"类别"是指同品种麻类纤维经不同加工工艺加工后形成的不同纤维形态。

本办法所称"季别"特指苎麻在1年中的不同收获季节,苎麻一般分为头麻、二麻、三麻3个季别。

本办法所称"等级"是指对功能用途相同但质量要求不同的麻类纤维所作的分类或排序的统称。

第二十九条 本办法由市场监管总局负责解释。

第三十条 本办法自2005年7月1日起施行。

计量基准管理办法

（2007年6月6日国家质量监督检验检疫总局令第94号公布 根据2020年10月23日《国家市场监督管理总局关于修改部分规章的决定》修订）

第一条 为了加强计量基准管理，根据《中华人民共和国计量法》、《中华人民共和国计量法实施细则》有关规定，制定本办法。

第二条 本办法所称计量基准是指经国家市场监督管理总局（以下简称市场监管总局）批准，在中华人民共和国境内为了定义、实现、保存、复现量的单位或者一个或多个量值，用作有关量的测量标准定值依据的实物量具、测量仪器、标准物质或者测量系统。

第三条 在中华人民共和国境内，建立、保存、维护、改造、使用以及废除计量基准，应当遵守本办法。

第四条 计量基准由市场监管总局根据社会、经济发展和科学技术进步的需要，统一规划，组织建立。

基础性、通用性的计量基准，建立在市场监管总局设置或授权的计量技术机构；专业性强、仅为个别行业所需要，或工作条件要求特殊的计量基准，可以建立在有关部门或者单位所属的计量技术机构。

建立计量基准，可以由相应的计量技术机构向市场监管总局申报。

第五条 计量技术机构申报计量基准，必须按照规定的条件和程序报市场监管总局批准。

第六条 申报计量基准的计量技术机构应当具备以下条件：

（一）能够独立承担法律责任；

（二）具有从事计量基准研究、保存、维护、使用、改造等项工作的专职技术人员和管理人员；

（三）具有保存、维护和改造计量基准装置及正常工作所需实验室环境（包括工作场所、温度、湿度、防尘、防震、防腐蚀、抗干扰等）的条件；

（四）具有保证计量基准量值定期复现和保持计量基准长期可靠稳定运行所需的经费和技术保障能力；

（五）具有相应的质量管理体系；

（六）具备参与国际比对、承担国内比对的主导实验室和进行量值传递工作的技术水平。

第七条 计量技术机构申报计量基准，应当向市场监管总局提供以下文件：

（一）申请报告；

（二）研究报告；

（三）省部级以上有关主管部门主持或认可的科学技术鉴定报告和相应证明文件；

（四）试运行期间的考核报告、复现性和年稳定性运行记录；

（五）检定系统表方案；

（六）计量基准操作手册；

（七）主体设备、附属设备一览表及影像资料。

第八条 市场监管总局可以委托专家组对计量技术机构申报的计量基准进行文件资料审查和现场评审，并由专家组出具评审报告。

文件资料审查和现场评审的内容应当符合本办法第六条和第七条规定要求。

第九条 市场监管总局对专家评审报告进行审核；对审核合格的，批准该项计量基准的建立申报，颁发计量基准证书，并向社会公告。

经批准的计量基准，由提出申报的计量技术机构保存和维护，其负责保存和维护计量基准的实验室为国家计量基准实验室。

第十条 保存、维护计量基准的计量技术机构，应当保证持续满足第六条规定的条件。

第十一条 保存、维护计量基准的计量技术机构，应当定期或不定期进行以下活动：

（一）排除各种事故隐患，以免计量基准失准；

（二）参加国际比对，确保计量基准量值的稳定并与国际上量值的等效一致；

（三）定期进行计量基准单位量值的复现。

对于开展前款规定活动的有关情况，计量技术机构应当及时报告市场监管总局。

第十二条 计量技术机构不得擅自改造、拆迁计量基准；需要改造、拆迁的，应当报市场监管总局批准。

第十三条 计量基准改造、拆迁完成，并通过稳定性运行实验后，需要恢复该计量基准的，计量技术机构应当报市场监管总局批准。

前款规定事项的申请、批准，按本办法第七、八、九条规定执行。

第十四条 对计量基准改值或因相应计量单位改制而改变计量基准的，

计量技术机构应当报市场监管总局批准。

第十五条 计量技术机构应当定期检查计量基准的技术状况，保证计量基准正常运行，按规范要求使用计量基准进行量值传递。

对因有关原因造成计量基准用于量值传递中断的，计量技术机构应当向市场监管总局报告。

第十六条 市场监管总局以及保存、维护计量基准的计量技术机构的有关主管部门应当加强对计量基准保存、维护、改造的投入。

第十七条 市场监管总局应当及时废除不适应计量工作需要或者技术水平落后的计量基准，撤销原计量基准证书，并向社会公告。

第十八条 市场监管总局可以对计量基准进行定期复核和不定期监督检查，复核周期一般为5年。

复核和监督检查的内容包括：计量基准的技术状态、运行状况、量值传递情况、人员状况、环境条件、质量体系、经费保障和技术保障状况等。

市场监管总局可以根据复核和监督检查结果，组织或责令有关计量技术机构对有关计量基准进行整改。

第十九条 从事计量基准保存、维护或使用的计量技术机构及其工作人员，不得有下列行为：

（一）利用计量基准进行不正当活动；

（二）未履行计量基准有关报告、批准制度；

（三）故意损坏计量基准设备，致使计量基准量值失准、停用或报废；

（四）不当操作，未履行或未正确履行相关职责，致使计量基准失准、停用或报废；

（五）故意篡改、伪造数据、报告、证书或技术档案等资料；

（六）不当处理、计算、记录数据，造成报告和证书错误。

违反前款规定的，由市场监管总局责令计量技术机构限期整改；情节严重的，撤销计量基准证书和国家计量基准实验室称号，并对有关责任人予以行政处分；构成犯罪的，依法追究刑事责任。

第二十条 从事计量基准管理的国家工作人员滥用职权、玩忽职守、徇私舞弊，情节轻微的，依法予以行政处分；构成犯罪的，依法追究刑事责任。

第二十一条 本办法由市场监管总局负责解释。

第二十二条 本办法自2007年7月10日起施行。1987年7月10日原国家计量局发布的《计量基准管理办法》同时废止。

全国专业标准化技术委员会管理办法

（2017年10月30日国家质量监督检验检疫总局令第191号公布 根据2020年10月23日《国家市场监督管理总局关于修改部分规章的决定》修订）

第一章 总 则

第一条 为加强全国专业标准化技术委员会（以下简称技术委员会）管理，科学公正开展各专业技术领域标准化工作，提高标准制定质量，根据《中华人民共和国标准化法》《中华人民共和国标准化法实施条例》，制定本办法。

第二条 技术委员会是在一定专业领域内，从事国家标准起草和技术审查等标准化工作的非法人技术组织。

本办法适用于技术委员会的构成、组建、换届、调整和监督管理。

第三条 国务院标准化行政主管部门统一管理技术委员会工作，负责技术委员会的规划、协调、组建和管理，并履行以下职责：

（一）组织实施技术委员会管理相关的政策和制度；

（二）规划技术委员会整体建设和布局；

（三）协调和决定技术委员会的组建、换届、调整、撤销、注销等事项；

（四）组织技术委员会相关人员的培训；

（五）监督检查技术委员会的工作，组织对技术委员会的考核评估；

（六）直接管理综合性、基础性和跨部门跨领域的技术委员会；

（七）其他与技术委员会管理有关的职责。

第四条 国务院有关行政主管部门、有关行业协会受国务院标准化行政主管部门委托，管理本部门、本行业的技术委员会，对技术委员会开展国家标准制修订以及国际标准化等工作进行业务指导。

第五条 省、自治区、直辖市人民政府标准化行政主管部门受国务院标准化行政主管部门委托，协助国务院标准化行政主管部门管理本行政区域内的技术委员会，为技术委员会开展工作创造条件。

第六条 技术委员会应当科学合理、公开公正、规范透明地开展工作，在本专业领域内承担以下工作职责：

（一）提出本专业领域标准化工作的政策和措施建议；

（二）编制本专业领域国家标准体系，根据社会各方的需求，提出本专业领域制修订国家标准项目建议；

（三）开展国家标准的起草、征求意见、技术审查、复审及国家标准外文版的组织翻译和审查工作；

（四）开展本专业领域国家标准的宣贯和国家标准起草人员的培训工作；

（五）受国务院标准化行政主管部门委托，承担归口国家标准的解释工作；

（六）开展标准实施情况的评估、研究分析；

（七）组织开展本领域国内外标准一致性比对分析，跟踪、研究相关领域国际标准化的发展趋势和工作动态；

（八）管理下设分技术委员会；

（九）承担国务院标准化行政主管部门交办的其他工作。

技术委员会可以接受政府部门、社会团体、企事业单位委托，开展与本专业领域有关的标准化工作。

分技术委员会的工作职责参照技术委员会的工作职责执行。

第二章　组织机构

第七条　技术委员会由委员组成，委员应当具有广泛性和代表性，可以来自生产者、经营者、使用者、消费者、公共利益方等相关方。来自任意一方的委员人数不得超过委员总数的1/2。教育科研机构、有关行政主管部门、检测及认证机构、社会团体等可以作为公共利益方代表。

第八条　技术委员会委员不少于25人，其中主任委员1名，副主任委员不超过5名。

同一单位在同一技术委员会任职的委员不得超过3名。主任委员和副主任委员不得来自同一单位。同一人不得同时在3个以上技术委员会担任委员。

第九条　技术委员会委员应当具备以下条件：

（一）具有中级以上专业技术职称，或者具有与中级以上专业技术职称相对应的职务；

（二）熟悉本专业领域业务工作，具有较高理论水平、扎实的专业知识和丰富的实践经验；

（三）掌握标准化基础知识，热心标准化事业，能积极参加标准化活动，认真履行委员的各项职责和义务；

（四）在我国境内依法设立的法人组织任职的人员，并经其任职单位同意推荐；

（五）技术委员会章程规定的其他条件。

第十条 技术委员会主任委员和副主任委员应当具备以下条件：

（一）本专业领域的技术专家；

（二）在本专业领域内享有较高声誉，具有影响力；

（三）具有高级以上专业技术职称，或者具有与高级以上专业技术职称相对应的职务；

（四）熟悉技术委员会管理程序和工作流程；

（五）能够高效、公正履行职责，并能兼顾各方利益。

第十一条 主任委员负责技术委员会全面工作，应当保持公平公正立场。主任委员负责签发会议决议、标准报批文件等技术委员会重要文件。主任委员可以委托副主任委员签发标准报批文件等重要文件。

第十二条 技术委员会设秘书处，负责技术委员会的日常工作。秘书处承担单位应当符合以下条件：

（一）在我国境内依法设立、具有独立法人资格的企事业单位或者社会团体；

（二）有较强的技术实力和行业影响力；

（三）有连续3年以上开展标准化工作的经验，牵头起草过3项以上国际标准、国家标准或者行业标准；

（四）将秘书处工作纳入本单位工作计划和日常工作，并为秘书处开展工作提供必要的经费和办公条件；

（五）有专职工作人员，能够督促秘书处专职工作人员认真履行职责，确保秘书处各项工作公正、公平地开展；

（六）国务院标准化行政主管部门规定的其他条件。

秘书处具体职责和工作制度，由技术委员会章程和秘书处工作细则规定。

两个单位联合承担秘书处，应当在秘书处工作细则中明确牵头承担单位及各自职责。

第十三条 技术委员会秘书处设秘书长1名，副秘书长不超过5名。秘书长和副秘书长应当由委员兼任，不得来自同一单位。

秘书长应当由秘书处承担单位技术专家担任，具有较强的组织协调能力，熟悉本领域技术发展情况以及国内外标准化工作情况，具有连续3年以上标准化工作经历。

第十四条 秘书长负责技术委员会秘书处日常工作，副秘书长协助秘书长开展工作。秘书长和副秘书长具体职责由技术委员会章程规定。

第十五条 技术委员会委员应当积极参加技术委员会的活动，履行以下职责：

（一）提出标准制修订等方面的工作建议；

（二）按时参加标准技术审查和标准复审，按时参加技术委员会年会等工作会议；

（三）履行委员投票表决义务；

（四）监督主任委员、副主任委员、秘书长、副秘书长及秘书处的工作；

（五）监督技术委员会经费的使用；

（六）及时反馈技术委员会归口标准实施情况；

（七）参与本专业领域国际标准化工作；

（八）参加国务院标准化行政主管部门及技术委员会组织的培训；

（九）承担技术委员会职责范围内的相关工作；

（十）技术委员会章程规定的其他职责。

委员享有表决权，有权获取技术委员会的资料和文件。

第十六条 根据工作需要，技术委员会可以设顾问，顾问不超过5人。顾问应当为本专业领域的专家或者学者，由技术委员会聘任，无表决权。

第十七条 根据工作需要，技术委员会可以设观察员。观察员可以获得技术委员会的资料和文件，列席技术委员会会议、发表意见、提出建议，无表决权。观察员条件由技术委员会章程规定。

第十八条 专业领域相关联的技术委员会之间应当建立联络关系，互派联络员，协调相关技术问题。联络员可以获得其负责联络的技术委员会的资料和文件，列席相关工作会议，发表意见、提出建议，无表决权。联络员应当及时向所属技术委员会报告联络工作情况。

第十九条 技术委员会应当每年至少召开一次年会，总结上年度工作，安排下年度计划，通报经费使用情况等。全体委员应当参加年会。技术委员会可以根据需要不定期召开会议，研究处理相关工作。技术委员会召开会议时，应当提前通知全体委员。

第二十条 以下事项应当由秘书处形成提案，提交全体委员审议，并形成会议纪要：

（一）技术委员会章程和秘书处工作细则；

（二）工作计划；

（三）本专业领域标准体系表；

（四）国家标准制修订立项建议；

（五）国家标准送审稿；

（六）技术委员会委员调整建议；

（七）工作经费的预决算及执行情况；

（八）分技术委员会的组建、调整、撤销、注销等事项；

（九）分技术委员会的决议；

（十）技术委员会章程规定应当审议的其他事项。

（一）、（四）、（五）、（六）、（七）、（八）事项审议时，应当提交全体委员表决，参加投票的委员不得少于3/4。参加投票委员2/3以上赞成，且反对意见不超过参加投票委员的1/4，方为通过。表决结果应当形成决议，由秘书处存档。

第二十一条 技术委员会开展国家标准制修订和国际标准化工作的程序按照有关规定执行。

第二十二条 专业领域较宽的技术委员会可以组建分技术委员会。分技术委员会委员不少于15人，其中主任委员和秘书长各1名，副主任委员和副秘书长各不超过3名。

分技术委员会的其他要求参照本章规定执行。

第三章 组建、换届、调整

第二十三条 技术委员会组建应当遵循发展需要、科学合理、公开公正、国际接轨的原则。

第二十四条 技术委员会的组建应当符合以下条件：

（一）涉及的专业领域为国民经济和社会发展的重要领域，符合国家标准化发展战略、规划要求；

（二）专业领域一般应当与国际标准化组织（ISO）、国际电工委员会（IEC）等国际组织已设立技术委员会的专业领域相对应；

（三）业务范围明晰，与其他技术委员会无业务交叉；

（四）标准体系框架明确，有较多的国家标准制修订工作需求；

（五）秘书处承担单位具备开展工作的能力和条件。

业务范围能纳入现有技术委员会的，不得组建新的技术委员会。

第二十五条 技术委员会的组建程序包括提出申请、公示、筹建、成立。

第二十六条 国务院有关行政主管部门、有关行业协会以及省、自治区、直辖市人民政府标准化行政主管部门（以下简称筹建单位）可以向国务院标准化行政主管部门提出技术委员会筹建申请。筹建申请应当说明技术委员会筹建的必要性、可行性、工作范围、标准体系、国内外相关技术组织情况、秘书处承担单位有关情况等。

综合性、基础性和跨部门跨领域的技术委员会由国务院标准化行政主管部门研究决定筹建单位。

第二十七条 国务院标准化行政主管部门组织专家对筹建申请材料进行评审。经评审符合组建条件的，由国务院标准化行政主管部门对外公示技术委员会的名称、专业领域、对口国际组织、筹建单位、业务指导单位、秘书处承担单位等，并征集意向委员。公示期为30日。

公示期届满，符合要求的，予以筹建。

第二十八条 筹建单位应当在同意筹建后6个月内，向国务院标准化行政主管部门报送组建方案。组建方案应当包括：

（一）技术委员会基本信息表；

（二）技术委员会委员名单及登记表；

（三）技术委员会章程草案，包括工作原则、范围、任务、程序，秘书处职责，委员、顾问、观察员的条件和职责，经费管理制度等；

（四）秘书处工作细则草案，包括工作原则、秘书处工作人员条件和职责、会议制度、文件制度、档案制度、财务制度等；

（五）标准体系框架及标准体系表草案；

（六）秘书处承担单位支持措施；

（七）未来3年工作规划以及下一年度工作计划草案；

（八）国务院标准化行政主管部门规定的其他内容。

第二十九条 国务院标准化行政主管部门应当将技术委员会委员名单向社会公示，公示期为30日。

公示期届满，符合要求的，由国务院标准化行政主管部门公告成立。

第三十条 组建分技术委员会，应当符合以下条件：

（一）业务范围明晰，并在所属技术委员会的业务范围内；

（二）标准体系框架明确，且可以归口的国家标准或者国家标准计划项目不得少于5项；

（三）有国际对口技术委员会的，原则上应当与国际对口保持一致。

第三十一条 技术委员会组建分技术委员会的建议，应当经全体委员表决通过。同意组建的，由技术委员会公开征集委员，制定组建方案。组建方案经技术委员会业务指导单位同意后，报送国务院标准化行政主管部门。

国务院有关行政主管部门、有关行业协会以及省、自治区、直辖市人民政府标准化行政主管部门组建分技术委员会的建议，应当经分技术委员会所属技术委员会全体委员表决通过。同意组建的，由提出分技术委员会组建建议的单位公开征集委员，制定组建方案，报送国务院标准化行政主管部门。

分技术委员会组建方案的内容应当符合本办法第二十八条有关规定。

国务院标准化行政主管部门按照本办法第二十九条有关规定公告成立分技术委员会。

第三十二条 对新技术新产业新业态有标准化需求但暂不具备组建技术委员会或者分技术委员会条件的，国务院标准化行政主管部门可以成立标准化工作组，承担国家标准制修订相关工作。标准化工作组不设分工作组，由国务院标准化行政主管部门直接管理，组建程序和管理要求参照技术委员会执行。

标准化工作组成立3年后，国务院标准化行政主管部门应当组织专家进行评估。具备组建技术委员会或者分技术委员会条件的，按本办法有关规定组建；仍不具备组建条件的，予以撤销。

第三十三条 技术委员会、分技术委员会、标准化工作组由国务院标准化行政主管部门统一顺序编号，分别为SAC/TC×××、SAC/TC×××/SC××、SAC/SWG×××。

第三十四条 技术委员会每届任期5年，任期届满应当换届。换届前应当公开征集委员，技术委员会秘书处提出换届方案报送筹建单位。

筹建单位应当对换届方案进行审核，并于技术委员会任期届满前3个月将换届方案报送国务院标准化行政主管部门。

国务院标准化行政主管部门按照本办法第二十九条有关规定进行公示，公示期届满，符合要求的，予以换届。

分技术委员会换届程序和要求参照技术委员会执行。

第三十五条 根据工作需要，经技术委员会全体委员表决，技术委员会可以提出委员调整的建议，并报送国务院标准化行政主管部门予以调整。委员调整原则上每年不得超过一次，每次调整不得超过委员总数的1/5。

分技术委员会的委员调整参照技术委员会执行。

第三十六条 筹建单位可以提出调整相关技术委员会工作范围或者名称、秘书处承担单位以及注销技术委员会等建议，并报送国务院标准化行政主管部门予以调整、注销。

分技术委员会筹建单位、技术委员会可以提出调整分技术委员会工作范围或者名称、秘书处承担单位以及注销分技术委员会等建议。相关建议应当经技术委员会全体委员表决通过，并由分技术委员会筹建单位报送国务院标准化行政主管部门调整、注销。

第三十七条 根据技术委员会整体规划和国际对口变化需要，国务院标准化行政主管部门可以直接调整技术委员会、分技术委员会工作范围、名称、秘书处承担单位等。对标准化工作需求很少或者相关工作可以并入其他技术委员会的，国务院标准化行政主管部门对技术委员会或者分技术委员会予以注销。

第四章　监督管理

第三十八条　国务院标准化行政主管部门、国务院有关行政主管部门、有关行业协会以及省、自治区、直辖市人民政府标准化行政主管部门应当对技术委员会进行监督检查。国务院有关行政主管部门、有关行业协会以及省、自治区、直辖市人民政府标准化行政主管部门应当将技术委员会的监督检查情况报送国务院标准化行政主管部门。

第三十九条　国务院标准化行政主管部门建立考核评估制度，定期对技术委员会的工作等进行考核评估，并将考核评估结果向社会公开。

第四十条　技术委员会应当建立内部监督检查制度，加强自律管理，并接受社会监督。

第四十一条　技术委员会秘书处承担单位应当严格按照国家有关财务制度的规定，将技术委员会的工作经费纳入单位财务统一管理，单独核算，专款专用。秘书处应当向全体委员报告年度经费收支情况。

禁止技术委员会以营利为目的收取费用。严禁采取摊派、有偿署名等方式收取不合理费用。

第四十二条　国家标准制修订补助经费按照财政部有关规定进行列支。任何单位和个人不得截留或者挪用国家标准制修订补助经费。技术委员会秘书处承担单位应当接受国务院标准化行政主管部门对国家标准制修订补助经费使用情况的监督检查，应当接受审计机关的审计。

第四十三条　技术委员会印章由国务院标准化行政主管部门统一制发，秘书处负责管理。技术委员会撤销、注销、变更名称时，应当将原印章交还国务院标准化行政主管部门。

技术委员会印章属于业务专用章，在开展本专业领域标准化工作时使用，主要用于上报材料、请示工作、征求意见、召开会议、对外联络以及国务院标准化行政主管部门规定的其他事项，不得超出范围使用。印章使用需经技术委员会主任委员或者其授权的副主任委员签字批准。

第四十四条　技术委员会应当每年向国务院标准化行政主管部门报送年度工作报告，并抄送业务指导单位、筹建单位和秘书处承担单位。分技术委员会应当定期向技术委员会报告工作。

第四十五条 技术委员会应当按照国家档案管理的相关要求管理标准档案。技术委员会日常工作的文件材料应当及时归档，妥善保管，保管期限不得少于5年。

第四十六条 任何单位和个人可以向国务院标准化行政主管部门、国务院有关行政主管部门、有关行业协会以及省、自治区、直辖市人民政府标准化行政主管部门举报、投诉技术委员会、委员和秘书处违反本办法的行为。举报、投诉的受理单位应当及时调查。对查证属实的，由国务院标准化行政主管部门作出处理决定。

第四十七条 技术委员会有下列情形之一的，国务院标准化行政主管部门责令其限期整改：

（一）未按计划完成国家标准制修订和复审任务，且无正当理由的；

（二）标准存在质量问题的；

（三）连续两年没有国家标准制修订、国家标准复审或者国际标准化工作任务的；

（四）未按本办法有关规定履行表决程序的；

（五）未按规定使用和管理工作经费的；

（六）违规使用技术委员会印章的；

（七）对分技术委员会管理不力的；

（八）考核评估不合格的；

（九）存在其他违规行为的。

限期整改期间，国务院标准化行政主管部门不再向其下达新的工作任务。整改期满后仍不符合要求的，国务院标准化行政主管部门可以视情况调整秘书处承担单位或者重新组建、撤销技术委员会。

被撤销的技术委员会的工作并入国务院标准化行政主管部门指定的技术委员会。

第四十八条 技术委员会有下列情形之一的，由国务院标准化行政主管部门重新组建：

（一）排斥相关方参与国家标准制修订活动、为少数相关方谋取不正当利益，严重影响国家标准制修订工作的公正、公平的；

（二）在工作中有弄虚作假行为的；

（三）长期不开展工作的；

（四）存在其他重大违法违规行为的。

重新组建期间，技术委员会停止一切活动。

第四十九条 技术委员会秘书处承担单位有下列情形之一的，国务院标准化行政主管部门对秘书处承担单位进行调整：

（一）秘书处工作不力，致使技术委员会无法正常开展工作的；

（二）利用技术委员会工作为本单位或者相关方谋取不正当利益的；

（三）违规使用技术委员会经费，情节严重的；

（四）存在其他重大违规行为的。

第五十条 委员有下列情形之一的，由技术委员会报国务院标准化行政主管部门撤销委员资格：

（一）未履行本办法和技术委员会章程规定的职责的；

（二）连续两次无故不参加投票表决的；

（三）利用委员身份为本人或者他人谋取不正当利益的；

（四）存在违法违纪行为的。

第五十一条 对违反本办法有关规定的技术委员会直接责任人由国务院标准化行政主管部门通报其所在单位，由所在单位视情节依规给予处分。

第五十二条 分技术委员会的监督管理参照技术委员会的监督管理执行。

第五章 附 则

第五十三条 技术委员会在工作中涉及国家安全、国家秘密的，应当遵守国家相关法律法规要求。

第五十四条 军民共建的技术委员会管理参照本办法执行。

其他制定标准的机构组建技术委员会可以参照本办法。

第五十五条 本办法由国务院标准化行政主管部门负责解释。

第五十六条 本办法自2018年1月1日起施行。国务院标准化行政主管部门以前发布的部门规章与本办法规定不一致的，适用本办法。

认证机构管理办法

（2017年11月14日国家质量监督检验检疫总局令第193号公布 根据2020年10月23日《国家市场监督管理总局关于修改部分规章的决定》修订）

第一章 总 则

第一条 为了加强对认证机构的监督管理，规范认证活动，提高认证有效性，根据《中华人民共和国认证认可条例》（以下简称《认证认可条例》）等有关法律、行政法规的规定，制定本办法。

第二条 本办法所称认证机构，是指依法取得资质，对产品、服务和管理体系是否符合标准、相关技术规范要求，独立进行合格评定的具有法人资格的证明机构。

第三条 在中华人民共和国境内从事认证活动的认证机构及其监督管理，适用本办法。

第四条 国务院认证认可监督管理部门主管认证机构的资质审批及监督管理工作。

县级以上地方认证监督管理部门依照本办法的规定，负责所辖区域内认证机构从事认证活动的监督管理。

第五条 认证机构从事认证活动应当遵循公正公开、客观独立、诚实信用的原则，维护社会信用体系。

第六条 认证机构及其人员对其认证活动中所知悉的国家秘密、商业秘密负有保密义务。

第二章 资质审批

第七条 取得认证机构资质，应当经国务院认证认可监督管理部门批准。未经批准，任何单位和个人不得从事认证活动。

第八条 取得认证机构资质，应当符合下列条件：

（一）取得法人资格；

（二）有固定的办公场所和必要的设施；

（三）有符合认证认可要求的管理制度；

（四）注册资本不得少于人民币300万元；

（五）有10名以上相应领域的专职认证人员。

从事产品认证活动的认证机构，还应当具备与从事相关产品认证活动相适应的检测、检查等技术能力。

第九条 认证机构资质审批程序：

（一）认证机构资质的申请人（以下简称申请人）应当向国务院认证认可监督管理部门提出申请，提交符合本办法第八条规定条件的相关证明文件，并对其真实性、有效性、合法性负责。

（二）国务院认证认可监督管理部门应当对申请人提交的证明文件进行初审，并自收到之日起5日内作出受理或者不予受理的书面决定。对申请材料不齐全或者不符合法定形式的，应当一次性告知申请人需要补正的全部内容。

（三）国务院认证认可监督管理部门应当自受理认证机构资质申请之日起45日内，作出是否批准的决定。决定批准的，向申请人出具《认证机构批准书》。决定不予批准的，应当书面通知申请人，并说明理由。

需要对申请人的认证、检测、检查等技术能力进行专家评审的，专家评审时间不得超过30日。评审时间不计算在审批期限内。

第十条 国务院认证认可监督管理部门制定、调整和公布认证领域目录，认证机构应当在批准的认证领域内，按照认证基本规范、认证规则从事认证活动。

属于认证新领域，国务院认证认可监督管理部门尚未制定认证规则的，认证机构可以自行制定认证规则，并在认证规则发布后30日内，将认证规则相关信息报国务院认证认可监督管理部门备案。

第十一条 认证机构有下列情形之一的，应当自变更之日起30日内，向国务院认证认可监督管理部门申请办理《认证机构批准书》变更手续：

（一）缩小批准认证领域的；

（二）变更法人性质、股东、注册资本的；

（三）合并或者分立的；

（四）变更名称、住所、法定代表人的。

扩大认证领域的，由国务院认证认可监督管理部门按照本办法第九条的规定予以办理。

第十二条 《认证机构批准书》有效期为6年。

认证机构需要延续《认证机构批准书》有效期的，应当在《认证机构批准书》有效期届满30日前向国务院认证认可监督管理部门提出申请。

国务院认证认可监督管理部门应当对提出延续申请的认证机构依照本办法规定的资质条件和审批程序进行书面复查，并在《认证机构批准书》有效期届满前作出是否准予延续的决定。

第三章 行为规范

第十三条 认证机构应当建立风险防范机制，对其从事认证活动可能引发的风险和责任，采取合理、有效措施，并承担相应的社会责任。

认证机构不得超出批准范围从事认证活动。

第十四条 认证机构应当建立健全认证人员管理制度，定期对认证人员进行培训，保证其能力持续符合国家关于认证人员职业资格的相关要求。

认证机构不得聘用国家法律法规和国家政策禁止或者限制从事认证活动的人员。

第十五条 认证机构应当通过其网站或者其他形式公布以下信息并保证其真实、有效：

（一）依法从事认证活动的自我声明；

（二）认证领域、认证规则、认证证书样式、认证标志样式；

（三）设立的承担其认证活动的分支机构名称、地址和认证活动内容；

（四）认证收费标准；

（五）认证证书有效、暂停、注销或者撤销的状态。

强制性产品认证机构还应当按照国务院认证认可监督管理部门的相关规定，公布其强制性产品认证相关信息。

第十六条 认证机构从事认证活动，应当符合认证基本规范、认证规则规定的程序要求，确保认证过程完整、客观、真实，不得增加、减少或者遗漏程序要求。

第十七条 认证机构在从事认证活动时，应当对认证对象的下列情况进行核实：

（一）具备相关法定资质、资格；

（二）委托认证的产品、服务、管理体系等符合相关法律法规的要求；

（三）未列入严重违法失信名单。

认证对象不符合上述要求的，认证机构不得向其出具认证证书。

第十八条 认证机构及其认证人员应当及时作出认证结论，保证其客观、真实并承担相应法律责任。

认证机构及其认证人员不得出具虚假或者严重失实的认证结论。有下列情形之一的，属于出具虚假或者严重失实的认证结论：

（一）认证人员未按照认证规则要求，应当进入现场而未进入现场进行审核、检查或者审查的；

（二）冒名顶替其他认证人员实施审核、检查或者审查的；

（三）伪造认证档案、记录和资料的；

（四）认证证书载明的事项内容严重失实的；

（五）向未通过认证的认证对象出卖或者转让认证证书的。

第十九条 认证结论符合认证要求的，认证机构应当及时向认证对象出具认证证书。

认证机构应当通过其网站或者其他形式，向公众提供查询认证证书有效性的方式。

第二十条 认证机构应当要求认证对象正确使用认证证书和认证标志，对未按照规定使用的，认证机构应当采取有效的纠正措施。

第二十一条 认证机构应当对其认证的产品、服务、管理体系实施有效的跟踪监督。

不能持续符合认证要求的，认证机构应当在确认相关情况后5日内，暂停认证对象相应的认证证书。暂停期限届满仍不符合要求的，应当撤销其相应认证证书。

暂停期限按照认证规则的相关规定执行。

第二十二条 认证机构应当对认证过程做出完整记录，保留相应认证资料。

认证记录和认证资料应当真实、准确，归档留存时间为认证证书有效期届满或者被注销、撤销之日起2年以上，认证记录应当使用中文。

在认证证书有效期内，认证活动参与各方盖章或者签字的认证记录、认证资料等，应当保存具有法律效力的原件。

第二十三条 认证机构应当及时向国务院认证认可监督管理部门报送以下信息，并保证其真实、有效：

（一）认证计划信息；

（二）与认证结果相关的认证活动、认证人员、认证对象信息；

（三）认证证书的有效、暂停、注销或者撤销状态信息；

（四）设立承担其认证活动的分支机构信息。

认证机构在获得批准的认证领域内，与境外认证机构签订认证结果仅在境外使用的分包合约，应当自签订分包合约之日起10日内向国务院认证认可监督管理部门报送信息。

第二十四条 认证机构应当在每年3月底之前向国务院认证认可监督管理部门提交以下报告，并保证其真实、有效：

（一）上一年度工作报告：主要包括从业基本情况、人员、业务状况以及符合国家资质要求的会计师事务所出具的财务会计审计报告等内容；

（二）社会责任报告：主要包括机构概况、机构核心价值观与发展理念、机构最高管理者的社会责任承诺、机构社会责任战略、机构社会责任绩效等内容。

第二十五条 认证机构和认证对象应当对国务院认证认可监督管理部门、地方认证监督管理部门实施的监督检查工作予以配合，对有关事项的询问和调查如实提供相关材料和信息。

第四章 监督管理

第二十六条 国务院认证认可监督管理部门对认证机构遵守《认证认可条例》、本办法以及相关部门规章的情况进行监督检查。

地方认证监督管理部门根据法定职责分工，对所辖区域内的认证活动、认证结果实施日常监督检查，查处违法行为，并建立相应的协调工作机制。

地方认证监督管理部门应当将违法行为查处的相关信息及时报送国务院认证认可监督管理部门。

第二十七条 国务院认证认可监督管理部门、地方认证监督管理部门对认证机构的认证活动、认证结果实行随机抽查，抽查结果应当及时向社会公开。

国务院认证认可监督管理部门、地方认证监督管理部门结合随机抽查、行政处罚、投诉举报、严重违法失信名单以及大数据分析等信息，对认证机构实行分类监管。

第二十八条 国务院认证认可监督管理部门在其网站公布以下信息：

（一）依法取得资质的认证机构名录；

（二）认证机构依据本办法第二十四条规定报送的报告；

（三）随机抽查结果；

（四）对认证机构及其认证人员的行政处罚信息；

（五）认证机构及其法定代表人、主要负责人、认证人员严重违法失信名单。

第二十九条 认证机构资质的申请人及其法定代表人、主要负责人、认证人员等列入严重违法失信名单的，对其认证机构资质申请不予批准。

认证机构及其法定代表人、主要负责人、认证人员列入严重违法失信名单的，对其认证机构资质延续、认证领域扩大申请不予批准。

第三十条 国务院认证认可监督管理部门、地方认证监督管理部门在监督检查中发现认证机构有下列情形之一的，应当给予告诫，并责令其改正：

（一）未依照本办法第十五条规定，公布信息的；

（二）未依照本办法第十九条第二款规定，向公众提供认证证书有效性查询方式的。

第三十一条 有下列情形之一的，国务院认证认可监督管理部门根据利害关系人的请求或者依据职权，可以撤销《认证机构批准书》：

（一）国务院认证认可监督管理部门工作人员滥用职权、玩忽职守出具的；

（二）超越法定职权出具的；

（三）违反法定程序出具的；

（四）对不具备申请资格或者不符合法定条件的申请人出具的；

（五）认证机构已不具备或者不能持续符合法定条件和能力的；

（六）依法可以撤销的其他情形。

以欺骗、贿赂等不正当手段取得认证机构资质的，国务院认证认可监督管理部门应当撤销《认证机构批准书》；申请人在 3 年内不得再次申请认证机构资质。

第三十二条 认证机构有下列情形之一的，国务院认证认可监督管理部门应当办理《认证机构批准书》注销手续：

（一）《认证机构批准书》有效期届满，未申请延续或者复查不予延续的；

（二）《认证机构批准书》依法被撤销的；

（三）认证机构申请注销的；

（四）认证机构依法终止的；

（五）法律法规规定应当注销的其他情形。

第三十三条 认证机构可以通过认可机构的认可，证明其认证能力能够持续符合相关要求。

认可机构应当对取得认可的认证机构进行有效跟踪监督，对认可监督中发现的违法行为，及时报告国务院认证认可监督管理部门。

第三十四条 认证认可协会应当加强对认证机构和认证人员的行业自律管理，发现认证机构或者认证人员的违法行为，及时报告国务院认证认可监督管理部门。

第三十五条 任何单位和个人对认证活动中的违法行为，有权向国务院认证认可监督管理部门和地方认证监督管理部门举报。国务院认证认可监督管理部门和地方认证监督管理部门应当及时调查处理，并为举报人保密。

第五章 法律责任

第三十六条 隐瞒有关情况或者提供虚假材料申请认证机构资质的，国务院认证认可监督管理部门不予受理或者不予批准，并给予警告；申请人在 1 年内不得再次申请认证机构资质。

第三十七条 认证机构有下列情形之一的，国务院认证认可监督管理部门应当责令其限期改正，给予警告并予公布：

（一）未依照本办法第十条第二款规定，将认证规则相关信息报国务院认

证认可监督管理部门备案的;

(二)未依照本办法第十一条规定,办理变更手续的;

(三)未依照本办法第十四条规定,认证人员能力不能持续符合国家职业资格的相关要求,或者聘用国家法律法规和国家政策禁止或者限制从事认证活动的人员的;

(四)未依照本办法第二十三条、第二十四条规定,向国务院认证认可监督管理部门报送信息和报告的。

第三十八条 认证机构有下列情形之一的,地方认证监督管理部门应当责令其改正,并处3万元罚款:

(一)受到告诫或者警告后仍未改正的;

(二)违反本办法第十七条规定,向认证对象出具认证证书的;

(三)违反本办法第二十条规定,发现认证对象未正确使用认证证书和认证标志,未采取有效措施纠正的;

(四)违反本办法第二十五条规定,在监督检查工作中不予配合和协助,拒绝、隐瞒或者不如实提供相关材料和信息的。

第三十九条 认证机构违反本办法第十六条规定,增加、减少、遗漏程序要求的,依照《认证认可条例》第六十条的规定进行处罚。认证机构被责令停业整顿的,停业整顿期限为6个月,期间不得从事认证活动。

认证机构增加、减少、遗漏程序要求,情节轻微且不影响认证结论的客观、真实或者认证有效性的,应当责令其限期改正。逾期未改正或者经改正仍不符合要求的,依照前款规定进行处罚。

第四十条 认证机构违反本办法第十八条规定,出具虚假或者严重失实认证结论的,依照《认证认可条例》第六十二条的规定进行处罚。

第四十一条 认证机构违反《认证认可条例》等有关法律、行政法规规定的,依照相关规定追究其法律责任。

第四十二条 国务院认证认可监督管理部门和地方认证监督管理部门及其工作人员应当依法对认证活动实施监督,有滥用职权、徇私舞弊、玩忽职守等违法行为的,依法给予行政处分;构成犯罪的,依法追究刑事责任。

第六章 附 则

第四十三条 本办法中国务院认证认可监督管理部门实施行政许可的期限以工作日计算,不含法定节假日。

第四十四条 香港、澳门和台湾地区在大陆的投资企业取得认证机构资质，依照本办法第八条的规定办理，并遵守本办法规定。

第四十五条 本办法由国务院认证认可监督管理部门负责解释。

第四十六条 本办法自2018年1月1日起施行。国家质检总局2011年7月20日公布的《认证机构管理办法》、2015年5月11日公布的《国家质量监督检验检疫总局关于修改〈认证机构管理办法〉的决定》同时废止。

高耗能特种设备节能监督管理办法

（2009年7月3日国家质量监督检验检疫总局令第116号公布 根据2020年10月23日《国家市场监督管理总局关于修改部分规章的决定》修订）

第一章 总 则

第一条 为加强高耗能特种设备节能审查和监管，提高能源利用效率，促进节能降耗，根据《中华人民共和国特种设备安全法》、《中华人民共和国节约能源法》、《特种设备安全监察条例》等法律、行政法规的规定，制定本办法。

第二条 本办法所称高耗能特种设备，是指在使用过程中能源消耗量或者转换量大，并具有较大节能空间的锅炉、换热压力容器等特种设备。

第三条 高耗能特种设备生产（含设计、制造、安装、改造、修理，下同）、使用、检验检测的节能监督管理，适用本办法。

第四条 国家市场监督管理总局（以下简称市场监管总局）负责综合管理全国高耗能特种设备的节能监督工作。

地方各级市场监督管理部门负责本行政区域内高耗能特种设备的节能监督管理工作。

第五条 高耗能特种设备节能监督管理实行安全监察与节能监管相结合的工作机制。

第六条 高耗能特种设备的生产单位、使用单位、检验检测机构应当按照国家有关法律、法规、特种设备安全技术规范等有关规范和标准的要求，履行节能义务，做好高耗能特种设备节能工作，并接受市场监管总局和地方各级市场监督管理部门的监督检查。

第七条 国家鼓励高耗能特种设备的生产单位、使用单位应用新技术、新工艺、新产品，提高特种设备能效水平。对取得显著成绩的单位和个人，按照有关规定予以奖励。

第二章　高耗能特种设备的生产

第八条　高耗能特种设备生产单位应当按照国家有关法律、法规、特种设备安全技术规范等有关规范和标准的要求进行生产，确保生产的高耗能特种设备符合能效指标要求。

特种设备生产单位不得生产不符合能效指标要求或者国家产业政策明令淘汰的高耗能特种设备。

第九条　高耗能特种设备的设计，应当在设备结构、系统设计、材料选用、工艺制定、计量与监控装置配备等方面符合有关技术规范和标准的节能要求。

第十条　高耗能特种设备的设计文件，应当经特种设备检验检测机构，按照有关特种设备安全技术规范和标准的规定进行鉴定，方可用于制造。未经鉴定或者鉴定不合格的，制造单位不得进行产品制造。

第十一条　高耗能特种设备制造企业的新产品应当进行能效测试。未经能效测试或者测试结果未达到能效指标要求的，不得进行批量制造。

锅炉、换热压力容器产品在试制时进行能效测试。

第十二条　特种设备检验检测机构接到高耗能特种设备制造单位的产品能效测试申请，应当按照有关特种设备安全技术规范和标准的要求进行测试，并出具能效测试报告。

第十三条　特种设备检验检测机构对高耗能特种设备制造、安装、改造、修理过程进行安全性能监督检验时，应当同时按照有关特种设备安全技术规范的规定，对能效测试报告等进行节能监督检查。

未经节能监督检查或者监督检查结果不符合要求的，不得出厂或者交付使用。

第十四条　高耗能特种设备出厂文件应当附有特种设备安全技术规范要求的产品能效测试报告和操作说明等文件。

第十五条　高耗能特种设备的安装、改造、修理，不得降低产品及其系统的原有能效指标。

特种设备检验检测机构发现设备和系统能效项目不符合相关特种设备安全技术规范要求时，应当及时告知高耗能特种设备安装、改造、修理单位。被告知单位应当依照特种设备安全技术规范要求进行评估或者能效测试，符合要求后方可交付使用。

第十六条　高耗能特种设备安装、改造、修理单位应当向使用单位移交有关节能技术资料。

第三章　高耗能特种设备的使用

第十七条　高耗能特种设备使用单位应当严格执行有关法律、法规、特种设备安全技术规范和标准的要求，确保设备及其相关系统安全、经济运行。

高耗能特种设备使用单位应当建立健全经济运行、能效计量监控与统计、能效考核等节能管理制度和岗位责任制度。

第十八条　高耗能特种设备使用单位应当使用符合能效指标要求的特种设备，按照有关特种设备安全技术规范、标准或者出厂文件的要求配备、安装辅机设备和能效监控装置、能源计量器具，并记录相关数据。

第十九条　高耗能特种设备使用单位办理特种设备使用登记时，应当按照有关特种设备安全技术规范的要求，提供有关能效证明文件。对国家明令淘汰或者不符合能效指标要求的高耗能特种设备，不予办理使用登记。

第二十条　高耗能特种设备安全技术档案至少应当包括以下内容：

（一）含有设计能效指标的设计文件；

（二）能效测试报告；

（三）设备经济运行文件和操作说明书；

（四）日常运行能效监控记录、能耗状况记录；

（五）节能改造技术资料；

（六）能效定期检查记录。

第二十一条　对特种设备作业人员进行考核时，应当按照有关特种设备安全技术规范的规定，将节能管理知识和节能操作技能纳入高耗能特种设备的作业人员考核内容。

高耗能特种设备使用单位应当开展节能教育和培训，提高作业人员的节能意识和操作水平，确保特种设备安全、经济运行。高耗能特种设备的作业人员应当严格执行操作规程和节能管理制度。

第二十二条　锅炉使用单位应当按照特种设备安全技术规范的要求进行锅炉水（介）质处理，接受特种设备检验检测机构实施的水（介）质处理定期检验，保障锅炉安全运行、提高能源利用效率。

第二十三条　锅炉清洗单位应当按照有关特种设备安全技术规范的要求对锅炉进行清洗，接受特种设备检验检测机构实施的锅炉清洗过程监督检验，保证锅炉清洗工作安全有效进行。

第二十四条　特种设备检验检测机构在特种设备定期检验时，应当按照特种设备安全技术规范和标准的要求对高耗能特种设备使用单位的节能管理和设备的能效状况进行检查。发现不符合特种设备安全技术规范和标准要求的，应当要求使用单位进行整改。当检查结果异常或者偏离设计参数难以判断设备运行效率时，应当由从事高耗能特种设备能效测试的检验检测机构进行能效测试，以准确评价其能效状况。

第二十五条 高耗能特种设备及其系统的运行能效不符合特种设备安全技术规范等有关规范和标准要求的，使用单位应当分析原因，采取有效措施，实施整改或者节能改造。整改或者改造后仍不符合能效指标要求的，不得继续使用。

第二十六条 对在用国家明令淘汰的高耗能特种设备，使用单位应当在规定的期限内予以改造或者更换。到期未改造或者更换的，不得继续使用。

第四章 监督管理

第二十七条 高耗能特种设备节能产品推广目录、淘汰产品目录，依照《中华人民共和国节约能源法》制定并公布。

第二十八条 各级市场监督管理部门发现高耗能特种设备生产单位、使用单位和检验检测机构违反有关法律、法规、特种设备安全技术规范和标准的行为，应当依法予以处理。

第二十九条 地方各级市场监督管理部门应当加强对高耗能特种设备节能工作效果的信息收集，定期统计分析，及时向上一级质量技术监督部门报送，并将相关工作信息纳入特种设备动态监管体系。

第三十条 市场监管总局和省、自治区、直辖市市场监督管理部门应当定期向社会公布高耗能特种设备能效状况。

第三十一条 从事高耗能特种设备能效测试的检验检测机构，应当按照《特种设备安全监察条例》以及特种设备安全技术规范等有关规范和标准的要求，依法进行高耗能特种设备能效测试工作。

第三十二条 从事高耗能特种设备能效测试的检验检测机构，应当保证能效测试结果的准确性、公正性和可溯源性，对测试结果负责。

第三十三条 从事高耗能特种设备能效测试的检验检测机构，发现在用高耗能特种设备能耗严重超标的，应当及时告知使用单位，并报告所在地的特种设备安全监督管理部门。

第五章 附 则

第三十四条 高耗能特种设备的生产、使用、检验检测活动违反本办法规定的，依照《中华人民共和国节约能源法》、《特种设备安全监察条例》等相关法律法规的规定进行处罚和处分。

第三十五条 本办法由市场监管总局负责解释。

第三十六条 本办法自2009年9月1日起施行。

客运索道安全监督管理规定

（2016年2月25日国家质量监督检验检疫总局令第179号公布 根据2020年10月23日《国家市场监督管理总局关于修改部分规章的决定》修订）

第一章 总 则

第一条 为了加强客运索道安全监督管理工作，预防和减少事故，保障人身和财产安全，根据《中华人民共和国特种设备安全法》等法律、行政法规，制定本规定。

第二条 客运索道的设计、制造、安装、改造、修理、使用、检验、检测和监督管理，应当遵守本规定。

第三条 国家市场监督管理总局（以下简称市场监管总局）负责综合管理全国客运索道安全监督管理工作。县级以上地方特种设备安全监督管理部门按照职责分工对本行政区域内客运索道安全实施监督管理。

第四条 鼓励推行客运索道相关责任保险制度，提高事故应急处置和赔付能力。

第二章 制 造

第五条 客运索道制造单位应当依法取得制造许可，方可从事相应的制造活动。

客运索道制造许可实施分级管理，具体要求按照有关安全技术规范等规定执行。

第六条 客运索道设计完成后，设计文件应当由制造单位按照有关安全技术规范要求依法向特种设备检验机构申请鉴定，经鉴定符合要求后，方可用于制造。

第七条 客运索道制造单位应当按照设计文件、有关标准、安全技术规范等要求进行制造。

客运索道制造单位委托加工零部件或者外购零部件的，应当按照安全技术规范与本单位质量体系的要求，加强质量控制并依法承担责任。

第八条 按照安全技术规范的要求，应当进行型式试验的客运索道产品、部件或者试制的客运索道新产品、新部件，应当依法向特种设备检验机构申请进行型式试验。

第九条 客运索道出厂时，应当随附安全技术规范要求的设计文件、产品质量合格证明（以部件出厂的应提供部件产品质量合格证明）、安装图纸及说明、使用维护保养说明、型式试验合格证明、无损检测报告等。

客运索道使用维护保养说明书应当明示使用条件、技术参数、操作规程、试运行检查项目、人员要求、设备日常检查和定期检查项目、维护保养项目和要求、常见故障及排除方法、事故应急处置措施、主要受力部件检测和易损件更换的周期和方法等。

第十条 客运索道采用新材料、新技术、新工艺，与安全技术规范的要求不一致，或者安全技术规范未作要求、可能对安全性能有重大影响的，客运索道制造单位应当向市场监管总局申报，由市场监管总局及时委托安全技术咨询机构或者相关专业机构进行技术评审，评审结果经市场监管总局批准，方可投入制造、使用。

第三章　安装、改造、修理

第十一条 客运索道安装、改造、修理单位应当依法取得许可，方可从事相应的安装、改造、修理活动。

客运索道安装、改造许可实施分级管理，具体要求按照有关安全技术规范等规定执行。

第十二条 客运索道安装单位在客运索道安装施工前，应当确认设备基础、预埋件等符合客运索道安装和土建工程质量要求。

第十三条 客运索道安装、改造、修理单位应当在施工前，按照安全技术规范要求将相关情况通过信函、电报、电传、传真、电子数据交换和电子邮件等书面方式，告知作业所在地的特种设备安全监督管理部门，告知后即可施工。

第十四条 客运索道安装、改造、修理单位应当按照设计文件、标准、安全技术规范、施工方案等进行作业，加强现场施工质量管理。

第十五条 客运索道的安装、改造、重大修理过程，应当经特种设备检验机构按照安全技术规范的要求进行监督检验；未经监督检验或者监督检验不合格的不得交付使用。

第十六条 客运索道安装、改造、修理单位应当在验收后三十日内将安全技术规范要求的出厂文件、监督检验证明、无损检测报告以及竣工报告、调试及试运行记录、自检报告等安装、改造、修理相关技术资料和文件移交使用单位存档。

第四章 使 用

第十七条 客运索道在投入使用前或者投入使用后三十日内,使用单位应当按照规定到登记部门办理使用登记。

第十八条 客运索道使用单位发生变更、客运索道报废的,应当按照安全技术规范等规定要求办理使用登记变更、注销。

第十九条 客运索道使用单位停用客运索道的,应当按照安全技术规范等规定执行,并到登记部门办理相关停用手续。

第二十条 客运索道使用单位不得使用未经监督检验、定期检验或者监督检验、定期检验不合格的客运索道。

第二十一条 客运索道使用单位主要负责人对客运索道安全使用负责。使用单位负责人应按照安全技术规范要求,定期对安全管理情况进行检查,发现问题应当立即处理。

第二十二条 客运索道使用单位安全管理人员应当履行以下职责:

(一)负责建立安全管理制度并检查各项制度的落实情况;

(二)做好本单位客运索道的安全监督管理工作,负责组织设备自检,申报使用登记和定期检验;

(三)对客运索道使用状况进行检查,发现问题应当立即处理;情况紧急时,可以决定停止使用并及时报告本单位有关负责人;

(四)组织应急救援演习,协助事故调查处理;

(五)组织本单位人员的安全教育和培训;

(六)督促落实技术档案的管理;

(七)法律法规及安全技术规范等规定的其他内容。

第二十三条 客运索道使用单位应当按照安全技术规范等要求,配备作业人员,并加强对服务人员岗前培训教育,使其掌握基本的应急技能,协助作业人员进行应急处置。

作业人员应当履行以下职责:

(一)严格执行有关操作规程和操作人员守则;

（二）负责设备使用状况日常检查、维护保养，对日常检查、日常维护保养、故障排除情况如实记录，保证设备正常运行；

（三）每次运行前应当对保护乘客的安全装置进行检查确认；

（四）作业过程中发现事故隐患或者其他不安全因素，应当立即向安全管理人员和本单位有关负责人报告；

（五）熟悉应急救援流程，发现设备运行不正常时，应当按照操作规程采取措施保证安全；

（六）法律法规及安全技术规范等规定的其他内容。

第二十四条 使用单位应当建立健全以下安全管理制度：

（一）技术档案管理制度；

（二）安全操作规程；

（三）日常检查与定期自行检查制度；

（四）维护保养制度；

（五）定期报检制度；

（六）作业和服务人员守则；

（七）作业人员及相关服务人员安全培训考核制度；

（八）应急救援演练制度；

（九）意外事件和事故处理制度；

（十）法律法规及安全技术规范等规定的其他制度。

第二十五条 使用单位应对每条客运索道建立技术档案，并妥善保存，依法管理。

技术档案的内容包括：

（一）出厂文件；

（二）监督检验报告；

（三）使用登记相关文件；

（四）改造、重大修理技术资料和文件；

（五）年度自行检查记录；

（六）定期检验报告；

（七）应急救援演练记录；

（八）运行、维护保养、设备故障与事故处理记录；

（九）作业人员培训、考核和证书管理记录；

（十）法律法规及安全技术规范等规定的其他内容。

第二十六条 客运索道使用单位应当按照安全技术规范的要求，在定期检验周期届满前一个月向特种设备检验机构提出定期检验要求。

客运索道定期检验分为全面检验和年度检验，客运架空索道和客运缆车在安装监督检验合格后每三年进行一次全面检验，期间的两个年度，每年进行一次年度检验。客运拖牵索道每年进行一次年度检验。

第二十七条 客运索道使用单位应当按照安全技术规范和使用维护说明书的要求，开展设备运营前试运行检查、日常检查和维护保养、定期自行检查，并如实记录。对日常维护保养和试运行检查等自行检查中发现的异常情况，应当及时处理。在国家法定节假日或者开展大型活动等客运索道乘坐人员高峰期前，使用单位应当对客运索道进行全面检查维护，并加强日常检查和安全值班。

客运索道使用单位进行本单位设备的维护保养工作，应当按照有关安全技术规范要求配备人员、工具和设备。

第二十八条 客运索道使用单位应当在客运索道等待乘坐区域设置乘客引导标志，及时做好乘客引导工作，保证乘客出入畅通。

在客运索道的出入口处等显著位置应当张贴乘客须知、安全使用说明、安全注意事项，内容应包括乘客适应范围、禁忌事宜等，并按照安全技术规范和有关标准的要求悬挂警示标志。

第二十九条 客运索道使用单位应当制定应急专项预案，建立应急救援指挥机构，配备相应的救援人员以及相应数量的营救设备、急救物品。

客运索道使用单位应当加强营救设备、急救物品的存放和管理，对救援人员定期进行专业培训，每年至少组织一次应急救援演练。

第三十条 客运索道发生故障或者发生异常情况，使用单位应当立即停止使用，对其进行全面检查，消除事故隐患，经试运行正常后方可继续使用。

第三十一条 客运索道发生事故，使用单位应当立即停止使用，并按照应急预案采取措施，组织抢救，并及时向事故发生地特种设备安全监督管理部门和有关部门报告。

第五章 监督管理

第三十二条 特种设备安全监督管理部门依照《中华人民共和国特种设备安全法》等法律、行政法规和本规定，对客运索道的生产、使用单位和检验、检测机构实施监督检查。

第三十三条 特种设备安全监督管理部门发现重大违法行为或者客运索道存在严重事故隐患时，应当责令有关单位立即停止违法行为、采取措施消除事故隐患，并及时向上级特种设备安全监督管理部门报告。接到报告的特种设备安全监督管理部门应当采取必要措施,及时予以处理。

对违法行为、严重事故隐患的处理需要当地人民政府和有关部门的支持、配合时,特种设备安全监督管理部门应当报告当地人民政府,并通知有关部门。当地人民政府和有关部门应当采取必要措施,及时予以处理。

第三十四条 客运索道事故的调查处理,按照相关法律法规等规定执行。

第六章 法律责任

第三十五条 违反本规定要求,构成《中华人民共和国特种设备安全法》等法律、行政法规规定的违法行为的,按照其规定实施处罚。

第三十六条 客运索道使用单位未按照本规定开展应急救援演练的,责令限期改正;逾期未改正的,处三万元罚款。

第七章 附 则

第三十七条 本规定下列用语的含义是:

使用单位,是指从事客运索道经营管理,向登记部门办理使用登记的单位。

维护保养,是指根据使用维护说明书的要求,对客运索道设备进行清洁、润滑、检查、调试、紧固连接件、更换易损件等,但不改变客运索道主体结构和性能参数的活动。

修理,是指通过设备部件拆解,更换、修复主要受力部件,以恢复设备功能或者提高设备的安全性能,但不改变客运索道主体结构、性能参数的活动。

重大修理,是指根据相关安全技术规范、标准要求,通过设备整体拆解,进行检查维护、无损检测或者零部件更换,以确保客运索道所有主要受力部件得到安全检查,但不改变客运索道主体结构、性能参数的活动。

改造,是指通过改变客运索道主要设备结构及其布局、传动方式、制动方式、运行参数、线路设计、电气控制系统等,致使客运索道主体结构、性能参数发生变化的活动。

第三十八条 本规定由市场监管总局负责解释。

第三十九条 本规定自 2016 年 4 月 1 日起实施。

商品量计量违法行为处罚规定

（1999年3月12日国家质量技术监督局令第3号公布　根据2020年10月23日《国家市场监督管理总局关于修改部分规章的决定》修订）

第一条　为了加强商品量的计量监督，惩治商品量计量违法行为，保护用户和消费者的合法权益，维护社会经济秩序，根据《中华人民共和国计量法》和国务院赋予市场监督管理部门的职责，制定本规定。

第二条　本规定所称商品量，是指使用计量器具，对商品进行计量所得出的商品的量值。

第三条　任何单位和个人在生产、销售、收购等经营活动中，必须保证商品量的量值准确，不得损害用户、消费者的合法权益。

各级市场监督管理部门对商品量计量违法行为的处罚，适用本规定。

第四条　生产者生产定量包装商品，其实际量与标注量不相符，计量偏差超过《定量包装商品计量监督管理办法》或者国家其它有关规定的，市场监督管理部门责令改正，并处30000元以下罚款。

第五条　销售者销售的定量包装商品或者零售商品，其实际量与标注量或者实际量与贸易结算量不相符，计量偏差超过《定量包装商品计量监督管理办法》、《零售商品称重计量监督管理办法》或者国家其它有关规定的，市场监督管理部门责令改正，并处30000元以下罚款。

第六条　销售者销售国家对计量偏差没有规定的商品，其实际量与贸易结算量之差，超过国家规定使用的计量器具极限误差的，市场监督管理部门责令改正，并处20000元以下罚款。

第七条　收购者收购商品，其实际量与贸易结算量之差，超过国家规定使用的计量器具极限误差的，市场监督管理部门责令改正，并处20000元以下罚款。

第八条　各级市场监督管理部门按本规定实施行政处罚，必须遵守国家市场监督管理总局关于行政案件办理程序的有关规定。

第九条　本规定由国家市场监督管理总局负责解释。

第十条　本规定自发布之日起施行。

中华人民共和国进口计量器具监督管理办法实施细则

（1996年6月24日国家技术监督局令第44号公布　根据2015年8月25日《国家质量监督检验检疫总局关于修改部分规章的决定》第一次修订　根据2018年3月6日《国家质量监督检验检疫总局关于废止和修改部分规章的决定》第二次修订　根据2020年10月23日《国家市场监督管理总局关于修改部分规章的决定》第三次修订）

第一章　总　　则

第一条　为了贯彻实施《中华人民共和国进口计量器具监督管理办法》，加强对进口计量器具的监督管理，根据国家计量法律、法规的有关规定，制定本实施细则。

第二条　任何单位和个人进口计量器具，以及外商或者其代理人在中国销售计量器具，必须遵守本实施细则的规定。

《中华人民共和国进口计量器具监督管理办法》（以下简称《办法》）和本实施细则中所称的外商含外国制造商、经销商，以及港、澳、台地区的制造商、经销商。

《办法》和本实施细则中所称的外商代理人含国内经销者。

第三条　对进口计量器具的监督管理范围是《中华人民共和国依法管理的计量器具》目录内的计量器具，其中必须办理型式批准的进口计量器具的范围是《实施强制管理的计量器具目录》内监管方式为型式批准的计量器具。

第四条　国务院计量行政部门对全国的进口计量器具实施统一监督管理。

县级以上政府计量行政部门对本行政区域内的进口计量器具依法实施监督管理。

第五条　各地区、各部门的机电产品进口管理机构和海关等部门在各自的职责范围内对进口计量器具实施管理。

第二章 型式批准

第六条 凡进口或者在中国境内销售列入《实施强制管理的计量器具目录》内监管方式为型式批准的计量器具的,应当向国务院计量行政部门申请办理型式批准。未经型式批准的,不得进口或者销售。

型式批准包括计量法制审查和定型鉴定。

第七条 进口计量器具的型式批准,由外商申请办理。

外商或者其代理人在中国境内销售进口的计量器具的型式批准,由外商或者其代理人申请办理。

第八条 外商或者其代理人向国务院计量行政部门申请型式批准,必须递交以下申请资料:

(一)型式批准申请书;

(二)计量器具样机照片;

(三)计量器具技术说明书(含中文说明)。

第九条 国务院计量行政部门对型式批准的申请资料在十五日内完成计量法制审查,审查的主要内容为:

(一)是否采用我国法定计量单位;

(二)是否属于国务院明令禁止使用的计量器具;

(三)是否符合我国计量法律法规的其他要求。

第十条 国务院计量行政部门在计量法制审查合格后,确定鉴定样机的规格和数量,委托技术机构进行定型鉴定,并通知外商或者其代理人在商定的时间内向该技术机构提供试验样机和下列技术资料:

(一)技术说明;

(二)总装图、主要结构图和电路图;

(三)技术标准文件和检验方法;

(四)样机试验报告;

(五)安全保证说明;

(六)使用说明书;

(七)提供检定和铅封的标志位置说明。

第十一条 外商或者其代理人提供的定型鉴定所需要的样机,由海关在收取相当于税款的保证金后验放或者凭国务院计量行政部门的保函验放并免收关税。

第十二条 承担定型鉴定的技术机构应当在海关限定的保证期限内将样

机退还外商或者其代理人并监督办理退关手续。

第十三条 定型鉴定应当按照鉴定大纲进行。鉴定大纲由承担定型鉴定的技术机构根据国家有关计量检定规程、计量技术规范或者参照国际法制计量组织的国际建议(以下简称国际建议)制定。

没有国家有关计量检定规程、计量技术规范或者国际建议的,可以按照合同的有关要求或者明示技术指标制定。

第十四条 定型鉴定的主要内容包括:外观检查,计量性能考核以及安全性、环境适应性、可靠性或者寿命试验等项目。

第十五条 定型鉴定应当在收到样机后三个月内完成,因特殊情况需要延长时间的,应当报国务院计量行政部门批准。

第十六条 承担定型鉴定的技术机构应当在试验结束后将《定型鉴定结果通知书》、《鉴定大纲》和《计量器具定型注册表》,一式两份报国务院计量行政部门审核。

承担定型鉴定的技术机构应当保留完整的定型鉴定原始资料,保存期为五年。

第十七条 定型鉴定审核合格的,由国务院计量行政部门向申请办理型式批准的外商或者其代理人颁发《中华人民共和国进口计量器具型式批准证书》,并准予其在相应的计量器具产品上和包装上使用进口计量器具型式批准的标志和编号。

定型鉴定审核不合格的,由国务院计量行政部门提出书面意见并通知申请人。

第十八条 有下列情况之一的,可以申请办理临时型式批准:

(一)确属急需的;

(二)销售量极少的;

(三)国内暂无定型鉴定能力的;

(四)展览会留购的;

(五)其它特殊需要的。

第十九条 申请办理第十八条第(一)、(二)、(三)、(五)项所列的临时型式批准的外商或者其代理人,应当向国务院计量行政部门或者其委托的地方政府计量行政部门递交进口计量器具临时型式批准申请表和第八条所列申请资料。

申请办理第十八条第(四)项所列的临时型式批准的外商或者其代理人,应当向当地省级政府计量行政部门或者其委托的地方政府计量行政部门递交进口计量器具临时型式批准申请表和第八条所列申请资料。

第二十条 有权办理临时型式批准证书的政府计量行政部门对递交的临时型式批准申请资料进行计量法制审查,可以安排技术机构进行检定。

第二十一条 临时型式批准审查合格的,由国务院计量行政部门颁发《中华人民共和国进口计量器具临时型式批准证书》;属展览会留购的,由省级政府计量行政部门颁发《中华人民共和国进口计量器具临时型式批准证书》。

临时型式批准证书应当注明批准的数量和有效期限。

第二十二条 承担进口计量器具定型鉴定的技术机构必须经计量考核合格并经国务院计量行政部门授权后方可开展工作。

第二十三条 承担进口计量器具定型鉴定的技术机构及其工作人员,应当对申请人提供的技术资料、样机保密。

参加定型鉴定的人员不得直接从事与其承担项目相同产品的技术咨询和技术开发。

第二十四条 进口计量器具经型式批准后,由国务院计量行政部门予以公布。

第三章 法律责任

第二十五条 违反规定进口或者销售非法定计量单位的计量器具的,由县级以上政府计量行政部门依照《中华人民共和国计量法实施细则》的规定处罚。

第二十六条 进口或者销售未经国务院计量行政部门型式批准的计量器具的,由县级以上政府计量行政部门依照《中华人民共和国进口计量器具监督管理办法》的规定处罚。

第二十七条 承担进口计量器具定型鉴定的技术机构及其工作人员,违反本实施细则的规定,给申请单位造成损失的,应当按照国家有关规定,赔偿申请单位的损失,并给予直接责任人员行政处分;构成犯罪的,依法追究其刑事责任。

第四章 附 则

第二十八条 省级以上政府计量行政部门对承担进口计量器具定型鉴定的技术机构实施监督管理。

第二十九条 申请进口计量器具的型式批准、定型鉴定,应当按照国家有关规定缴纳费用。

第三十条 进口用于统一量值的标准物质的管理,参照本实施细则执行。

第三十一条 本实施细则由国家市场监督管理总局负责解释。

第三十二条 本实施细则自发布之日起施行。

集贸市场计量监督管理办法

（2002 年 4 月 19 日国家质量监督检验检疫总局令第 17 号发布 根据 2020 年 10 月 23 日《国家市场监督管理总局关于修改部分规章的决定》修订）

第一条 为了加强城乡集贸市场计量监督管理,维护集贸市场经营秩序,保护消费者的合法权益,根据《中华人民共和国计量法》、《中华人民共和国消费者权益保护法》的有关规定,制定本办法。

第二条 本办法适用于全国城乡集贸市场经营活动中的计量器具管理、商品量计量管理、计量行为及其监督管理活动。

本办法所称城乡集贸市场(以下简称集市)是指由法人单位或者自然人(以下简称集市主办者)主办的,由入场经营者(以下简称经营者)向集市主办者承租场地、进行商品交易的固定场所。

第三条 国家市场监督管理总局对全国集市计量工作实施统一监督管理。

县级以上地方市场监督管理部门对本行政区域内的集市计量工作实施监督管理。

第四条 集市的计量活动应当遵循公正、公开、公平的原则,保证计量器具和商品量的准确,正确使用国家法定计量单位。

第五条 集市主办者应当做到:

(一)积极宣传计量法律、法规和规章,制定集市计量管理及保护消费者权益的制度,并组织实施。

(二)在与经营者签订的入场经营协议中,明确有关计量活动的权利义务和相应的法律责任。

(三)根据集市经营情况配备专(兼)职计量管理人员,负责集市内的计量管理工作,集市的计量管理人员应当接受计量业务知识的培训。

(四)对集市使用的属于强制检定的计量器具登记造册,向当地市场监督管理部门备案,并配合市场监督管理部门及其指定的法定计量检定机构做好强制检定工作。

（五）国家明令淘汰的计量器具禁止使用；国家限制使用的计量器具，应当遵守有关规定；未申请检定、超过检定周期或者经检定不合格的计量器具不得使用。

（六）集市应当设置符合要求的公平秤，并负责保管、维护和监督检查，定期送当地市场监督管理部门所属的法定计量检定机构进行检定。

公平秤是指对经营者和消费者之间因商品量称量结果发生的纠纷具有裁决作用的衡器。

（七）配合市场监督管理部门，做好集市定量包装商品、零售商品等商品量的计量监督管理工作。

（八）集市主办者可以统一配置经强制检定合格的计量器具，提供给经营者使用；也可以要求经营者配备和使用符合国家规定，与其经营项目相适应的计量器具，并督促检查。

第六条 经营者应当做到：

（一）遵守计量法律、法规及集市主办者关于计量活动的有关规定。

（二）对配置和使用的计量器具进行维护和管理，定期接受市场监督管理部门指定的法定计量检定机构对计量器具的强制检定。

（三）不得使用不合格的计量器具，不得破坏计量器具准确度或者伪造数据，不得破坏铅签封。

（四）凡以商品量的量值作为结算依据的，应当使用计量器具测量量值；计量偏差在国家规定的范围内，结算值与实际值相符。不得估量计费。不具备计量条件并经交易当事人同意的除外。

（五）现场交易时，应当明示计量单位、计量过程和计量器具显示的量值。如有异议的，经营者应当重新操作计量过程和显示量值。

（六）销售定量包装商品应当符合《定量包装商品计量监督管理办法》的规定。

第七条 计量检定机构进行强制检定时，应当执行国家计量检定规程，并在规定期限内完成检定，确保量值传递准确。

第八条 各级市场监督管理部门应当做到：

（一）宣传计量法律、法规，对集市主办者、计量管理人员进行计量方面的培训。

（二）督促集市主办者按照计量法律、法规和有关规定的要求，做好集市的计量管理工作。

（三）对集市的计量器具管理、商品量计量管理和计量行为，进行计量监督和执法检查。

（四）积极受理计量纠纷，负责计量调解和仲裁检定。

第九条 集市主办者或经营者申请计量器具检定，应当按物价部门核准的项目和收费标准缴纳费用。

第十条 消费者所购商品，在保持原状的情况下，经复核，短秤缺量的，可以向经营者要求赔偿，也可以向集市主办者要求赔偿。集市主办者赔偿后有权向经营者追偿。

第十一条 集市主办者违反本办法第五条第（四）项规定的，责令改正，逾期不改的，处以1000元以下的罚款。

集市主办者违反本办法第五条第（五）项规定的，责令停止使用，限期改正，没收淘汰的计量器具，并处以1000元以下的罚款。

集市主办者违反本办法第五条第（六）项规定的，限期改正，并处以1000元以下的罚款。

第十二条 经营者违反本办法第六条第（二）项规定的，责令其停止使用，可并处以1000元以下的罚款。

经营者违反本办法第六条第（三）项规定，给国家和消费者造成损失的，责令其赔偿损失，没收计量器具和全部违法所得，可并处以2000元以下的罚款；构成犯罪的，移送司法机关追究其刑事责任。

经营者违反本办法第六条第（四）项规定，应当使用计量器具测量量值而未使用计量器具的，限期改正；逾期不改的，处以1000元以下罚款。经营者销售商品的结算值与实际值不相符的，按照《商品量计量违法行为处罚规定》第五条、第六条的规定处罚。

经营者违反本办法第六条第（六）项规定的，按照《定量包装商品计量监督管理办法》有关规定处罚。

第十三条 从事集市计量监督管理的国家工作人员违法失职、徇私舞弊，情节轻微的，给予行政处分；构成犯罪的，依法追究刑事责任。

第十四条 本办法规定的行政处罚，由县级以上地方市场监督管理部门决定。

县级以上地方市场监督管理部门按照本办法实施行政处罚，必须遵守国家市场监督管理总局关于行政案件办理程序的有关规定。

第十五条 本办法由国家市场监督管理总局负责解释。

第十六条 本办法自2002年5月25日起施行。

加油站计量监督管理办法

（2002 年 12 月 31 日国家质量监督检验检疫总局令第 35 号公布　根据 2018 年 3 月 6 日《国家质量监督检验检疫总局关于废止和修改部分规章的决定》第一次修订　根据 2020 年 10 月 23 日《国家市场监督管理总局关于修改部分规章的决定》第二次修订）

第一条　为了加强加油站计量监督管理，规范加油站计量行为，维护国家成品油零售税收征管秩序，保护消费者的合法权益，根据《中华人民共和国计量法》和国务院赋予国家市场监督管理总局的职责，制定本办法。

第二条　本办法适用于中华人民共和国境内加油站经营中的计量器具、成品油销售计量及相关计量活动的监督管理。

本办法所称加油站是指使用燃油加油机等计量器具进行成品油零售的固定场所。

第三条　国家市场监督管理总局对全国加油站计量工作实施统一监督管理。

县级以上地方市场监督管理部门对本行政区域内的加油站计量工作实施监督管理。

第四条　加油站成品油零售经营中应当保证计量器具和成品油零售量的准确，守法经营，诚信服务。

国家鼓励成品油经营者完善计量检测体系，保证成品油销售计量准确。

第五条　加油站经营者应当遵守以下规定：

（一）遵守计量法律、法规和规章，制订加油站计量管理及保护消费者权益的制度，对使用的计量器具进行维护和管理，接受市场监督管理部门的计量监督。

（二）配备专（兼）职计量人员，负责加油站的计量管理工作。加油站的计量人员应当接受相应的计量业务知识培训。

（三）使用属于强制检定的计量器具应当登记造册，向当地市场监督管理部门备案，并配合市场监督管理部门及其指定的法定计量检定机构做好强制检定工作。

（四）使用的燃油加油机等计量器具应当具有出厂产品合格证书；燃油加油机安装后报经当地市场监督管理部门授权的法定计量检定机构检定合格，方可投入使用。

（五）需要维修燃油加油机，应当向具有合法维修资格的单位报修，维修后的燃油加油机应当报经执行强制检定的法定计量检定机构检定合格后，方可重新投入使用。

（六）不得使用非法定计量单位，不得违反规定使用非法定计量单位的计量器具以及国家明令淘汰或者禁止使用的计量器具用于成品油贸易交接。

（七）不得使用未经检定、超过检定周期或者经检定不合格的计量器具；不得破坏计量器具及其铅（签）封，不得擅自改动、拆装燃油加油机，不得使用未经批准而改动的燃油加油机，不得弄虚作假。

（八）进行成品油零售时，应当使用燃油加油机等计量器具，并明示计量单位、计量过程和计量器具显示的量值，不得估量计费。成品油零售量的结算值应当与实际值相符，其偏差不得超过国家规定的允许误差；国家对计量偏差没有规定的，其偏差不得超过所使用计量器具的允许误差。

（九）申请计量器具检定，应当按物价部门核准的项目和收费标准缴纳费用。

第六条 各级市场监督管理部门在进行计量监督管理时应当遵守以下规定：

（一）宣传计量法律、法规、规章，帮助和督促加油站经营者按照计量法律、法规和有关规定的要求，做好加油站的计量管理工作。

（二）对加油站的计量器具、成品油销售计量和相关计量活动进行计量监督管理，组织计量执法检查，打击计量违法行为。

（三）引导加油站加强计量保证能力，完善计量检测体系。

（四）受理计量纠纷投诉，负责计量纠纷的调解和仲裁检定。

第七条 计量检定机构和计量检定人员在开展计量检定、测试工作时，应当遵守以下规定：

（一）按照国家计量检定规程进行检定，在规定期限内完成检定，出具检定证书，并在燃油加油机上加贴检定合格标志。在实施检定时发现铅封破损应当立即报告当地有关市场监督管理部门。

（二）不得使用未经考核合格或者超过有效期的计量标准开展检定工作。

（三）不得指派不具备计量检定能力的人员从事计量检定工作。

（四）不得随意调整检定周期，不得无故拖延检定时间，不得超标准收费。

第八条 消费者对加油站的燃油加油机等计量器具准确度和成品油零售量产生异议，可在保持现场原状的情况下，向市场监督管理部门提出仲裁检定的申请，并可依据市场监督管理部门的仲裁检定结果，向加油站经营者要求赔偿。

第九条 加油站经营者违反本办法有关规定，应当按以下规定进行处罚：

（一）违反本办法第五条第（四）项规定，使用出厂产品合格证不齐全计量器具的，责令其停止使用，没收计量器具和全部违法所得，可并处 2000 元以下罚款。燃油加油机安装后未报经市场监督管理部门授权的法定计量检定机构强制检定合格即投入使用的，责令其停止使用，可并处 5000 元以下罚款；给国家和消费者造成损失的，责令其赔偿损失，可并处 5000 元以上 30000 元以下罚款。

（二）违反本办法第五条第（五）项规定的，责令改正和停止使用，可并处 5000 元以下罚款；给消费者造成损失的，责令其赔偿损失，可并处 5000 元以上 30000 元以下罚款。

（三）违反本办法第五条第（七）项规定，使用未经检定、超过检定周期或者经检定不合格的计量器具的，责令其停止使用，可并处 1000 元以下罚款。破坏计量器具及其铅（签）封，擅自改动、拆装燃油加油机，使用未经批准而改动的燃油加油机，以及弄虚作假、给消费者造成损失的，责令其赔偿损失，并按照《中华人民共和国计量法实施细则》有关规定予以处罚；构成犯罪的，依法追究刑事责任。

（四）违反本办法第五条第（八）项规定，未使用计量器具的，限期改正，逾期不改的，处 1000 元以上 10000 元以下罚款；成品油零售量的结算值与实际值之差超过国家规定允许误差的，责令改正，给消费者造成损失的，责令其赔偿损失，并处以违法所得 3 倍以下、最高不超过 30000 元的罚款。

第十条 加油站经营者违反本办法规定，拒不提供成品油零售账目或者提供不真实账目，使违法所得难以计算的，可根据违法行为的情节轻重处以最高不超过 30000 元的罚款。

第十一条 从事加油站计量监督管理的国家工作人员滥用职权、玩忽职守、徇私舞弊，情节轻微的，给予行政处分；构成犯罪的，依法追究刑事责任。

第十二条 从事加油站计量器具检定的计量检定机构和计量检定人员有违反计量法律、法规和本办法规定的，按照《计量违法行为处罚细则》有关规定予以处罚。

第十三条 本办法规定的行政处罚，由县级以上地方市场监督管理部门决定。

县级以上地方市场监督管理部门按照本办法实施行政处罚，必须遵守国家市场监督管理总局关于行政案件办理程序的有关规定。

第十四条 行政相对人对行政处罚规定不服的，可依法申请行政复议或者提起行政诉讼。

第十五条 本办法第二条规定的加油站以外的油库、加油船、流动加油车、加油点等成品油经营中的计量器具、成品油销售计量及相关计量活动的监督管理参照本办法执行。

第十六条 本办法规定的加油机检定合格标志式样由国家市场监督管理总局统一规定。

第十七条 本办法由国家市场监督管理总局负责解释。

第十八条 本办法自2003年2月1日起施行。

零售商品称重计量监督管理办法

（2004年8月10日国家质量监督检验检疫总局、国家工商行政管理总局令第66号发布 根据2020年10月23日《国家市场监督管理总局关于修改部分规章的决定》修订）

第一条 为维护社会主义市场经济秩序，制止利用计量手段欺骗消费者的不法行为，保护消费者的合法权益，根据《中华人民共和国计量法》、《中华人民共和国消费者权益保护法》等有关法律法规，制定本办法。

第二条 在中华人民共和国境内，从事零售商品的销售以及对其进行计量监督，必须遵守本办法。

本办法所称零售商品，是指以重量结算的食品、金银饰品。

其他以重量结算的商品和以容量、长度、面积等结算的商品，另行规定。

定量包装商品的生产、经销以及对其的计量监督应当遵守《定量包装商品计量监督管理办法》。

第三条 零售商品经销者销售商品时，必须使用合格的计量器具，其最大允许误差应当优于或等于所销售商品的负偏差。

第四条 零售商品经销者使用称重计量器具当场称重商品，必须按照称重计量器具的实际示值结算，保证商品量计量合格。

第五条 零售商品经销者使用称重计量器具每次当场称重商品，在本办法附表1、附表2称重范围内，经核称商品的实际重量值与结算重量值之差不得超过该表规定的负偏差。

第六条 零售商品经销者和计量监督人员可以按照如下方法核称商品：

（一）原计量器具核称法：直接核称商品，商品的核称重量值与结算（标称）重量值之差不应超过商品的负偏差，并且称重与核称重量值等量的最大允许误差优于或等于所经销商品的负偏差三分之一的砝码，砝码示值与商品核称重量值之差不应超过商品的负偏差；

（二）高准确度称重计量器具核称法：用最大允许误差优于或等于所经销商品的负偏差三分之一的计量器具直接核称商品，商品的实际重量值与结算（标称）重量值之差不应超过商品的负偏差；

（三）等准确度称重计量器具核称法：用另一台最大允许误差优于或等于所经销商品的负偏差的计量器具直接核称商品，商品的核称重量值与结算（标称）重量值之差不应超过商品的负偏差的 2 倍。

第七条　本办法附表 1 中食品类尚未列出品种名称的，按照食品类相应价格档次的规定执行。

第八条　被核称商品的含水量及含水量计算应当符合国家标准、行业标准的有关规定。

第九条　零售商品经销者不得拒绝市场监督管理部门依法对销售商品的计量监督检查。

第十条　凡有下列情况之一的，县级以上地方市场监督管理部门可以依照计量法、消费者权益保护法等有关法律、法规或者规章给予行政处罚：

（一）零售商品经销者违反本办法第三条规定的；

（二）零售商品经销者销售的商品，经核称超出本办法附表 1、附表 2 规定的负偏差，给消费者造成损失的。

第十一条　本办法规定的行政处罚，由县级以上地方市场监督管理部门决定。

县级以上地方市场监督管理部门按照本办法实行行政处罚，必须遵守国家市场监督管理总局关于行政案件办理程序的有关规定。

第十二条　行政相对人对行政处罚决定不服的，可以依法申请行政复议或者提起行政诉讼。

第十三条　本办法由国家市场监督管理总局负责解释。

第十四条　本办法自 2004 年 12 月 1 日起施行。原国家技术监督局、国内贸易部、国家工商行政管理局联合发布的《零售商品称重计量监督规定》（技监局发[1993]26 号）同时废止。

附表 1:

食品品种、价格档次	称重范围(m)	负偏差
粮食、蔬菜、水果或不高于 6 元/kg 的食品	m≤1kg	20g
	1kg < m≤2kg	40g
	2kg < m≤4kg	80g
	4kg < m≤25kg	100g
肉、蛋、禽*、海(水)产品*、糕点、糖果、调味品或高于 6 元/kg,但不高于 30 元/kg 的食品	m≤2.5kg	5g
	2.5kg < m≤10kg	10g
	10kg < m≤15kg	15g
干菜、山(海)珍品或高于 30 元/kg ,但不高于 100 元/kg 的食品	m≤1kg	2g
	1kg < m≤4kg	4g
	4kg < m≤6kg	6g
高于 100 元/kg 的食品	m≤500g	1g
	500g < m≤2kg	2g
	2kg < m≤5kg	3g

*注:活禽、活鱼、水发物除外。

附表 2:

名 称	称重范围(m)	负偏差
金饰品	m(每件)≤100g	0.01g
银饰品	m(每件)≤100g	0.1g

计量标准考核办法

（2005 年 1 月 14 日国家质量监督检验检疫总局令第 72 号公布　根据 2018 年 3 月 6 日《国家质量监督检验检疫总局关于废止和修改部分规章的决定》第一次修订　根据 2018 年 12 月 21 日《市场监管总局关于修改〈药品广告审查办法〉等三部规章的决定》第二次修订　根据 2020 年 10 月 23 日《国家市场监督管理总局关于修改部分规章的决定》第三次修订）

第一条　为实施计量标准考核工作，根据《中华人民共和国计量法》、《中华人民共和国计量法实施细则》的有关规定，制定本办法。

第二条　社会公用计量标准，部门和企业、事业单位的各项最高等级的计量标准，应当按照本办法进行考核。

第三条　本办法所称计量标准考核，是指市场监督管理部门对计量标准测量能力的评定和开展量值传递资格的确认。计量标准考核包括对新建计量标准的考核和对计量标准的复查考核。

第四条　国家市场监督管理总局统一监督管理全国计量标准考核工作。省级市场监督管理部门负责监督管理本行政区域内计量标准考核工作。

第五条　国家市场监督管理总局组织建立的社会公用计量标准及各省级市场监督管理部门组织建立的各项最高等级的社会公用计量标准，由国家市场监督管理总局主持考核；地（市）、县级市场监督管理部门组织建立的各项最高等级的社会公用计量标准，由上一级市场监督管理部门主持考核；各级地方市场监督管理部门组织建立其他等级的社会公用计量标准，由组织建立计量标准的市场监督管理部门主持考核。

国务院有关部门和省、自治区、直辖市有关部门建立的各项最高等级的计量标准，由同级的市场监督管理部门主持考核。

国务院有关部门所属的企业、事业单位建立的各项最高等级的计量标准，由国家市场监督管理总局主持考核；省、自治区、直辖市有关部门所属的企业、事业单位建立的各项最高等级的计量标准，由当地省级市场监督管理部门主持考核；无主管部门的企业单位建立的各项最高等级的计量标准，由该企业登记注册地的市场监督管理部门主持考核。

第六条　进行计量标准考核，应当考核以下内容：

（一）计量标准器及配套设备齐全，计量标准器必须经法定或者计量授权的计量技术机构检定合格(没有计量检定规程的,应当通过校准、比对等方式,将量值溯源至国家计量基准或者社会公用计量标准),配套的计量设备经检定合格或者校准;

(二)具备开展量值传递的计量检定规程或者技术规范和完整的技术资料;

(三)具备符合计量检定规程或者技术规范并确保计量标准正常工作所需要的温度、湿度、防尘、防震、防腐蚀、抗干扰等环境条件和工作场地;

(四)配备至少两名具有相应能力,并满足有关计量法律法规要求的计量检定或校准人员;

(五)具有完善的运行、维护制度,包括实验室岗位责任制度,计量标准的保存、使用、维护制度,量值溯源制度,原始记录及证书核验制度,事故报告制度,计量标准技术档案管理制度等;

(六)计量标准的稳定性和检定或者校准结果的重复性符合技术要求。

第七条 计量标准考核坚持逐项考评的原则。新建计量标准的考核采取现场考评的方式,并通过现场实验对测量能力进行验证;计量标准的复查考核可以采取现场考评、函审或者现场抽查的方式进行。

第八条 申请新建计量标准考核,申请计量标准考核的单位(以下简称申请考核单位)应当向主持考核的市场监督管理部门递交以下申请资料:

(一)计量标准考核(复查)申请书和计量标准技术报告;

(二)计量标准器及配套的主要计量设备有效检定或者校准证书,以及可以证明计量标准具有相应测量能力的其他技术资料复印件各1份。

第九条 申请计量标准复查考核,申请考核单位应当向主持考核的市场监督管理部门递交以下申请资料:

(一)计量标准考核(复查)申请书和计量标准技术报告;

(二)计量标准考核证书有效期内计量标准器及配套的主要计量设备的有效检定或者校准证书,以及可以证明计量标准具有相应测量能力的其他技术资料复印件各1份;

(三)计量标准封存、注销、更换等相关申请材料(如果适用)复印件1份。

第十条 申请考核单位,应当向主持考核的市场监督管理部门递交计量标准考核申请书和有关技术资料。主持考核的市场监督管理部门应当对申请资料的完整性进行审查,符合规定要求的,予以受理;不符合规定要求的,在5个工作日内通知申请考核单位需要补充的全部内容;经补充符合要求的,予以受理。主持考核的市场监督管理部门逾期未告知申请考核单位是否受理申请的,视为受理。

第十一条 主持考核的市场监督管理部门所辖区域内的计量技术机构具有与被考核计量标准相同或者更高等级的计量标准,并有该项目备案计量标准考评员的,应当自行组织考核;不具备上述条件的,应当呈报上一级市场监督管理部门组织考核。

主持考核的市场监督管理部门应当将考核所需时间和组织考核的市场监督管理部门通知申请考核单位。申请考核单位应当做好考核前的准备工作。

第十二条 组织考核的市场监督管理部门应当委托具有相应能力的单位(以下简称考评单位)或者考评组承担计量标准考核的考评任务。

计量标准的考评工作由计量标准考评员执行。特殊项目,组织考核的市场监督管理部门可聘请技术专家和计量标准考评员组成考评组执行考评工作。

计量标准考评员分为两级,计量标准一级考评员由国家市场监督管理总局组织考核,计量标准二级考评员由省级市场监督管理部门组织考核,经考核合格的考评员,分别由国家市场监督管理总局和省级市场监督管理部门进行管理。

第十三条 考评单位和考评组应当按照计量标准考核规范的规定进行计量标准考评工作,并在规定时间内按时完成考评任务。

第十四条 考评单位及考评组完成考评任务后,应当将考评材料报送组织考核的市场监督管理部门。组织考核的市场监督管理部门审核后递交主持考核的市场监督管理部门审批。

第十五条 主持考核的市场监督管理部门应当在接到考评材料的 20 个工作日内完成审批工作,确认考核合格的,主持考核的市场监督管理部门做出考核合格的行政许可决定,并在 10 个工作日内向申请考核单位颁发计量标准考核证书;不合格的,主持考核的市场监督管理部门应当向申请考核单位发送不予行政许可决定。

第十六条 计量标准考核证书的有效期为 5 年。在证书有效期内,如需要更换、封存和注销计量标准,应当向主持考核的市场监督管理部门申报、履行有关手续。注销计量标准的,由主持考核的市场监督管理部门收回计量标准考核证书。

第十七条 计量标准考核证书有效期届满前 6 个月,持证单位应当向主持考核的市场监督管理部门申请复查考核。经复查考核合格,准予延长有效期;不合格的,主持考核的市场监督管理部门应当向申请复查考核单位发送不予行政许可决定。超过计量标准考核证书有效期的,申请考核单位应当按照新建计量标准重新申请考核。

第十八条 主持考核的市场监督管理部门应当加强对计量标准考核工作的管理，可以采用计量比对、盲样检测和现场试验等方式，对计量标准考核证书有效期内的计量标准进行监督管理。

第十九条 上级市场监督管理部门应当对下级市场监督管理部门实施的计量标准考核工作进行监督检查，组织考核的市场监督管理部门应当对承担考评单位、考评组及计量标准考评员的考评工作实施监督，及时纠正和处理计量标准考核工作中违反规定的行为。

第二十条 申请考核单位对计量标准考核结果有异议的，应当在接到计量标准考核证书或者不予行政许可决定书后，依法向本级人民政府或者上一级市场监督管理部门申请行政复议。

第二十一条 申请计量标准考核应当提供的技术资料、申请书及有关文件格式，计量标准考核证书和不予行政许可决定书式样，以及计量标准考核规范，由国家市场监督管理总局统一制定。

第二十二条 本办法由国家市场监督管理总局负责解释。

第二十三条 本办法自2005年7月1日起施行。1987年7月10日原国家计量局颁布的《计量标准考核办法》（[87]量局法字第231号）同时废止。

能源计量监督管理办法

（2010年9月17日国家质量监督检验检疫总局令第132号公布　根据2020年10月23日《国家市场监督管理总局关于修改部分规章的决定》修订）

第一条 为加强能源计量监督管理，促进节能减排和可持续发展，根据《中华人民共和国节约能源法》、《中华人民共和国计量法》等法律法规，制定本办法。

第二条 在中华人民共和国境内用能单位从事能源计量活动以及实施能源计量监督管理适用本办法。

第三条 国家市场监督管理总局对全国能源计量工作实施统一监督管理。

县级以上地方市场监督管理部门对本行政区域内的能源计量工作实施监督管理。

第四条 各级市场监督管理部门应当鼓励和支持能源计量新技术的开发、研究和应用，推广经济、适用、可靠性高、带有自动数据采集和传输功能、具有智能和物联网功能的能源计量器具，促进用能单位完善能源计量管理和检测体系，引导用能单位提高能源计量管理水平。

第五条 用能单位应当建立健全能源计量管理制度，明确计量管理职责，加强能源计量管理，确保能源计量数据真实准确。

第六条 用能单位应当配备符合规定要求的能源计量器具。

用能单位配备的能源计量器具应当满足能源分类、分级、分项计量要求。

第七条 用能单位应当建立能源计量器具台账，加强能源计量器具管理。

第八条 用能单位应当按照规定使用符合要求的能源计量器具，确保在用能源计量器具的量值准确可靠。

第九条 用能单位应当加强能源计量数据管理，建立完善的能源计量数据管理制度。

用能单位应当保证能源计量数据与能源计量器具实际测量结果相符，不得伪造或者篡改能源计量数据。

第十条 用能单位应当将能源计量数据作为统计调查、统计分析的基础，对各类能源消耗实行分类计量、统计。

第十一条 重点用能单位制定年度节能目标和实施方案，应当以能源计量数据为基础，有针对性地采取计量管理或者计量改造措施。

第十二条 重点用能单位应当配备专业人员从事能源计量工作。

重点用能单位的能源计量工作人员应当具有能源计量专业知识，定期接受能源计量专业知识培训。

第十三条 用能单位可以委托有关计量技术机构对大宗能源的贸易交接、能源消耗状况实行第三方公正计量。

第十四条 计量技术机构可以开展以下能源计量服务活动，为能源计量监督管理提供技术支持：

（一）开展能源计量数据采集、监测；

（二）开展能源计量器具计量检定/校准技术研究，确保能源计量器具准确；

（三）能源计量技术研究、能源效率测试、用能产品能源效率计量检测等工作；

（四）接受委托开展能源审计、能源平衡测试、能源效率限额对标；

（五）开展其他能源计量服务活动。

第十五条 用能单位应当每年对其能源计量工作开展情况进行自查；发现问题的，应当及时整改。

第十六条 市场监督管理部门应当对用能单位能源计量工作情况、列入国家能源效率标识管理产品目录的用能产品能源效率实施监督检查。

任何单位和个人不得拒绝、阻碍依法开展的能源计量监督检查。

第十七条 市场监督管理部门应当对重点用能单位的能源计量器具配备和使用,计量数据管理以及能源计量工作人员配备和培训等能源计量工作情况开展定期审查。

第十八条 违反本办法规定,用能单位未按照规定配备、使用能源计量器具的,由县级以上地方市场监督管理部门按照《中华人民共和国节约能源法》第七十四条等规定予以处罚。

第十九条 违反本办法规定,重点用能单位未按照规定配备能源计量工作人员或者能源计量工作人员未接受能源计量专业知识培训的,由县级以上地方市场监督管理部门责令限期改正;逾期不改正的,处 1 万元以上 3 万元以下罚款。

第二十条 违反本办法规定,拒绝、阻碍能源计量监督检查的,由县级以上地方市场监督管理部门予以警告,可并处 1 万元以上 3 万元以下罚款;构成犯罪的,依法追究刑事责任。

第二十一条 从事能源计量监督管理的国家工作人员滥用职权,玩忽职守,徇私舞弊,情节轻微的,给予行政处分;构成犯罪的,依法追究刑事责任。

第二十二条 本办法由国家市场监督管理总局负责解释。

第二十三条 本办法自 2010 年 11 月 1 日起施行。

眼镜制配计量监督管理办法

(2003 年 10 月 15 日国家质量监督检验检疫总局令第 54 号公布 根据 2018 年 3 月 6 日《国家质量监督检验检疫总局关于废止和修改部分规章的决定》第一次修订 根据 2020 年 10 月 23 日《国家市场监督管理总局关于修改部分规章的决定》第二次修订)

第一条 为加强对眼镜制配的计量监督管理,规范眼镜制配的计量行为,保护消费者的身体健康和人身安全,根据《中华人民共和国计量法》和国务院赋予国家市场监督管理总局的职责,制定本办法。

第二条 在中华人民共和国境内从事眼镜制配计量活动和相关的计量监督管理,必须遵守本办法。

本办法所称眼镜制配是指单位或者个人从事眼镜镜片、角膜接触镜、成品眼镜的生产、销售以及配镜验光、定配眼镜、角膜接触镜配戴等经营活动。

本办法所称成品眼镜包括装成眼镜、太阳镜等。

本办法所称配镜验光是指使用验光设备等计量检测仪器对消费者眼睛的屈光状态进行测量、分析并出具相关数据的活动。

第三条 国家市场监督管理总局对全国眼镜制配计量工作实施统一监督管理。

县级以上地方市场监督管理部门对本行政区域内的眼镜制配计量工作实施监督管理。

第四条 眼镜制配者应当遵守以下规定：

（一）遵守计量法律、法规和规章，制定眼镜制配的计量管理及保护消费者权益的制度，完善计量保证体系，依法接受市场监督管理部门的计量监督。

（二）配备经计量业务知识培训合格的专（兼）职计量管理和专业技术人员，负责眼镜制配的计量工作。

（三）使用属于强制检定的计量器具必须按照规定登记造册，报当地县级市场监督管理部门备案，并向其指定的计量检定机构申请周期检定。当地不能检定的，向上一级市场监督管理部门指定的计量检定机构申请周期检定。

（四）不得使用未经检定、超过检定周期或者经检定不合格的计量器具。

（五）不得违反规定使用非法定计量单位。

（六）申请计量器具检定，应当按照价格主管部门核准的项目和收费标准交纳费用。

第五条 眼镜镜片、角膜接触镜和成品眼镜生产者除遵守本办法第四条规定外，还应当遵守以下规定：

（一）配备与生产相适应的顶焦度、透过率和厚度等计量检测设备。

（二）保证出具的眼镜产品计量数据准确可靠。

第六条 眼镜镜片、角膜接触镜、成品眼镜销售者以及从事配镜验光、定配眼镜、角膜接触镜配戴的经营者除遵守本办法第四条规定外，还应当遵守以下规定：

（一）建立完善的进出货物计量检测验收制度。

（二）配备与销售、经营业务相适应的验光、瞳距、顶焦度、透过率、厚度等计量检测设备。

（三）从事角膜接触镜配戴的经营者还应当配备与经营业务相适应的眼科计量检测设备。

（四）保证出具的眼镜产品计量数据准确可靠。

第七条 各级市场监督管理部门在进行计量监督管理时应当遵守以下规定：

（一）宣传计量法律、法规和规章，督促眼镜制配者遵守计量法律、法规和有关规定，做好眼镜制配的计量监督管理工作。

（二）对眼镜制配中使用的计量器具和相关计量活动进行计量监督管理，查处计量违法行为。

（三）引导眼镜制配者完善计量保证体系。

（四）受理计量投诉，调解计量纠纷，组织仲裁检定。

第八条 计量检定机构和计量检定人员进行计量检定时，应当遵守以下规定：

（一）按照计量检定规程完成检定，出具检定证书。

（二）不得使用未经考核合格或者超过有效期的计量标准开展计量检定工作。

（三）不得指派不具备计量检定能力的人员从事计量检定工作。

（四）不得擅自调整检定周期。

（五）不得伪造数据。

（六）不得超过标准收费。

第九条 眼镜制配者违反本办法第四条有关规定，应当按照下列规定进行处罚：

（一）使用属于强制检定的计量器具，未按照规定申请检定或者超过检定周期继续使用的，责令停止使用，可以并处1000元以下罚款；使用属于强制检定的计量器具，经检定不合格继续使用的，责令停止使用，可以并处2000元以下罚款；使用属于非强制检定的计量器具，未按照规定定期检定以及经检定不合格继续使用的，责令停止使用，可以并处1000元以下罚款。

（二）使用非法定计量单位的，责令改正。

第十条 眼镜镜片、角膜接触镜、成品眼镜生产者违反本办法第五条有关规定，应当按照以下规定进行处罚：

（一）违反本办法第五条第（一）项规定的，责令改正，可以并处1000元以上10000元以下罚款。

（二）违反本办法第五条第（二）项规定，责令改正，给消费者造成损失的，责令赔偿损失，可以并处2000元以下罚款。

第十一条 从事眼镜镜片、角膜接触镜、成品眼镜销售以及从事配镜验光、定配眼镜、角膜接触镜配戴经营者违反本办法第六条有关规定，应当按照以下规定进行处罚：

（一）违反本办法第六条第（一）项规定的，责令改正。

（二）违反本办法第六条第（二）项规定的，责令改正，可以并处1000元以上10000元以下罚款。

（三）违反本办法第六条第（三）项规定的，责令改正，可以并处2000元以下罚款。

（四）违反本办法第六条第（四）项规定的，责令改正，给消费者造成损失的，责令赔偿损失，没收全部违法所得，可以并处2000元以下罚款。

第十二条 眼镜制配者违反本办法规定，拒不提供眼镜制配账目，使违法所得难以计算的，可根据违法行为的情节轻重处以最高不超过30000元的罚款。

第十三条 从事眼镜制配计量监督管理的国家工作人员滥用职权、玩忽职守、徇私舞弊的，给予行政处分；构成犯罪的，依法追究刑事责任。

第十四条 从事眼镜制配计量器具检定的计量检定机构和计量检定人员有违反计量法律、法规和本办法规定的，按照计量法律法规的有关规定进行处罚。

第十五条 本办法规定的行政处罚，由县级以上地方市场监督管理部门决定。

县级以上地方市场监督管理部门按照本办法实施行政处罚，必须遵守国家市场监督管理总局关于行政案件办理程序的有关规定。

第十六条 行政相对人对行政处罚不服的，可以依法申请行政复议或者提起行政诉讼。

第十七条 本办法下列用语的含义是指：

（一）眼镜制配者是指从事眼镜镜片、角膜接触镜、成品眼镜的生产、销售以及配镜验光、定配眼镜、角膜接触镜配戴等经营活动的单位或者个人。是本办法所称生产者、销售者以及经营者的统称。

（二）生产者是指从事眼镜镜片、角膜接触镜和成品眼镜生产活动的单位或者个人。

（三）销售者是指从事眼镜镜片、角膜接触镜、成品眼镜销售活动的单位或者个人。

（四）经营者是指从事配镜验光、定配眼镜、角膜接触镜配戴经营活动的单位或者个人。

第十八条 本办法由国家市场监督管理总局负责解释。

第十九条 本办法自2003年12月1日起施行。

食品召回管理办法

（2015年3月11日国家食品药品监督管理总局令第12号公布 根据2020年10月23日《国家市场监督管理总局关于修改部分规章的决定》修订）

第一章 总 则

第一条 为加强食品生产经营管理，减少和避免不安全食品的危害，保障公众身体健康和生命安全，根据《中华人民共和国食品安全法》及其实施条例等法律法规的规定，制定本办法。

第二条 在中华人民共和国境内，不安全食品的停止生产经营、召回和处置及其监督管理，适用本办法。

不安全食品是指食品安全法律法规规定禁止生产经营的食品以及其他有证据证明可能危害人体健康的食品。

第三条 食品生产经营者应当依法承担食品安全第一责任人的义务，建立健全相关管理制度，收集、分析食品安全信息，依法履行不安全食品的停止生产经营、召回和处置义务。

第四条 国家市场监督管理总局负责指导全国不安全食品停止生产经营、召回和处置的监督管理工作。

县级以上地方市场监督管理部门负责本行政区域的不安全食品停止生产经营、召回和处置的监督管理工作。

第五条 县级以上市场监督管理部门组织建立由医学、毒理、化学、食品、法律等相关领域专家组成的食品安全专家库，为不安全食品的停止生产经营、召回和处置提供专业支持。

第六条 国家市场监督管理总局负责汇总分析全国不安全食品的停止生产经营、召回和处置信息，根据食品安全风险因素，完善食品安全监督管理措施。

县级以上地方市场监督管理部门负责收集、分析和处理本行政区域不安全食品的停止生产经营、召回和处置信息，监督食品生产经营者落实主体责任。

第七条 鼓励和支持食品行业协会加强行业自律，制定行业规范，引导和促进食品生产经营者依法履行不安全食品的停止生产经营、召回和处置义务。

鼓励和支持公众对不安全食品的停止生产经营、召回和处置等活动进行社会监督。

第二章　停止生产经营

第八条　食品生产经营者发现其生产经营的食品属于不安全食品的，应当立即停止生产经营，采取通知或者公告的方式告知相关食品生产经营者停止生产经营、消费者停止食用，并采取必要的措施防控食品安全风险。

食品生产经营者未依法停止生产经营不安全食品的，县级以上市场监督管理部门可以责令其停止生产经营不安全食品。

第九条　食品集中交易市场的开办者、食品经营柜台的出租者、食品展销会的举办者发现食品经营者经营的食品属于不安全食品的，应当及时采取有效措施，确保相关经营者停止经营不安全食品。

第十条　网络食品交易第三方平台提供者发现网络食品经营者经营的食品属于不安全食品的，应当依法采取停止网络交易平台服务等措施，确保网络食品经营者停止经营不安全食品。

第十一条　食品生产经营者生产经营的不安全食品未销售给消费者，尚处于其他生产经营者控制中的，食品生产经营者应当立即追回不安全食品，并采取必要措施消除风险。

第三章　召　　回

第十二条　食品生产者通过自检自查、公众投诉举报、经营者和监督管理部门告知等方式知悉其生产经营的食品属于不安全食品的，应当主动召回。

食品生产者应当主动召回不安全食品而没有主动召回的，县级以上市场监督管理部门可以责令其召回。

第十三条　根据食品安全风险的严重和紧急程度，食品召回分为三级：

（一）一级召回：食用后已经或者可能导致严重健康损害甚至死亡的，食品生产者应当在知悉食品安全风险后 24 小时内启动召回，并向县级以上地方市场监督管理部门报告召回计划。

（二）二级召回：食用后已经或者可能导致一般健康损害，食品生产者应当在知悉食品安全风险后 48 小时内启动召回，并向县级以上地方市场监督管理部门报告召回计划。

（三）三级召回：标签、标识存在虚假标注的食品，食品生产者应当在知悉食品安全风险后72小时内启动召回,并向县级以上地方市场监督管理部门报告召回计划。标签、标识存在瑕疵,食用后不会造成健康损害的食品,食品生产者应当改正,可以自愿召回。

第十四条 食品生产者应当按照召回计划召回不安全食品。

县级以上地方市场监督管理部门收到食品生产者的召回计划后,必要时可以组织专家对召回计划进行评估。评估结论认为召回计划应当修改的,食品生产者应当立即修改,并按照修改后的召回计划实施召回。

第十五条 食品召回计划应当包括下列内容:

(一)食品生产者的名称、住所、法定代表人、具体负责人、联系方式等基本情况;

(二)食品名称、商标、规格、生产日期、批次、数量以及召回的区域范围;

(三)召回原因及危害后果;

(四)召回等级、流程及时限;

(五)召回通知或者公告的内容及发布方式;

(六)相关食品生产经营者的义务和责任;

(七)召回食品的处置措施、费用承担情况;

(八)召回的预期效果。

第十六条 食品召回公告应当包括下列内容:

(一)食品生产者的名称、住所、法定代表人、具体负责人、联系电话、电子邮箱等;

(二)食品名称、商标、规格、生产日期、批次等;

(三)召回原因、等级、起止日期、区域范围;

(四)相关食品生产经营者的义务和消费者退货及赔偿的流程。

第十七条 不安全食品在本省、自治区、直辖市销售的,食品召回公告应当在省级市场监督管理部门网站和省级主要媒体上发布。省级市场监督管理部门网站发布的召回公告应当与国家市场监督管理总局网站链接。

不安全食品在两个以上省、自治区、直辖市销售的,食品召回公告应当在国家市场监督管理总局网站和中央主要媒体上发布。

第十八条 实施一级召回的,食品生产者应当自公告发布之日起10个工作日内完成召回工作。

实施二级召回的,食品生产者应当自公告发布之日起20个工作日内完成召回工作。

实施三级召回的,食品生产者应当自公告发布之日起30个工作日内完成召回工作。

情况复杂的，经县级以上地方市场监督管理部门同意，食品生产者可以适当延长召回时间并公布。

第十九条 食品经营者知悉食品生产者召回不安全食品后，应当立即采取停止购进、销售，封存不安全食品，在经营场所醒目位置张贴生产者发布的召回公告等措施，配合食品生产者开展召回工作。

第二十条 食品经营者对因自身原因所导致的不安全食品，应当根据法律法规的规定在其经营的范围内主动召回。

食品经营者召回不安全食品应当告知供货商。供货商应当及时告知生产者。

食品经营者在召回通知或者公告中应当特别注明系因其自身的原因导致食品出现不安全问题。

第二十一条 因生产者无法确定、破产等原因无法召回不安全食品的，食品经营者应当在其经营的范围内主动召回不安全食品。

第二十二条 食品经营者召回不安全食品的程序，参照食品生产者召回不安全食品的相关规定处理。

第四章 处 置

第二十三条 食品生产经营者应当依据法律法规的规定，对因停止生产经营、召回等原因退出市场的不安全食品采取补救、无害化处理、销毁等处置措施。

食品生产经营者未依法处置不安全食品的，县级以上地方市场监督管理部门可以责令其依法处置不安全食品。

第二十四条 对违法添加非食用物质、腐败变质、病死畜禽等严重危害人体健康和生命安全的不安全食品，食品生产经营者应当立即就地销毁。

不具备就地销毁条件的，可由不安全食品生产经营者集中销毁处理。食品生产经营者在集中销毁处理前，应当向县级以上地方市场监督管理部门报告。

第二十五条 对因标签、标识等不符合食品安全标准而被召回的食品，食品生产者可以在采取补救措施且能保证食品安全的情况下继续销售，销售时应当向消费者明示补救措施。

第二十六条 对不安全食品进行无害化处理，能够实现资源循环利用的，食品生产经营者可以按照国家有关规定进行处理。

第二十七条 食品生产经营者对不安全食品处置方式不能确定的，应当组织相关专家进行评估，并根据评估意见进行处置。

第二十八条 食品生产经营者应当如实记录停止生产经营、召回和处置不安全食品的名称、商标、规格、生产日期、批次、数量等内容。记录保存期限不得少于2年。

第五章 监督管理

第二十九条 县级以上地方市场监督管理部门发现不安全食品的，应当通知相关食品生产经营者停止生产经营或者召回，采取相关措施消除食品安全风险。

第三十条 县级以上地方市场监督管理部门发现食品生产经营者生产经营的食品可能属于不安全食品的，可以开展调查分析，相关食品生产经营者应当积极协助。

第三十一条 县级以上地方市场监督管理部门可以对食品生产经营者停止生产经营、召回和处置不安全食品情况进行现场监督检查。

第三十二条 食品生产经营者停止生产经营、召回和处置的不安全食品存在较大风险的，应当在停止生产经营、召回和处置不安全食品结束后5个工作日内向县级以上地方市场监督管理部门书面报告情况。

第三十三条 县级以上地方市场监督管理部门可以要求食品生产经营者定期或者不定期报告不安全食品停止生产经营、召回和处置情况。

第三十四条 县级以上地方市场监督管理部门可以对食品生产经营者提交的不安全食品停止生产经营、召回和处置报告进行评价。

评价结论认为食品生产经营者采取的措施不足以控制食品安全风险的，县级以上地方市场监督管理部门应当责令食品生产经营者采取更为有效的措施停止生产经营、召回和处置不安全食品。

第三十五条 为预防和控制食品安全风险，县级以上地方市场监督管理部门可以发布预警信息，要求相关食品生产经营者停止生产经营不安全食品，提示消费者停止食用不安全食品。

第三十六条 县级以上地方市场监督管理部门将不安全食品停止生产经营、召回和处置情况记入食品生产经营者信用档案。

第六章 法律责任

第三十七条 食品生产经营者违反本办法有关不安全食品停止生产经

营、召回和处置的规定，食品安全法律法规有规定的，依照相关规定处理。

第三十八条 食品生产经营者违反本办法第八条第一款、第十二条第一款、第十三条、第十四条、第二十条第一款、第二十一条、第二十三条第一款、第二十四条第一款的规定，不立即停止生产经营、不主动召回、不按规定时限启动召回、不按照召回计划召回不安全食品或者不按照规定处置不安全食品的，由市场监督管理部门给予警告，并处1万元以上3万元以下罚款。

第三十九条 食品经营者违反本办法第十九条的规定，不配合食品生产者召回不安全食品的，由市场监督管理部门给予警告，并处5000元以上3万元以下罚款。

第四十条 食品生产经营者违反本办法第十三条、第二十四条第二款、第三十二条的规定，未按规定履行相关报告义务的，由市场监督管理部门责令改正，给予警告；拒不改正的，处2000元以上2万元以下罚款。

第四十一条 食品生产经营者违反本办法第二十三条第二款的规定，市场监督管理部门责令食品生产经营者依法处置不安全食品，食品生产经营者拒绝或者拖延履行的，由市场监督管理部门给予警告，并处2万元以上3万元以下罚款。

第四十二条 食品生产经营者违反本办法第二十八条的规定，未按规定记录保存不安全食品停止生产经营、召回和处置情况的，由市场监督管理部门责令改正，给予警告；拒不改正的，处2000元以上2万元以下罚款。

第四十三条 食品生产经营者停止生产经营、召回和处置不安全食品，不免除其依法应当承担的其他法律责任。

食品生产经营者主动采取停止生产经营、召回和处置不安全食品措施，消除或者减轻危害后果的，依法从轻或者减轻处罚；违法情节轻微并及时纠正，没有造成危害后果的，不予行政处罚。

第四十四条 县级以上地方市场监督管理部门不依法履行本办法规定的职责，造成不良后果的，依照《中华人民共和国食品安全法》的有关规定，对直接负责的主管人员和其他直接责任人员给予行政处分。

第七章 附 则

第四十五条 本办法适用于食品、食品添加剂和保健食品。

食品生产经营者对进入批发、零售市场或者生产加工企业后的食用农产品的停止经营、召回和处置，参照本办法执行。

第四十六条 本办法自2015年9月1日起施行。

网络餐饮服务食品安全监督管理办法

（2017 年 11 月 6 日国家食品药品监督管理总局令第 36 号公布 根据 2020 年 10 月 23 日《国家市场监督管理总局关于修改部分规章的决定》修订）

第一条 为加强网络餐饮服务食品安全监督管理，规范网络餐饮服务经营行为，保证餐饮食品安全，保障公众身体健康，根据《中华人民共和国食品安全法》等法律法规，制定本办法。

第二条 在中华人民共和国境内，网络餐饮服务第三方平台提供者、通过第三方平台和自建网站提供餐饮服务的餐饮服务提供者（以下简称入网餐饮服务提供者），利用互联网提供餐饮服务及其监督管理，适用本办法。

第三条 国家市场监督管理总局负责指导全国网络餐饮服务食品安全监督管理工作，并组织开展网络餐饮服务食品安全监测。

县级以上地方市场监督管理部门负责本行政区域内网络餐饮服务食品安全监督管理工作。

第四条 入网餐饮服务提供者应当具有实体经营门店并依法取得食品经营许可证，并按照食品经营许可证载明的主体业态、经营项目从事经营活动，不得超范围经营。

第五条 网络餐饮服务第三方平台提供者应当在通信主管部门批准后 30 个工作日内，向所在地省级市场监督管理部门备案。自建网站餐饮服务提供者应当在通信主管部门备案后 30 个工作日内，向所在地县级市场监督管理部门备案。备案内容包括域名、IP 地址、电信业务经营许可证或者备案号、企业名称、地址、法定代表人或者负责人姓名等。

网络餐饮服务第三方平台提供者设立从事网络餐饮服务分支机构的，应当在设立后 30 个工作日内，向所在地县级市场监督管理部门备案。备案内容包括分支机构名称、地址、法定代表人或者负责人姓名等。

市场监督管理部门应当及时向社会公开相关备案信息。

第六条 网络餐饮服务第三方平台提供者应当建立并执行入网餐饮服务提供者审查登记、食品安全违法行为制止及报告、严重违法行为平台服务停止、食品安全事故处置等制度，并在网络平台上公开相关制度。

第七条 网络餐饮服务第三方平台提供者应当设置专门的食品安全管理机构，配备专职食品安全管理人员，每年对食品安全管理人员进行培训和考核。培训和考核记录保存期限不得少于2年。经考核不具备食品安全管理能力的,不得上岗。

第八条 网络餐饮服务第三方平台提供者应当对入网餐饮服务提供者的食品经营许可证进行审查,登记入网餐饮服务提供者的名称、地址、法定代表人或者负责人及联系方式等信息,保证入网餐饮服务提供者食品经营许可证载明的经营场所等许可信息真实。

网络餐饮服务第三方平台提供者应当与入网餐饮服务提供者签订食品安全协议,明确食品安全责任。

第九条 网络餐饮服务第三方平台提供者和入网餐饮服务提供者应当在餐饮服务经营活动主页面公示餐饮服务提供者的食品经营许可证。食品经营许可等信息发生变更的,应当及时更新。

第十条 网络餐饮服务第三方平台提供者和入网餐饮服务提供者应当在网上公示餐饮服务提供者的名称、地址、量化分级信息,公示的信息应当真实。

第十一条 入网餐饮服务提供者应当在网上公示菜品名称和主要原料名称,公示的信息应当真实。

第十二条 网络餐饮服务第三方平台提供者提供食品容器、餐具和包装材料的,所提供的食品容器、餐具和包装材料应当无毒、清洁。

鼓励网络餐饮服务第三方平台提供者提供可降解的食品容器、餐具和包装材料。

第十三条 网络餐饮服务第三方平台提供者和入网餐饮服务提供者应当加强对送餐人员的食品安全培训和管理。委托送餐单位送餐的,送餐单位应当加强对送餐人员的食品安全培训和管理。培训记录保存期限不得少于2年。

第十四条 送餐人员应当保持个人卫生,使用安全、无害的配送容器,保持容器清洁,并定期进行清洗消毒。送餐人员应当核对配送食品,保证配送过程食品不受污染。

第十五条 网络餐饮服务第三方平台提供者和自建网站餐饮服务提供者应当履行记录义务,如实记录网络订餐的订单信息,包括食品的名称、下单时间、送餐人员、送达时间以及收货地址,信息保存时间不得少于6个月。

第十六条 网络餐饮服务第三方平台提供者应当对入网餐饮服务提供者的经营行为进行抽查和监测。

网络餐饮服务第三方平台提供者发现入网餐饮服务提供者存在违法行为的,应当及时制止并立即报告入网餐饮服务提供者所在地县级市场监督管理部门;发现严重违法行为的,应当立即停止提供网络交易平台服务。

第十七条 网络餐饮服务第三方平台提供者应当建立投诉举报处理制度，公开投诉举报方式，对涉及消费者食品安全的投诉举报及时进行处理。

第十八条 入网餐饮服务提供者加工制作餐饮食品应当符合下列要求：

（一）制定并实施原料控制要求，选择资质合法、保证原料质量安全的供货商，或者从原料生产基地、超市采购原料，做好食品原料索证索票和进货查验记录，不得采购不符合食品安全标准的食品及原料；

（二）在加工过程中应当检查待加工的食品及原料，发现有腐败变质、油脂酸败、霉变生虫、污秽不洁、混有异物、掺假掺杂或者感官性状异常的，不得加工使用；

（三）定期维护食品贮存、加工、清洗消毒等设施、设备，定期清洗和校验保温、冷藏和冷冻等设施、设备，保证设施、设备运转正常；

（四）在自己的加工操作区内加工食品，不得将订单委托其他食品经营者加工制作；

（五）网络销售的餐饮食品应当与实体店销售的餐饮食品质量安全保持一致。

第十九条 入网餐饮服务提供者应当使用无毒、清洁的食品容器、餐具和包装材料，并对餐饮食品进行包装，避免送餐人员直接接触食品，确保送餐过程中食品不受污染。

第二十条 入网餐饮服务提供者配送有保鲜、保温、冷藏或者冷冻等特殊要求食品的，应当采取能保证食品安全的保存、配送措施。

第二十一条 国家市场监督管理总局组织监测发现网络餐饮服务第三方平台提供者和入网餐饮服务提供者存在违法行为的，通知有关省级市场监督管理部门依法组织查处。

第二十二条 县级以上地方市场监督管理部门接到网络餐饮服务第三方平台提供者报告入网餐饮服务提供者存在违法行为的，应当及时依法查处。

第二十三条 县级以上地方市场监督管理部门应当加强对网络餐饮服务食品安全的监督检查，发现网络餐饮服务第三方平台提供者和入网餐饮服务提供者存在违法行为的，依法进行查处。

第二十四条 县级以上地方市场监督管理部门对网络餐饮服务交易活动的技术监测记录资料，可以依法作为认定相关事实的依据。

第二十五条 县级以上地方市场监督管理部门对于消费者投诉举报反映的线索，应当及时进行核查，被投诉举报人涉嫌违法的，依法进行查处。

第二十六条 县级以上地方市场监督管理部门查处的入网餐饮服务提供者有严重违法行为的，应当通知网络餐饮服务第三方平台提供者，要求其立即停止对入网餐饮服务提供者提供网络交易平台服务。

第二十七条 违反本办法第四条规定，入网餐饮服务提供者不具备实体经营门店，未依法取得食品经营许可证的，由县级以上地方市场监督管理部门依照食品安全法第一百二十二条的规定处罚。

第二十八条 违反本办法第五条规定，网络餐饮服务第三方平台提供者以及分支机构或者自建网站餐饮服务提供者未履行相应备案义务的，由县级以上地方市场监督管理部门责令改正，给予警告；拒不改正的，处5000元以上3万元以下罚款。

第二十九条 违反本办法第六条规定，网络餐饮服务第三方平台提供者未按要求建立、执行并公开相关制度的，由县级以上地方市场监督管理部门责令改正，给予警告；拒不改正的，处5000元以上3万元以下罚款。

第三十条 违反本办法第七条规定，网络餐饮服务第三方平台提供者未设置专门的食品安全管理机构，配备专职食品安全管理人员，或者未按要求对食品安全管理人员进行培训、考核并保存记录的，由县级以上地方市场监督管理部门责令改正，给予警告；拒不改正的，处5000元以上3万元以下罚款。

第三十一条 违反本办法第八条第一款规定，网络餐饮服务第三方平台提供者未对入网餐饮服务提供者的食品经营许可证进行审查，未登记入网餐饮服务提供者的名称、地址、法定代表人或者负责人及联系方式等信息，或者入网餐饮服务提供者食品经营许可证载明的经营场所等许可信息不真实的，由县级以上地方市场监督管理部门依照食品安全法第一百三十一条的规定处罚。

违反本办法第八条第二款规定，网络餐饮服务第三方平台提供者未与入网餐饮服务提供者签订食品安全协议的，由县级以上地方市场监督管理部门责令改正，给予警告；拒不改正的，处5000元以上3万元以下罚款。

第三十二条 违反本办法第九条、第十条、第十一条规定，网络餐饮服务第三方平台提供者和入网餐饮服务提供者未按要求进行信息公示和更新的，由县级以上地方市场监督管理部门责令改正，给予警告；拒不改正的，处5000元以上3万元以下罚款。

第三十三条 违反本办法第十二条规定，网络餐饮服务第三方平台提供者提供的食品配送容器、餐具和包装材料不符合规定的，由县级以上地方市场监督管理部门按照食品安全法第一百三十二条的规定处罚。

第三十四条 违反本办法第十三条规定，网络餐饮服务第三方平台提供者和入网餐饮服务提供者未对送餐人员进行食品安全培训和管理，或者送餐单位未对送餐人员进行食品安全培训和管理，或者未按要求保存培训记录的，由县级以上地方市场监督管理部门责令改正，给予警告；拒不改正的，处5000元以上3万元以下罚款。

第三十五条 违反本办法第十四条规定，送餐人员未履行使用安全、无害的配送容器等义务的，由县级以上地方市场监督管理部门对送餐人员所在单位按照食品安全法第一百三十二条的规定处罚。

第三十六条 违反本办法第十五条规定，网络餐饮服务第三方平台提供者和自建网站餐饮服务提供者未按要求记录、保存网络订餐信息的，由县级以上地方市场监督管理部门责令改正，给予警告；拒不改正的，处5000元以上3万元以下罚款。

第三十七条 违反本办法第十六条第一款规定，网络餐饮服务第三方平台提供者未对入网餐饮服务提供者的经营行为进行抽查和监测的，由县级以上地方市场监督管理部门责令改正，给予警告；拒不改正的，处5000元以上3万元以下罚款。

违反本办法第十六条第二款规定，网络餐饮服务第三方平台提供者发现入网餐饮服务提供者存在违法行为，未及时制止并立即报告入网餐饮服务提供者所在地县级市场监督管理部门的，或者发现入网餐饮服务提供者存在严重违法行为，未立即停止提供网络交易平台服务的，由县级以上地方市场监督管理部门依照食品安全法第一百三十一条的规定处罚。

第三十八条 违反本办法第十七条规定，网络餐饮服务第三方平台提供者未按要求建立消费者投诉举报处理制度，公开投诉举报方式，或者未对涉及消费者食品安全的投诉举报及时进行处理的，由县级以上地方市场监督管理部门责令改正，给予警告；拒不改正的，处5000元以上3万元以下罚款。

第三十九条 违反本办法第十八条第(一)项规定，入网餐饮服务提供者未履行制定实施原料控制要求等义务的，由县级以上地方市场监督管理部门依照食品安全法第一百二十六条第一款的规定处罚。

违反本办法第十八条第(二)项规定，入网餐饮服务提供者使用腐败变质、油脂酸败、霉变生虫、污秽不洁、混有异物、掺假掺杂或者感官性状异常等原料加工食品的，由县级以上地方市场监督管理部门依照食品安全法第一百二十四条第一款的规定处罚。

违反本办法第十八条第(三)项规定，入网餐饮服务提供者未定期维护食品贮存、加工、清洗消毒等设施、设备，或者未定期清洗和校验保温、冷藏和冷冻等设施、设备的，由县级以上地方市场监督管理部门依照食品安全法第一百二十六条第一款的规定处罚。

违反本办法第十八条第(四)项、第(五)项规定，入网餐饮服务提供者将订单委托其他食品经营者加工制作,或者网络销售的餐饮食品未与实体店销售的餐饮食品质量安全保持一致的,由县级以上地方市场监督管理部门责令改正,给予警告;拒不改正的,处5000元以上3万元以下罚款。

第四十条 违反本办法第十九条规定,入网餐饮服务提供者未履行相应的包装义务的,由县级以上地方市场监督管理部门责令改正,给予警告;拒不改正的,处5000元以上3万元以下罚款。

第四十一条 违反本办法第二十条规定,入网餐饮服务提供者配送有保鲜、保温、冷藏或者冷冻等特殊要求食品,未采取能保证食品安全的保存、配送措施的,由县级以上地方市场监督管理部门依照食品安全法第一百三十二条的规定处罚。

第四十二条 县级以上地方市场监督管理部门应当自对网络餐饮服务第三方平台提供者和入网餐饮服务提供者违法行为作出处罚决定之日起20个工作日内在网上公开行政处罚决定书。

第四十三条 省、自治区、直辖市的地方性法规和政府规章对小餐饮网络经营作出规定的,按照其规定执行。

本办法对网络餐饮服务食品安全违法行为的查处未作规定的,按照《网络食品安全违法行为查处办法》执行。

第四十四条 网络餐饮服务第三方平台提供者和入网餐饮服务提供者违反食品安全法规定,构成犯罪的,依法追究刑事责任。

第四十五条 餐饮服务连锁公司总部建立网站为其门店提供网络交易服务的,参照本办法关于网络餐饮服务第三方平台提供者的规定执行。

第四十六条 本办法自2018年1月1日起施行。

保健食品注册与备案管理办法

(2016年2月26日国家食品药品监督管理总局令第22号公布 根据2020年10月23日《国家市场监督管理总局关于修改部分规章的决定》修订)

第一章 总 则

第一条 为规范保健食品的注册与备案,根据《中华人民共和国食品安全法》,制定本办法。

第二条 在中华人民共和国境内保健食品的注册与备案及其监督管理适

用本办法。

第三条 保健食品注册，是指市场监督管理部门根据注册申请人申请，依照法定程序、条件和要求，对申请注册的保健食品的安全性、保健功能和质量可控性等相关申请材料进行系统评价和审评，并决定是否准予其注册的审批过程。

保健食品备案，是指保健食品生产企业依照法定程序、条件和要求，将表明产品安全性、保健功能和质量可控性的材料提交市场监督管理部门进行存档、公开、备查的过程。

第四条 保健食品的注册与备案及其监督管理应当遵循科学、公开、公正、便民、高效的原则。

第五条 国家市场监督管理总局负责保健食品注册管理，以及首次进口的属于补充维生素、矿物质等营养物质的保健食品备案管理，并指导监督省、自治区、直辖市市场监督管理部门承担的保健食品注册与备案相关工作。

省、自治区、直辖市市场监督管理部门负责本行政区域内保健食品备案管理，并配合国家市场监督管理总局开展保健食品注册现场核查等工作。

市、县级市场监督管理部门负责本行政区域内注册和备案保健食品的监督管理，承担上级市场监督管理部门委托的其他工作。

第六条 国家市场监督管理总局行政受理机构（以下简称受理机构）负责受理保健食品注册和接收相关进口保健食品备案材料。

省、自治区、直辖市市场监督管理部门负责接收相关保健食品备案材料。

国家市场监督管理总局保健食品审评机构（以下简称审评机构）负责组织保健食品审评，管理审评专家，并依法承担相关保健食品备案工作。

国家市场监督管理总局审核查验机构（以下简称查验机构）负责保健食品注册现场核查工作。

第七条 保健食品注册申请人或者备案人应当具有相应的专业知识，熟悉保健食品注册管理的法律、法规、规章和技术要求。

保健食品注册申请人或者备案人应当对所提交材料的真实性、完整性、可溯源性负责，并对提交材料的真实性承担法律责任。

保健食品注册申请人或者备案人应当协助市场监督管理部门开展与注册或者备案相关的现场核查、样品抽样、复核检验和监督管理等工作。

第八条 省级以上市场监督管理部门应当加强信息化建设，提高保健食品注册与备案管理信息化水平，逐步实现电子化注册与备案。

第二章　注　　册

第九条　生产和进口下列产品应当申请保健食品注册：

（一）使用保健食品原料目录以外原料（以下简称目录外原料）的保健食品；

（二）首次进口的保健食品（属于补充维生素、矿物质等营养物质的保健食品除外）。

首次进口的保健食品，是指非同一国家、同一企业、同一配方申请中国境内上市销售的保健食品。

第十条　产品声称的保健功能应当已经列入保健食品功能目录。

第十一条　国产保健食品注册申请人应当是在中国境内登记的法人或者其他组织；进口保健食品注册申请人应当是上市保健食品的境外生产厂商。

申请进口保健食品注册的，应当由其常驻中国代表机构或者由其委托中国境内的代理机构办理。

境外生产厂商，是指产品符合所在国（地区）上市要求的法人或者其他组织。

第十二条　申请保健食品注册应当提交下列材料：

（一）保健食品注册申请表，以及申请人对申请材料真实性负责的法律责任承诺书；

（二）注册申请人主体登记证明文件复印件；

（三）产品研发报告，包括研发人、研发时间、研制过程、中试规模以上的验证数据，目录外原料及产品安全性、保健功能、质量可控性的论证报告和相关科学依据，以及根据研发结果综合确定的产品技术要求等；

（四）产品配方材料，包括原料和辅料的名称及用量、生产工艺、质量标准，必要时还应当按照规定提供原料使用依据、使用部位的说明、检验合格证明、品种鉴定报告等；

（五）产品生产工艺材料，包括生产工艺流程简图及说明，关键工艺控制点及说明；

（六）安全性和保健功能评价材料，包括目录外原料及产品的安全性、保健功能试验评价材料，人群食用评价材料；功效成分或者标志性成分、卫生学、稳定性、菌种鉴定、菌种毒力等试验报告，以及涉及兴奋剂、违禁药物成分等检测报告；

（七）直接接触保健食品的包装材料种类、名称、相关标准等；

（八）产品标签、说明书样稿；产品名称中的通用名与注册的药品名称不重名的检索材料；

（九）3 个最小销售包装样品；

（十）其他与产品注册审评相关的材料。

第十三条 申请首次进口保健食品注册，除提交本办法第十二条规定的材料外，还应当提交下列材料：

（一）产品生产国（地区）政府主管部门或者法律服务机构出具的注册申请人为上市保健食品境外生产厂商的资质证明文件；

（二）产品生产国（地区）政府主管部门或者法律服务机构出具的保健食品上市销售一年以上的证明文件，或者产品境外销售以及人群食用情况的安全性报告；

（三）产品生产国（地区）或者国际组织与保健食品相关的技术法规或者标准；

（四）产品在生产国（地区）上市的包装、标签、说明书实样。

由境外注册申请人常驻中国代表机构办理注册事务的，应当提交《外国企业常驻中国代表机构登记证》及其复印件；境外注册申请人委托境内的代理机构办理注册事项的，应当提交经过公证的委托书原件以及受委托的代理机构营业执照复印件。

第十四条 受理机构收到申请材料后，应当根据下列情况分别作出处理：

（一）申请事项依法不需要取得注册的，应当即时告知注册申请人不受理；

（二）申请事项依法不属于国家市场监督管理总局职权范围的，应当即时作出不予受理的决定，并告知注册申请人向有关行政机关申请；

（三）申请材料存在可以当场更正的错误的，应当允许注册申请人当场更正；

（四）申请材料不齐全或者不符合法定形式的，应当当场或者在 5 个工作日内一次告知注册申请人需要补正的全部内容，逾期不告知的，自收到申请材料之日起即为受理；

（五）申请事项属于国家市场监督管理总局职权范围，申请材料齐全、符合法定形式，注册申请人按照要求提交全部补正申请材料的，应当受理注册申请。

受理或者不予受理注册申请，应当出具加盖国家市场监督管理总局行政许可受理专用章和注明日期的书面凭证。

第十五条 受理机构应当在受理后 3 个工作日内将申请材料一并送交审评机构。

第十六条 审评机构应当组织审评专家对申请材料进行审查,并根据实际需要组织查验机构开展现场核查,组织检验机构开展复核检验,在60个工作日内完成审评工作,并向国家市场监督管理总局提交综合审评结论和建议。

特殊情况下需要延长审评时间的,经审评机构负责人同意,可以延长20个工作日,延长决定应当及时书面告知申请人。

第十七条 审评机构应当组织对申请材料中的下列内容进行审评,并根据科学依据的充足程度明确产品保健功能声称的限定用语:

(一)产品研发报告的完整性、合理性和科学性;

(二)产品配方的科学性,及产品安全性和保健功能;

(三)目录外原料及产品的生产工艺合理性、可行性和质量可控性;

(四)产品技术要求和检验方法的科学性和复现性;

(五)标签、说明书样稿主要内容以及产品名称的规范性。

第十八条 审评机构在审评过程中可以调阅原始资料。

审评机构认为申请材料不真实、产品存在安全性或者质量可控性问题,或者不具备声称的保健功能的,应当终止审评,提出不予注册的建议。

第十九条 审评机构认为需要注册申请人补正材料的,应当一次告知需要补正的全部内容。注册申请人应当在3个月内按照补正通知的要求一次提供补充材料;审评机构收到补充材料后,审评时间重新计算。

注册申请人逾期未提交补充材料或者未完成补正,不足以证明产品安全性、保健功能和质量可控性的,审评机构应当终止审评,提出不予注册的建议。

第二十条 审评机构认为需要开展现场核查的,应当及时通知查验机构按照申请材料中的产品研发报告、配方、生产工艺等技术要求进行现场核查,并对下线产品封样送复核检验机构检验。

查验机构应当自接到通知之日起30个工作日内完成现场核查,并将核查报告送交审评机构。

核查报告认为申请材料不真实、无法溯源复现或者存在重大缺陷的,审评机构应当终止审评,提出不予注册的建议。

第二十一条 复核检验机构应当严格按照申请材料中的测定方法以及相关说明进行操作,对测定方法的科学性、复现性、适用性进行验证,对产品质量可控性进行复核检验,并应当自接受委托之日起60个工作日内完成复核检验,将复核检验报告送交审评机构。

复核检验结论认为测定方法不科学、无法复现、不适用或者产品质量不可控的,审评机构应当终止审评,提出不予注册的建议。

第二十二条 首次进口的保健食品境外现场核查和复核检验时限,根据境外生产厂商的实际情况确定。

第二十三条 保健食品审评涉及的试验和检验工作应当由国家市场监督管理总局选择的符合条件的食品检验机构承担。

第二十四条 审评机构认为申请材料真实,产品科学、安全、具有声称的保健功能,生产工艺合理、可行和质量可控,技术要求和检验方法科学、合理的,应当提出予以注册的建议。

审评机构提出不予注册建议的,应当同时向注册申请人发出拟不予注册的书面通知。注册申请人对通知有异议的,应当自收到通知之日起20个工作日内向审评机构提出书面复审申请并说明复审理由。复审的内容仅限于原申请事项及申请材料。

审评机构应当自受理复审申请之日起30个工作日内作出复审决定。改变不予注册建议的,应当书面通知注册申请人。

第二十五条 审评机构作出综合审评结论及建议后,应当在5个工作日内报送国家市场监督管理总局。

第二十六条 国家市场监督管理总局应当自受理之日起20个工作日内对审评程序和结论的合法性、规范性以及完整性进行审查,并作出准予注册或者不予注册的决定。

第二十七条 现场核查、复核检验、复审所需时间不计算在审评和注册决定的期限内。

第二十八条 国家市场监督管理总局作出准予注册或者不予注册的决定后,应当自作出决定之日起10个工作日内,由受理机构向注册申请人发出保健食品注册证书或者不予注册决定。

第二十九条 注册申请人对国家市场监督管理总局作出不予注册的决定有异议的,可以向国家市场监督管理总局提出书面行政复议申请或者向法院提出行政诉讼。

第三十条 保健食品注册人转让技术的,受让方应当在转让方的指导下重新提出产品注册申请,产品技术要求等应当与原申请材料一致。

审评机构按照相关规定简化审评程序。符合要求的,国家市场监督管理总局应当为受让方核发新的保健食品注册证书,并对转让方保健食品注册予以注销。

受让方除提交本办法规定的注册申请材料外,还应当提交经公证的转让合同。

第三十一条 保健食品注册证书及其附件所载明内容变更的,应当由保健食品注册人申请变更并提交书面变更的理由和依据。

注册人名称变更的，应当由变更后的注册申请人申请变更。

第三十二条 已经生产销售的保健食品注册证书有效期届满需要延续的，保健食品注册人应当在有效期届满6个月前申请延续。

获得注册的保健食品原料已经列入保健食品原料目录，并符合相关技术要求，保健食品注册人申请变更注册，或者期满申请延续注册的，应当按照备案程序办理。

第三十三条 申请变更国产保健食品注册的，除提交保健食品注册变更申请表（包括申请人对申请材料真实性负责的法律责任承诺书）、注册申请人主体登记证明文件复印件、保健食品注册证书及其附件的复印件外，还应当按照下列情形分别提交材料：

（一）改变注册人名称、地址的变更申请，还应当提供该注册人名称、地址变更的证明材料；

（二）改变产品名称的变更申请，还应当提供拟变更后的产品通用名与已经注册的药品名称不重名的检索材料；

（三）增加保健食品功能项目的变更申请，还应当提供所增加功能项目的功能学试验报告；

（四）改变产品规格、保质期、生产工艺等涉及产品技术要求的变更申请，还应当提供证明变更后产品的安全性、保健功能和质量可控性与原注册内容实质等同的材料、依据及变更后3批样品符合产品技术要求的全项目检验报告；

（五）改变产品标签、说明书的变更申请，还应当提供拟变更的保健食品标签、说明书样稿。

第三十四条 申请延续国产保健食品注册的，应当提交下列材料：

（一）保健食品延续注册申请表，以及申请人对申请材料真实性负责的法律责任承诺书；

（二）注册申请人主体登记证明文件复印件；

（三）保健食品注册证书及其附件的复印件；

（四）经省级市场监督管理部门核实的注册证书有效期内保健食品的生产销售情况；

（五）人群食用情况分析报告、生产质量管理体系运行情况的自查报告以及符合产品技术要求的检验报告。

第三十五条 申请进口保健食品变更注册或者延续注册的，除分别提交本办法第三十三条、第三十四条规定的材料外，还应当提交本办法第十三条第一款（一）、（二）、（三）、（四）项和第二款规定的相关材料。

第三十六条 变更申请的理由依据充分合理,不影响产品安全性、保健功能和质量可控性的,予以变更注册;变更申请的理由依据不充分、不合理,或者拟变更事项影响产品安全性、保健功能和质量可控性的,不予变更注册。

第三十七条 申请延续注册的保健食品的安全性、保健功能和质量可控性符合要求的,予以延续注册。

申请延续注册的保健食品的安全性、保健功能和质量可控性依据不足或者不再符合要求,在注册证书有效期内未进行生产销售的,以及注册人未在规定时限内提交延续申请的,不予延续注册。

第三十八条 接到保健食品延续注册申请的市场监督管理部门应当在保健食品注册证书有效期届满前作出是否准予延续的决定。逾期未作出决定的,视为准予延续注册。

第三十九条 准予变更注册或者延续注册的,颁发新的保健食品注册证书,同时注销原保健食品注册证书。

第四十条 保健食品变更注册与延续注册的程序未作规定的,可以适用本办法关于保健食品注册的相关规定。

第三章 注册证书管理

第四十一条 保健食品注册证书应当载明产品名称、注册人名称和地址、注册号、颁发日期及有效期、保健功能、功效成分或者标志性成分及含量、产品规格、保质期、适宜人群、不适宜人群、注意事项。

保健食品注册证书附件应当载明产品标签、说明书主要内容和产品技术要求等。

产品技术要求应当包括产品名称、配方、生产工艺、感官要求、鉴别、理化指标、微生物指标、功效成分或者标志性成分含量及检测方法、装量或者重量差异指标(净含量及允许负偏差指标)、原辅料质量要求等内容。

第四十二条 保健食品注册证书有效期为5年。变更注册的保健食品注册证书有效期与原保健食品注册证书有效期相同。

第四十三条 国产保健食品注册号格式为:国食健注G+4位年代号+4位顺序号;进口保健食品注册号格式为:国食健注J+4位年代号+4位顺序号。

第四十四条 保健食品注册有效期内,保健食品注册证书遗失或者损坏的,保健食品注册人应当向受理机构提出书面申请并说明理由。因遗失申请补发的,应当在省、自治区、直辖市市场监督管理部门网站上发布遗失声明;因损坏申请补发的，应当交回保健食品注册证书原件。

国家市场监督管理总局应当在受理后20个工作日内予以补发。补发的保健食品注册证书应当标注原批准日期，并注明“补发”字样。

第四章 备案

第四十五条 生产和进口下列保健食品应当依法备案：

（一）使用的原料已经列入保健食品原料目录的保健食品；

（二）首次进口的属于补充维生素、矿物质等营养物质的保健食品。

首次进口的属于补充维生素、矿物质等营养物质的保健食品，其营养物质应当是列入保健食品原料目录的物质。

第四十六条 国产保健食品的备案人应当是保健食品生产企业，原注册人可以作为备案人；进口保健食品的备案人，应当是上市保健食品境外生产厂商。

第四十七条 备案的产品配方、原辅料名称及用量、功效、生产工艺等应当符合法律、法规、规章、强制性标准以及保健食品原料目录技术要求的规定。

第四十八条 申请保健食品备案，除应当提交本办法第十二条第（四）、（五）、（六）、（七）、（八）项规定的材料外，还应当提交下列材料：

（一）保健食品备案登记表，以及备案人对提交材料真实性负责的法律责任承诺书；

（二）备案人主体登记证明文件复印件；

（三）产品技术要求材料；

（四）具有合法资质的检验机构出具的符合产品技术要求全项目检验报告；

（五）其他表明产品安全性和保健功能的材料。

第四十九条 申请进口保健食品备案的，除提交本办法第四十八条规定的材料外，还应当提交本办法第十三条第一款（一）、（二）、（三）、（四）项和第二款规定的相关材料。

第五十条 市场监督管理部门收到备案材料后，备案材料符合要求的，当场备案；不符合要求的，应当一次告知备案人补正相关材料。

第五十一条 市场监督管理部门应当完成备案信息的存档备查工作，并发放备案号。对备案的保健食品，市场监督管理部门应当按照相关要求的格式制作备案凭证，并将备案信息表中登载的信息在其网站上公布。

国产保健食品备案号格式为：食健备G+4位年代号+2位省级行政区域

代码 +6 位顺序编号;进口保健食品备案号格式为:食健备 J+4 位年代号 +00 +6 位顺序编号。

第五十二条 已经备案的保健食品,需要变更备案材料的,备案人应当向原备案机关提交变更说明及相关证明文件。备案材料符合要求的,市场监督管理部门应当将变更情况登载于变更信息中,将备案材料存档备查。

第五十三条 保健食品备案信息应当包括产品名称、备案人名称和地址、备案登记号、登记日期以及产品标签、说明书和技术要求。

第五章 标签、说明书

第五十四条 申请保健食品注册或者备案的,产品标签、说明书样稿应当包括产品名称、原料、辅料、功效成分或者标志性成分及含量、适宜人群、不适宜人群、保健功能、食用量及食用方法、规格、贮藏方法、保质期、注意事项等内容及相关制定依据和说明等。

第五十五条 保健食品的标签、说明书主要内容不得涉及疾病预防、治疗功能,并声明"本品不能代替药物"。

第五十六条 保健食品的名称由商标名、通用名和属性名组成。

商标名,是指保健食品使用依法注册的商标名称或者符合《商标法》规定的未注册的商标名称,用以表明其产品是独有的、区别于其他同类产品。

通用名,是指表明产品主要原料等特性的名称。

属性名,是指表明产品剂型或者食品分类属性等的名称。

第五十七条 保健食品名称不得含有下列内容:

(一)虚假、夸大或者绝对化的词语;

(二)明示或者暗示预防、治疗功能的词语;

(三)庸俗或者带有封建迷信色彩的词语;

(四)人体组织器官等词语;

(五)除""之外的符号;

(六)其他误导消费者的词语。

保健食品名称不得含有人名、地名、汉语拼音、字母及数字等,但注册商标作为商标名、通用名中含有符合国家规定的含字母及数字的原料名除外。

第五十八条 通用名不得含有下列内容:

(一)已经注册的药品通用名,但以原料名称命名或者保健食品注册批准在先的除外;

(二)保健功能名称或者与表述产品保健功能相关的文字;

(三)易产生误导的原料简写名称;

(四)营养素补充剂产品配方中部分维生素或者矿物质;

(五)法律法规规定禁止使用的其他词语。

第五十九条 备案保健食品通用名应当以规范的原料名称命名。

第六十条 同一企业不得使用同一配方注册或者备案不同名称的保健食品;不得使用同一名称注册或者备案不同配方的保健食品。

第六章 监督管理

第六十一条 国家市场监督管理总局应当及时制定并公布保健食品注册申请服务指南和审查细则,方便注册申请人申报。

第六十二条 承担保健食品审评、核查、检验的机构和人员应当对出具的审评意见、核查报告、检验报告负责。

保健食品审评、核查、检验机构和人员应当依照有关法律、法规、规章的规定,恪守职业道德,按照食品安全标准、技术规范等对保健食品进行审评、核查和检验,保证相关工作科学、客观和公正。

第六十三条 参与保健食品注册与备案管理工作的单位和个人,应当保守在注册或者备案中获知的商业秘密。

属于商业秘密的,注册申请人和备案人在申请注册或者备案时应当在提交的资料中明确相关内容和依据。

第六十四条 市场监督管理部门接到有关单位或者个人举报的保健食品注册受理、审评、核查、检验、审批等工作中的违法违规行为后,应当及时核实处理。

第六十五条 除涉及国家秘密、商业秘密外,市场监督管理部门应当自完成注册或者备案工作之日起 20 个工作日内根据相关职责在网站公布已经注册或者备案的保健食品目录及相关信息。

第六十六条 有下列情形之一的,国家市场监督管理总局根据利害关系人的请求或者依据职权,可以撤销保健食品注册证书:

(一)行政机关工作人员滥用职权、玩忽职守作出准予注册决定的;

(二)超越法定职权或者违反法定程序作出准予注册决定的;

(三)对不具备申请资格或者不符合法定条件的注册申请人准予注册的;

(四)依法可以撤销保健食品注册证书的其他情形。

注册人以欺骗、贿赂等不正当手段取得保健食品注册的,国家市场监督管理总局应当予以撤销。

第六十七条 有下列情形之一的,国家市场监督管理总局应当依法办理保健食品注册注销手续:

(一)保健食品注册有效期届满,注册人未申请延续或者国家食品药品监管总局不予延续的;

(二)保健食品注册人申请注销的;

(三)保健食品注册人依法终止的;

(四)保健食品注册依法被撤销,或者保健食品注册证书依法被吊销的;

(五)根据科学研究的发展,有证据表明保健食品可能存在安全隐患,依法被撤回的;

(六)法律、法规规定的应当注销保健食品注册的其他情形。

第六十八条 有下列情形之一的,市场监督管理部门取消保健食品备案:

(一)备案材料虚假的;

(二)备案产品生产工艺、产品配方等存在安全性问题的;

(三)保健食品生产企业的生产许可被依法吊销、注销的;

(四)备案人申请取消备案的;

(五)依法应当取消备案的其他情形。

第七章 法律责任

第六十九条 保健食品注册与备案违法行为,食品安全法等法律法规已有规定的,依照其规定。

第七十条 注册申请人隐瞒真实情况或者提供虚假材料申请注册的,国家市场监督管理总局不予受理或者不予注册,并给予警告;申请人在1年内不得再次申请注册该保健食品;构成犯罪的,依法追究刑事责任。

第七十一条 注册申请人以欺骗、贿赂等不正当手段取得保健食品注册证书的,由国家市场监督管理总局撤销保健食品注册证书,并处1万元以上3万元以下罚款。被许可人在3年内不得再次申请注册;构成犯罪的,依法追究刑事责任。

第七十二条 有下列情形之一的,由县级以上人民政府市场监督管理部门处以1万元以上3万元以下罚款;构成犯罪的,依法追究刑事责任。

(一)擅自转让保健食品注册证书的;

(二)伪造、涂改、倒卖、出租、出借保健食品注册证书的。

第七十三条 市场监督管理部门及其工作人员对不符合条件的申请人准予注册,或者超越法定职权准予注册的,依照食品安全法第一百四十四条的规定予以处理。

市场监督管理部门及其工作人员在注册审评过程中滥用职权、玩忽职守、徇私舞弊的,依照食品安全法第一百四十五条的规定予以处理。

第八章　附　　则

第七十四条　申请首次进口保健食品注册和办理进口保健食品备案及其变更的,应当提交中文材料,外文材料附后。中文译本应当由境内公证机构进行公证,确保与原文内容一致;申请注册的产品质量标准(中文本),必须符合中国保健食品质量标准的格式。境外机构出具的证明文件应当经生产国(地区)的公证机构公证和中国驻所在国使领馆确认。

第七十五条　本办法自2016年7月1日起施行。2005年4月30日公布的《保健食品注册管理办法(试行)》(原国家食品药品监督管理局令第19号)同时废止。

司法解释

最高人民法院关于支持和保障深圳建设中国特色社会主义先行示范区的意见

（2020 年 11 月 4 日　法发〔2020〕39 号）

为深入学习贯彻习近平新时代中国特色社会主义思想，全面贯彻落实习近平总书记在深圳经济特区建立 40 周年庆祝大会上的重要讲话精神，贯彻落实《中共中央 国务院关于支持深圳建设中国特色社会主义先行示范区的意见》（以下简称《意见》）和中共中央办公厅、国务院办公厅印发的《深圳建设中国特色社会主义先行示范区综合改革试点实施方案（2020——2025 年）》（以下简称《实施方案》），充分发挥审判职能作用，依法支持深圳建设中国特色社会主义先行示范区，结合人民法院工作实际，制定如下意见。

一、总体要求

1. 指导思想。以习近平新时代中国特色社会主义思想为指导，全面贯彻党的十九大和十九届二中、三中、四中、五中全会精神，增强“四个意识”、坚定“四个自信”、做到“两个维护”，坚持党对人民法院工作的绝对领导，坚持中国特色社会主义法治道路，准确把握党中央战略意图，解放思想、守正创新，支持深圳法院在遵循宪法和法律、行政法规基本原则前提下，根据授权开展试点试验示范，努力攻坚一批创新性引领性示范性改革项目，加快推进审判体系和审判能力现代化，为先行示范区建设和改革试点提供高质量司法服务与保障。

2. 工作原则。坚持以人民为中心发展思想，坚定不移贯彻新发展理念，坚持市场化、法治化、国际化，推进改革与法治双轮驱动，紧紧围绕先行示范区战略定位和战略目标提供司法服务与保障。坚持先行先试、引领示范，支持深圳法院扎实完成人民法院承担的改革试点任务，对于《人民法院第五个五年改革纲要（2019——2023）》提出的改革举措以及其他需要试点的改革任务，全面支持深圳法院率先开展试点、打造创新样本、及时规范提升，为全国法院提供示范。

3. 主要目标。到2022年,各项改革任务和试点工作取得阶段性成效,形成可复制可推广的重大改革成果,深圳法院在粤港澳大湾区司法工作的核心引擎功能不断增强,服务保障先行示范区建设的能力水平进一步提高;到2025年,基本完成改革试点任务,各项建设和改革取得标志性成果,深圳法院各方面工作在全国法院当排头、作示范,建成司法公信力、法治竞争力、改革创新力、国际影响力卓著的先行示范法院。

二、服务保障要素市场化配置

4. 支持土地管理制度改革。依法妥善处理涉历史遗留用地、城市更新、建设用地出让及转让等纠纷,促进深圳土地资源合理流转。以盘活利用土地为目标,妥善审理涉及国有企事业单位改革改制土地资产处置、存量划拨土地资产产权界定、上市交易等案件。依法审理农村集体经营性建设用地入市纠纷,支持加快建设同权同价、流转顺畅、收益共享的城乡统一建设用地市场。

5. 保障和谐劳动关系建设。适应新技术、新业态、新产业、新模式发展需要,加快完善特殊工时管理制度下劳动关系构成要件、加班认定依据、薪酬计算标准等司法政策和审判规则。加强跨境用工司法保护,准确认定没有办理就业证件的港澳台居民与内地用人单位签定的劳动合同效力。推动完善劳动争议解决体系。加强促进劳动力和人才社会性流动、企事业单位人才流动、人才跨所有制流动等法律问题研究。

6. 推进金融审判工作创新。完善打击非法集资、内幕交易、逃汇套汇、洗钱等金融违法犯罪司法工作机制。依法审理与创业板改革有关的各类案件,为创业板改革并试点注册制提供司法保障。健全证券纠纷代表人诉讼机制和示范判决机制,落实民事赔偿优先机制。完善私募股权投资、委托理财、资产证券化、跨境金融资产交易等新型纠纷审理规则,加强数字货币、移动支付、与港澳金融市场和金融(基金)产品互认等法律问题研究,服务保障深圳金融业创新发展。

7. 加强科技成果司法保护。加强科技成果所有权、使用权、处置权、收益权司法保护,妥善处理因科技成果权属认定、权利转让、价值确定和利益分配产生的纠纷,支持深圳在赋予科研人员职务科技成果所有权或长期使用权、成果评价、收益分配等方面先行先试。坚决打击利用职权侵占他人科技成果转化权益、技术转移机构和技术经理人故意提供虚假信息、实验结果或评估意见侵犯他人合法权益的行为。加强河套深港科技创新合作区内重点培育支持科技产业成果的司法保护,支持打造国际一流中试及转化服务平台。

8. 完善数据产权保护规则。依法保护权利人对数据控制、处理、受益等合法权益，依法保护数据要素市场主体以合法收集和自身生成数据为基础开发的数据产品的财产性权益。妥善审理因数据交易、数据市场不正当竞争、数据隐私保护产生的各类案件，为培育数据驱动、跨界融合、共创共享、公平竞争的数据要素市场提供司法保障。加强个人数据、公共数据等数据产权属性、形态、权属、公共数据共享机制等法律问题研究，加快完善数据产权司法保护规则。

三、支持打造市场化法治化国际化营商环境

9. *优化营商环境司法保障机制*。对照营商环境评估指标，探索建立符合我国国情的司法服务保障营商环境评价指标体系，提升司法服务质量标准。配合有关部门，制定出台进一步优化营商环境的政策措施。依托司法大数据，建立法治化营商环境分析研判机制。加大营商环境司法保障工作宣传力度，定期发布典型案例。支持深圳放宽能源、电信、公用事业、交通运输、教育等领域市场准入、技术准入门槛，依法维护合同效力，营造公平开放市场环境。

10. *依法保护企业家合法权益*。切实贯彻实施民法典，加强产权平等保护，尊重意思自治、合同自由，保护公平竞争、诚信信用，制裁违约、侵权及不正当竞争行为。平等保护民营企业权益，严厉打击侵犯民营企业家合法权益违法犯罪行为，依法纠正侵犯民营企业家合法权益行政行为。严格规范适用财产保全、强制执行和刑事强制措施，最大限度避免司法活动对生产经营的不利影响。

11. *加大知识产权保护力度*。扎实开展新型知识产权法律保护试点，探索人工智能、互联网信息、生命信息等新类型数字化知识产权财产权益法律保护新模式。完善重点领域核心技术专利保护规则。完善公平竞争法律制度，加大对侵犯商业秘密等不正当竞争行为的打击力度。持续实施最严格的知识产权保护制度，健全知识产权侵权惩罚性赔偿制度。完善证据披露、证据妨碍排除和优势证据规则，试行举证责任转移制度。完善技术事实查明认定体系，推进区块链技术在知识产权审判中的广泛应用。

12. *扎实开展破产制度改革试点*。深化企业破产重整、预重整、执行转破产制度改革，推动建立针对中小企业的重整机制，探索无产可破案件简易退出机制。完善府院联动机制，建立破产信息登记与公开制度，协同解决破产处置涉及的税收政策、企业注销、信用修复等问题。推进破产案件审判权与破产事务管理权分离改革，支持深圳设立专门破产管理机构。探索建立泛亚太地区破产重整中心。率先试行自然人破产制度，建立自然人破产制度司法实施协调保障机制，全面落实自然人破产案件裁判在特区内外的法律效力。

13. *服务全球海洋中心城市建设*。加强海事审判工作，实施海事审判精品

战略，推进国际海事司法中心建设。加强海洋自然资源与生态环境损害赔偿纠纷案件审判。探索完善航运业务开放、国际船舶登记、沿海捎带、船舶融资租赁等新类型案件审理规则。加大深港物流服务一体化、港口航运智能化建设等方面海事审判资源和调研力量投入。加强与前海海事法律咨询、海事仲裁等法律服务机构的工作衔接，支持深圳国际仲裁院海事仲裁中心建设，打造多元化国际海事法律服务中心。加强国际海事司法交流，支持举办国际性海事会议，积极参与国际海事规则制定，提升海事审判工作国际影响力，打造国际海事纠纷争议解决优选地。

14. 依法支持法治政府建设。依法妥善审理告知承诺制审批、“秒批”改革等所涉行政许可纠纷，支持深圳大力压减行政许可和整治各类变相审批，进一步放宽市场准入。加强行政行为合理裁量审查，进一步规范行政裁量基准。加大行政程序合法性审查力度，支持深圳系统化改革政务服务流程和方式，推动规范完善重大行政决策、行政协议、行政裁决程序。推动将行政机关行政判决执行情况、司法建议履行情况及行政争议多元化解情况纳入法治政府考核体系。

15. 创新涉外涉港澳台审判工作。健全完善涉外涉港澳台案件审理机制，提升案件审判质效。完善涉外涉港澳台法律适用规则体系，准确查明和适用国际条约、国际惯例和域外法律。研究商事主体选择适用域外法律解决商事合同纠纷问题。探索建立涉外涉港澳台商事案件集中管辖机制。支持率先建立司法、仲裁和调解相衔接的跨境商事争议解决中心。完善港澳人士担任特邀调解员、陪审员制度，为符合条件的港澳律师在深圳法院代理民商事案件提供便利条件。加强粤港澳大湾区商事规则研究，推动实现规则衔接与机制对接，打造粤港澳商事审判优选地。

16. 全面拓展港澳司法协助。简化港澳诉讼主体资格司法确认和诉讼证据审查认定程序，探索涉港澳民商事案件网上授权委托见证。探索拓展涉港澳案件诉讼文书跨境送达途径。拓宽内地与港澳相互委托查明法律渠道。推动建立深港澳调解组织和调解员资质统一认证机制。推动建立跨境破产认可与协助机制。支持深圳定期组织开展粤港澳司法专业交流活动。推动简化跨境司法交流合作审批程序，支持河套深港科技创新合作区率先建立便利化司法交流合作新路径。推动建立粤港澳大湾区法治研究机制。

四、促进社会治理现代化

17. 强化民生权益司法保障。深入推进“扫黑除恶”专项斗争，依法严惩暴力恐怖、非法集资、网络犯罪、侵犯公民个人信息等犯罪行为，为先行示范区建设营造安全稳定的社会环境。加强家事、教育、医疗、社保、住房、养老等民生领域司法保护,促进构建优质均衡的公共服务体系和全覆盖可持续的社会保障体系。依法妥善审理产品质量纠纷,探索建立维护消费者权益集体诉讼制度,完善消费公益诉讼制度,建立严厉打击假冒伪劣食品、药品长效机制。加大跨境婚姻家庭及未成年子女权益保护力度。

18. 严格生态环境司法保护。依法严惩破坏生态保护红线、自然岸线、非法排污等违法犯罪行为。完善环境公益诉讼与生态环境损害赔偿诉讼审理机制。探索建立环境保护禁止令制度。完善以生态修复为中心的环境损害救济制度,先行研究探索环境损害惩罚性赔偿适用案件类型、构成要件等问题。推动建立生态环境公益基金。服务保障自然资源产权制度改革。积极参与区域生态环境联防联治,推进协同保护粤港澳大湾区、东江流域生态环境机制建设。支持深圳建立环境资源审判理论研究平台,加强粤港澳大湾区环境资源审判理论与实务交流。

19. 助推社会信用体系建设。构建虚假诉讼、恶意诉讼及无理缠诉预防、识别、惩治机制,规制人为制造管辖连接点、滥用管辖权异议等恶意拖延诉讼行为,探索通过律师费转付、诉讼费用合理分担等方式,加大对滥诉行为的制裁力度。深入推进被执行人失信惩戒模式改革,完善失信惩戒系统,健全信用惩戒分级管理、守信激励和失信修复机制。加强与有关部门配合协作,推进公共信用信息资源共享、深度整合,支持深圳率先构建统一的社会信用平台。

20. 推进一站式多元解纷和诉讼服务体系建设。以一站通办、一网通办、一号通办、一次通办为目标,健全立体化诉讼服务渠道。完善矛盾纠纷源头治理机制,支持多元化纠纷解决机制特区立法。推动建立知识产权、银行保险、证券期货、涉侨涉外等专业化调解机制。加大在线视频调解力度。健全完善诉调对接规则,优化司法调解与人民调解、行政调解、商事调解、行业调解等联动工作体系。支持粤港澳大湾区国际仲裁中心、国际投资联合仲裁中心建设,完善与港澳仲裁司法协助安排,加强与国际仲裁机构、国际调解组织交流协作,建立涉外纠纷诉讼、仲裁、调解有机衔接机制。

21. 全面加强智慧法院建设。全面推进互联网、大数据、云计算、人工智能、区块链、5G 等信息技术在司法工作中的深度应用,提高司法工作智能化水平。加强智慧法院系统研发和标准规范建设,完善移动微法院功能,加快构建全流程一体化在线诉讼服务平台,加强智能化辅助办案系统全面运用,推动司法工作提质增速。加快网上司法公开平台建设,构建更加开放、动态、透明、便民的阳光司法制度体系。健全司法大数据管理和应用机制,支持建立"数助决策"中心。

22. 服务现代城市文明建设。充分发挥司法裁判规范、引领作用,通过司法裁判、典型案例弘扬主旋律、传播正能量，大力弘扬社会主义核心价值观。健全法官以案释法制度，加强和创新法治宣传，推动营造尊法学法守法用法的社会风尚。加大数字文化产业、创意文化产业司法保护力度，服务保障深圳发展更具竞争力的文化产业，打造国际性中国文化品牌。探索开辟旅游纠纷案件审理绿色通道，服务保障深圳国际邮轮港建设。

五、建设公正高效权威的司法制度

23. 深化刑事诉讼制度改革。深入推进以审判为中心的刑事诉讼制度改革，健全完善刑事诉讼程序，强化人权司法保障。严格执行庭前会议、非法证据排除、法庭调查“三项规程”，完善刑事案件取证指引和证据标准。持续推进刑事案件律师辩护全覆盖。健全从轻量刑建议与量刑协调机制。深入推进量刑规范化改革，规范庭审量刑程序。探索完善刑事缺席审判制度和被告人逃匿违法所得没收制度。

24. 深化民事诉讼制度改革。全面开展民事诉讼程序繁简分流改革试点，率先形成系统性改革成果，为完善民事诉讼制度提供示范。探索扩大司法确认范围，促进诉调对接实质化。探索推进与繁简分流改革试点配套的诉讼费用制度改革。研究总结适宜先行调解案件类型，探索开展民事案件调解前置程序试点。加强送达机制创新，健全行政化、社会化、市场化送达网络，全面推行电子送达。

25. 深化行政诉讼制度改革。深化行政诉讼程序繁简分流改革，探索扩大简易程序适用范围、简化行政裁判文书。根据案件不同类型，研究设置行政调解和解、行政裁决、行政复议前置程序，完善行政复议与行政诉讼衔接机制。完善行政争议实质性化解机制。探索对粤港澳大湾区直接涉及营商环境的部分行政案件实行集中管辖。探索深圳基层人民法院审理部分一审行政案件，及时研判总结适宜基层人民法院审理的行政案件类型。支持深圳加强行政审判中心建设。

26. 深化执行体制机制改革。优化简易执行案件程序和法律文书，探索执行异议案件由法官独任办理，健全与执行工作相适应的法律文书送达制度。完善刑事裁判涉财产部分一体化管理机制。试行仲裁执行案件按照标的额确定级别管辖。深化财产查控、变现模式改革。健全社会专业机构和人员深度参与执行工作机制。推动将协助执行工作纳入基层网格化服务管理，探索建立怠于履行协助执行义务责任追究机制。完善执行程序中案外人和利害关系人权利救济制度。

27. 深化司法责任制改革。推进审判工作标准化建设，将各个办案节点工作要点、时限要求、流程标准和文书样式嵌入信息化办案平台。理顺审判团队、审判组织与审判机构的关系，建立有特区法院特点的审判组织架构。构建类案检索初步过滤、专业法官会议研究咨询、审判委员会讨论决定的法律适用分歧解决机制，完善配套的发现、监测与回应机制。强化法官办案主体地位，赋予法官对审判辅助人员工作分配权、参与考核评价权及一定的人事管理建议权。推进执法司法制约监督体系改革和建设，建立“四类案件”自动识别监测系统。建立科学的违法审判责任追究机制，细化法官和审判辅助人员违法办案责任具体情形，确保严肃追责与依法保障有机统一。

28. 加强审判专业化建设。根据诉讼程序改革、案件类型和繁简分流需求，加强专业化审判团队和合议庭建设，完善配套的分案机制与人力资源配置模式。拓展前海自贸区法院、知识产权法庭、环境资源法庭、金融法庭、破产法庭示范功能，支持深圳在知识产权、环境资源、金融、破产等审判领域全面开展民事、行政、刑事“三合一”新型审判运行机制改革试点。加快建设深汕特别合作区法院，服务保障一体化发展。

29. 深化人员分类管理改革。加强法官员额统筹配置和动态调整，实现法官等级择优选升常态化，支持对特别优秀或工作特殊需要的一线办案法官实行特别选升，推进法院政法专项编制市级统筹制度化。完善从符合条件的优秀法官中选拔产生法院领导干部机制。全面落实与法官单独职务序列相配套的医疗、差旅、交通补贴、住房、退休待遇。健全审判辅助人员招录、培训、管理、保障机制。完善法官、审判辅助人员、司法行政人员内部岗位交流机制。完善法官权益保障委员会工作机制，建立与公安机关联动机制，健全不实举报及时澄清机制，切实加强司法人员依法履职保护。

六、加强组织保障

30. 加强党的建设。深入贯彻新时代党的建设总要求，巩固深化“不忘初心、牢记使命”主题教育成果，推进“两个坚持”专题教育常态化，扩大基层党的组织覆盖和工作覆盖，在加强党的全面领导和党的建设方面率先示范。打造法院文化建设品牌，健全司法职业精神培育机制。严格执行防止干预司法“三个规定”等铁规禁令，深入推进队伍教育整顿，坚决反对形式主义、官僚主义，持之以恒正风肃纪反腐。

31. 培养高端人才。支持深圳建设司法教育培训示范基地，构建高层次、国际化司法人才培养模式。加大金融、破产、互联网、知识产权、环境资源、涉外等领域审判业务培训力度。坚持“高精尖缺”导向，加强高层次审判人才培养储备，指导深圳法院制定各类司法专业人才中长期培养计划。支持深圳面向全国配备领导干部、遴选优秀法官、引进专业人才。完善涉外人才培养体系。坚持和完善法律研修学者、法律实习生制度。建立健全粤港澳法律人才联合培养机制，推动建设法律人才联合培养基地。支持深圳法院大力承办香港、澳门法律生暑期内地法院实习项目。

32. 完善工作机制。最高人民法院各有关部门加强条线指导，第一巡回法庭和第一国际商事法庭利用派驻深圳便利条件，通过依法审理案件，营造良好法治环境，推进改革试点进程。广东省高级人民法院要积极为先行示范区建设和改革试点创造条件，全力做好指导支持工作。深圳法院要压实主体责任，加快推动各项建设和改革任务落地见效。建立请示报告、指导协调、督办落实、风险识别防控工作机制，积极争取有关部门支持，及时研究解决工作推进中的新情况新问题，重要情况最高人民法院及时向党中央及中央政法委请示报告。

33. 营造改革氛围。深圳法院要弘扬敢闯敢试、敢为人先、埋头苦干的特区精神，继续解放思想、真抓实干，在新时代走在前列、新征程勇当尖兵。健全改革正向激励机制，注重在改革一线考察识别干部，大胆提拔使用敢于改革、善于改革的干部，加强优秀年轻干部培养选拔使用，建立健全容错纠错机制，激励干部新时代新担当新作为。及时宣传改革试点新进展新成效，营造良好舆论氛围。

最高人民法院、最高人民检察院、公安部、国家安全部、司法部印发《关于规范量刑程序若干问题的意见》的通知

（2020 年 11 月 5 日　法发〔2020〕38 号）

各省、自治区、直辖市高级人民法院、人民检察院、公安厅（局）、国家安全厅（局）、司法厅（局），解放军军事法院、军事检察院，新疆维吾尔自治区高级人民法院生产建设兵团分院、新疆生产建设兵团人民检察院、公安局、国家安全局、司法局：

为深入推进以审判为中心的刑事诉讼制度改革，落实认罪认罚从宽制度，进一步规范量刑程序，确保量刑公开公正，根据刑事诉讼法和有关司法解释等规定，结合工作实际，最高人民法院、最高人民检察院、公安部、国家安全部和司法部对“两高三部”《关于规范量刑程序若干问题的意见（试行）》进行了修改完善，现联合印发“两高三部”《关于规范量刑程序若干问题的意见》，请认真贯彻执行。对于施行情况及遇到的问题，请分别报告最高人民法院、最高人民检察院、公安部、国家安全部、司法部。

最高人民法院、最高人民检察院、公安部、国家安全部、司法部关于规范量刑程序若干问题的意见

为深入推进以审判为中心的刑事诉讼制度改革，落实认罪认罚从宽制度，进一步规范量刑程序，确保量刑公开公正，根据刑事诉讼法和有关司法解释等规定，结合工作实际，制定本意见。

第一条 人民法院审理刑事案件，在法庭审理中应当保障量刑程序的相对独立性。

人民检察院在审查起诉中应当规范量刑建议。

第二条 侦查机关、人民检察院应当依照法定程序，全面收集、审查、移送证明犯罪嫌疑人、被告人犯罪事实、量刑情节的证据。

对于法律规定并处或者单处财产刑的案件，侦查机关应当根据案件情况对被告人的财产状况进行调查，并向人民检察院移送相关证据材料。人民检察院应当审查并向人民法院移送相关证据材料。

人民检察院在审查起诉时发现侦查机关应当收集而未收集量刑证据的，可以退回侦查机关补充侦查，也可以自行侦查。人民检察院退回补充侦查的，侦查机关应当按照人民检察院退回补充侦查提纲的要求及时收集相关证据。

第三条 对于可能判处管制、缓刑的案件，侦查机关、人民检察院、人民法院可以委托社区矫正机构或者有关社会组织进行调查评估，提出意见，供判处管制、缓刑时参考。

社区矫正机构或者有关社会组织收到侦查机关、人民检察院或者人民法院调查评估的委托后，应当根据委托机关的要求依法进行调查，形成评估意见，并及时提交委托机关。

对于没有委托进行调查评估或者判决前没有收到调查评估报告的，人民法院经审理认为被告人符合管制、缓刑适用条件的，可以依法判处管制、宣告缓刑。

第四条 侦查机关在移送审查起诉时，可以根据犯罪嫌疑人涉嫌犯罪的情况，就宣告禁止令和从业禁止向人民检察院提出意见。

人民检察院在提起公诉时，可以提出宣告禁止令和从业禁止的建议。被告人及其辩护人、被害人及其诉讼代理人可以就是否对被告人宣告禁止令和

从业禁止提出意见，并说明理由。

人民法院宣告禁止令和从业禁止，应当根据被告人的犯罪原因、犯罪性质、犯罪手段、悔罪表现、个人一贯表现等，充分考虑与被告人所犯罪行的关联程度，有针对性地决定禁止从事特定的职业、活动，进入特定区域、场所，接触特定的人等。

第五条 符合下列条件的案件，人民检察院提起公诉时可以提出量刑建议；被告人认罪认罚的，人民检察院应当提出量刑建议：

（一）犯罪事实清楚，证据确实、充分；

（二）提出量刑建议所依据的法定从重、从轻、减轻或者免除处罚等量刑情节已查清；

（三）提出量刑建议所依据的酌定从重、从轻处罚等量刑情节已查清。

第六条 量刑建议包括主刑、附加刑、是否适用缓刑等。主刑可以具有一定的幅度，也可以根据案件具体情况，提出确定刑期的量刑建议。建议判处财产刑的，可以提出确定的数额。

第七条 对常见犯罪案件，人民检察院应当按照量刑指导意见提出量刑建议。对新类型、不常见犯罪案件，可以参照相关量刑规范提出量刑建议。提出量刑建议，应当说明理由和依据。

第八条 人民检察院指控被告人犯有数罪的，应当对指控的个罪分别提出量刑建议，并依法提出数罪并罚后决定执行的刑罚的量刑建议。

对于共同犯罪案件，人民检察院应当根据各被告人在共同犯罪中的地位、作用以及应当承担的刑事责任分别提出量刑建议。

第九条 人民检察院提出量刑建议，可以制作量刑建议书，与起诉书一并移送人民法院；对于案情简单、量刑情节简单的适用速裁程序的案件，也可以在起诉书中写明量刑建议。

量刑建议书中应当写明人民检察院建议对被告人处以的主刑、附加刑、是否适用缓刑等及其理由和依据。

人民检察院以量刑建议书方式提出量刑建议的，人民法院在送达起诉书副本时，应当将量刑建议书一并送达被告人。

第十条 在刑事诉讼中，自诉人、被告人及其辩护人、被害人及其诉讼代理人可以提出量刑意见，并说明理由，人民检察院、人民法院应当记录在案并附卷。

第十一条 人民法院、人民检察院、侦查机关应当告知犯罪嫌疑人、被告人申请法律援助的权利，对符合法律援助条件的，依法通知法律援助机构指派律师为其提供辩护或者法律帮助。

第十二条　适用速裁程序审理的案件，在确认被告人认罪认罚的自愿性和认罪认罚具结书内容的真实性、合法性后，一般不再进行法庭调查、法庭辩论，但在判决宣告前应当听取辩护人的意见和被告人的最后陈述意见。

适用速裁程序审理的案件，应当当庭宣判。

第十三条　适用简易程序审理的案件，在确认被告人对起诉书指控的犯罪事实和罪名没有异议，自愿认罪且知悉认罪的法律后果后，法庭审理可以直接围绕量刑进行，不再区分法庭调查、法庭辩论，但在判决宣告前应当听取被告人的最后陈述意见。

适用简易程序审理的案件，一般应当当庭宣判。

第十四条　适用普通程序审理的被告人认罪案件，在确认被告人了解起诉书指控的犯罪事实和罪名，自愿认罪且知悉认罪的法律后果后，法庭审理主要围绕量刑和其他有争议的问题进行，可以适当简化法庭调查、法庭辩论程序。

第十五条　对于被告人不认罪或者辩护人做无罪辩护的案件，法庭调查和法庭辩论分别进行。

在法庭调查阶段，应当在查明定罪事实的基础上，查明有关量刑事实，被告人及其辩护人可以出示证明被告人无罪或者罪轻的证据，当庭发表质证意见。

在法庭辩论阶段，审判人员引导控辩双方先辩论定罪问题。在定罪辩论结束后，审判人员告知控辩双方可以围绕量刑问题进行辩论，发表量刑建议或者意见，并说明依据和理由。被告人及其辩护人参加量刑问题的调查的，不影响作无罪辩解或者辩护。

第十六条　在法庭调查中，公诉人可以根据案件的不同种类、特点和庭审的实际情况，合理安排和调整举证顺序。定罪证据和量刑证据分开出示的，应当先出示定罪证据，后出示量刑证据。

对于有数起犯罪事实的案件的量刑证据，可以在对每起犯罪事实举证时分别出示，也可以对同类犯罪事实一并出示；涉及全案综合量刑情节的证据，一般应当在举证阶段最后出示。

第十七条　在法庭调查中，人民法院应当查明对被告人适用具体法定刑幅度的犯罪事实以及法定或者酌定量刑情节。

第十八条　人民法院、人民检察院、侦查机关或者辩护人委托有关方面制作涉及未成年人的社会调查报告的，调查报告应当在法庭上宣读，并进行质证。

第十九条　在法庭审理中，审判人员对量刑证据有疑问的，可以宣布休庭，对证据进行调查核实，必要时也可以要求人民检察院补充调查核实。人民检察院补充调查核实有关证据，必要时可以要求侦查机关提供协助。

对于控辩双方补充的证据，应当经过庭审质证才能作为定案的根据。但是，对于有利于被告人的量刑证据，经庭外征求意见，控辩双方没有异议的除外。

第二十条 被告人及其辩护人、被害人及其诉讼代理人申请人民法院调取在侦查、审查起诉阶段收集的量刑证据材料，人民法院认为确有必要的，应当依法调取；人民法院认为不需要调取的，应当说明理由。

第二十一条 在法庭辩论中，量刑辩论按照以下顺序进行：

（一）公诉人发表量刑建议，或者自诉人及其诉讼代理人发表量刑意见；

（二）被害人及其诉讼代理人发表量刑意见；

（三）被告人及其辩护人发表量刑意见。

第二十二条 在法庭辩论中，出现新的量刑事实，需要进一步调查的，应当恢复法庭调查，待事实查清后继续法庭辩论。

第二十三条 对于人民检察院提出的量刑建议，人民法院应当依法审查。对于事实清楚，证据确实、充分，指控的罪名准确，量刑建议适当的，人民法院应当采纳。

人民法院经审理认为，人民检察院的量刑建议不当的，可以告知人民检察院。人民检察院调整量刑建议的，应当在法庭审理结束前提出。人民法院认为人民检察院调整后的量刑建议适当的，应当予以采纳；人民检察院不调整量刑建议或者调整量刑建议后仍不当的，人民法院应当依法作出判决。

第二十四条 有下列情形之一，被告人当庭认罪，愿意接受处罚的，人民法院应当根据审理查明的事实，就定罪和量刑听取控辩双方意见，依法作出裁判：

（一）被告人在侦查、审查起诉阶段认罪认罚，但人民检察院没有提出量刑建议的；

（二）被告人在侦查、审查起诉阶段没有认罪认罚的；

（三）被告人在第一审程序中没有认罪认罚，在第二审程序中认罪认罚的；

（四）被告人在庭审过程中不同意量刑建议的。

第二十五条 人民法院应当在刑事裁判文书中说明量刑理由。量刑说理主要包括：

（一）已经查明的量刑事实及其对量刑的影响；

（二）是否采纳公诉人、自诉人、被告人及其辩护人、被害人及其诉讼代理人发表的量刑建议、意见及理由；

（三）人民法院判处刑罚的理由和法律依据。

对于适用速裁程序审理的案件，可以简化量刑说理。

第二十六条 开庭审理的二审、再审案件的量刑程序，依照有关法律规定进行。法律没有规定的，参照本意见进行。

对于不开庭审理的二审、再审案件，审判人员在阅卷、讯问被告人、听取自诉人、辩护人、被害人及其诉讼代理人的意见时，应当注意审查量刑事实和证据。

第二十七条 对于认罪认罚案件量刑建议的提出、采纳与调整等，适用最高人民法院、最高人民检察院、公安部、国家安全部、司法部《关于适用认罪认罚从宽制度的指导意见》的有关规定。

第二十八条 本意见自2020年11月6日起施行。2010年9月13日最高人民法院、最高人民检察院、公安部、国家安全部、司法部《印发〈关于规范量刑程序若干问题的意见（试行）〉的通知》（法发〔2010〕35号）同时废止。

最高人民法院关于加强著作权和与著作权有关的权利保护的意见

（2020年11月16日 法发〔2020〕42号）

为切实加强文学、艺术和科学领域的著作权保护，充分发挥著作权审判对文化建设的规范、引导、促进和保障作用，激发全民族文化创新创造活力，推进社会主义精神文明建设，繁荣发展文化事业和文化产业，提升国家文化软实力和国际竞争力，服务经济社会高质量发展，根据《中华人民共和国著作权法》等法律规定，结合审判实际，现就进一步加强著作权和与著作权有关的权利保护，提出如下意见。

1. 依法加强创作者权益保护，统筹兼顾传播者和社会公众利益，坚持创新在我国现代化建设全局中的核心地位。依法处理好鼓励新兴产业发展与保障权利人合法权益的关系，协调好激励创作和保障人民文化权益之间的关系，发挥好权利受让人和被许可人在促进作品传播方面的重要作用，依法保护著作权和与著作权有关的权利，促进智力成果的创作和传播，发展繁荣社会主义文化和科学事业。

2. 大力提高案件审理质效，推进案件繁简分流试点工作，着力缩短涉及著作权和与著作权有关的权利的类型化案件审理周期。完善知识产权诉讼证据规则,允许当事人通过区块链等方式保存、固定和提交证据,有效解决知识产权权利人举证难问题。依法支持当事人的行为保全、证据保全、财产保全请求,综合运用多种民事责任方式,使权利人在民事案件中得到更加全面充分的救济。

3. 在作品、表演、录音制品上以通常方式署名的自然人、法人和非法人组织,应当推定为该作品、表演、录音制品的著作权人或者与著作权有关的权利的权利人,但有相反证据足以推翻的除外。对于署名的争议,应当结合作品、表演、录音制品的性质、类型、表现形式以及行业习惯、公众认知习惯等因素,作出综合判断。权利人完成初步举证的,人民法院应当推定当事人主张的著作权或者与著作权有关的权利成立,但是有相反证据足以推翻的除外。

4. 适用署名推定规则确定著作权或者与著作权有关的权利归属且被告未提交相反证据的,原告可以不再另行提交权利转让协议或其他书面证据。在诉讼程序中,被告主张其不承担侵权责任的,应当提供证据证明已经取得权利人的许可,或者具有著作权法规定的不经权利人许可而可以使用的情形。

5. 高度重视互联网、人工智能、大数据等技术发展新需求,依据著作权法准确界定作品类型,把握好作品的认定标准,依法妥善审理体育赛事直播、网络游戏直播、数据侵权等新类型案件,促进新兴业态规范发展。

6. 当事人请求立即销毁侵权复制品以及主要用于生产或者制造侵权复制品的材料和工具,除特殊情况外,人民法院在民事诉讼中应当予以支持,在刑事诉讼中应当依职权责令销毁。在特殊情况下不宜销毁的,人民法院可以责令侵权人在商业渠道之外以适当方式对上述材料和工具予以处置,以尽可能消除进一步侵权的风险。销毁或者处置费用由侵权人承担,侵权人请求补偿的,人民法院不予支持。

在刑事诉讼中,权利人以为后续可能提起的民事或者行政诉讼保全证据为由,请求对侵权复制品及材料和工具暂不销毁的,人民法院可以予以支持。权利人在后续民事或者行政案件中请求侵权人赔偿其垫付的保管费用的,人民法院可以予以支持。

7. 权利人的实际损失、侵权人的违法所得、权利使用费难以计算的,应当综合考虑请求保护的权利类型、市场价值和侵权人主观过错、侵权行为性质和规模、损害后果严重程度等因素,依据著作权法及司法解释等相关规定合理确定赔偿数额。侵权人故意侵权且情节严重,权利人请求适用惩罚性赔偿的,人民法院应当依法审查确定。权利人能够举证证明的合理维权费用,包括诉讼费用和律师费用等,人民法院应当予以支持并在确定赔偿数额时单独计算。

8. 侵权人曾经被生效的法院裁判、行政决定认定构成侵权或者曾经就相同侵权行为与权利人达成和解协议，仍然继续实施或者变相重复实施被诉侵权行为的，应当认定为具有侵权的故意，人民法院在确定侵权民事责任时应当充分考虑。

9. 要通过诚信诉讼承诺书等形式，明确告知当事人不诚信诉讼可能承担的法律责任，促使当事人正当行使诉讼权利，积极履行诉讼义务，在合理期限内积极、诚实地举证，在诉讼过程中作真实、完整的陈述。

10. 要完善失信惩戒与追责机制，对于提交伪造、变造证据，隐匿、毁灭证据，作虚假陈述、虚假证言、虚假鉴定、虚假署名等不诚信诉讼行为，人民法院可以依法采取训诫、罚款、拘留等强制措施。构成犯罪的，依法追究刑事责任。

最高人民法院关于知识产权民事诉讼证据的若干规定

（2020 年 11 月 9 日最高人民法院审判委员会第 1815 次会议通过　2020 年 11 月 16 日最高人民法院公告公布　自 2020 年 11 月 18 日起施行　法释〔2020〕12 号）

为保障和便利当事人依法行使诉讼权利，保证人民法院公正、及时审理知识产权民事案件，根据《中华人民共和国民事诉讼法》等有关法律规定，结合知识产权民事审判实际，制定本规定。

第一条　知识产权民事诉讼当事人应当遵循诚信原则，依照法律及司法解释的规定，积极、全面、正确、诚实地提供证据。

第二条　当事人对自己提出的主张，应当提供证据加以证明。根据案件审理情况，人民法院可以适用民事诉讼法第六十五条第二款的规定，根据当事人的主张及待证事实、当事人的证据持有情况、举证能力等，要求当事人提供有关证据。

第三条　专利方法制造的产品不属于新产品的，侵害专利权纠纷的原告应当举证证明下列事实：

（一）被告制造的产品与使用专利方法制造的产品属于相同产品；

（二）被告制造的产品经由专利方法制造的可能性较大；

（三）原告为证明被告使用了专利方法尽到合理努力。

原告完成前款举证后，人民法院可以要求被告举证证明其产品制造方法不同于专利方法。

第四条 被告依法主张合法来源抗辩的，应当举证证明合法取得被诉侵权产品、复制品的事实，包括合法的购货渠道、合理的价格和直接的供货方等。

被告提供的被诉侵权产品、复制品来源证据与其合理注意义务程度相当的，可以认定其完成前款所称举证，并推定其不知道被诉侵权产品、复制品侵害知识产权。被告的经营规模、专业程度、市场交易习惯等，可以作为确定其合理注意义务的证据。

第五条 提起确认不侵害知识产权之诉的原告应当举证证明下列事实：

（一）被告向原告发出侵权警告或者对原告进行侵权投诉；

（二）原告向被告发出诉权行使催告及催告时间、送达时间；

（三）被告未在合理期限内提起诉讼。

第六条 对于未在法定期限内提起行政诉讼的行政行为所认定的基本事实，或者行政行为认定的基本事实已为生效裁判所确认的部分，当事人在知识产权民事诉讼中无须再证明，但有相反证据足以推翻的除外。

第七条 权利人为发现或者证明知识产权侵权行为，自行或者委托他人以普通购买者的名义向被诉侵权人购买侵权物品所取得的实物、票据等可以作为起诉被诉侵权人侵权的证据。

被诉侵权人基于他人行为而实施侵害知识产权行为所形成的证据，可以作为权利人起诉其侵权的证据，但被诉侵权人仅基于权利人的取证行为而实施侵害知识产权行为的除外。

第八条 中华人民共和国领域外形成的下列证据，当事人仅以该证据未办理公证、认证等证明手续为由提出异议的，人民法院不予支持：

（一）已为发生法律效力的人民法院裁判所确认的；

（二）已为仲裁机构生效裁决所确认的；

（三）能够从官方或者公开渠道获得的公开出版物、专利文献等；

（四）有其他证据能够证明真实性的。

第九条 中华人民共和国领域外形成的证据，存在下列情形之一的，当事人仅以该证据未办理认证手续为由提出异议的，人民法院不予支持：

（一）提出异议的当事人对证据的真实性明确认可的；

（二）对方当事人提供证人证言对证据的真实性予以确认，且证人明确表示如作伪证愿意接受处罚的。

前款第二项所称证人作伪证，构成民事诉讼法第一百一十一条规定情形的，人民法院依法处理。

第十条 在一审程序中已经根据民事诉讼法第五十九条、第二百六十四条的规定办理授权委托书公证、认证或者其他证明手续的，在后续诉讼程序中，人民法院可以不再要求办理该授权委托书的上述证明手续。

第十一条 人民法院对于当事人或者利害关系人的证据保全申请，应当结合下列因素进行审查：

（一）申请人是否已就其主张提供初步证据；

（二）证据是否可以由申请人自行收集；

（三）证据灭失或者以后难以取得的可能性及其对证明待证事实的影响；

（四）可能采取的保全措施对证据持有人的影响。

第十二条 人民法院进行证据保全，应当以有效固定证据为限，尽量减少对保全标的物价值的损害和对证据持有人正常生产经营的影响。

证据保全涉及技术方案的，可以采取制作现场勘验笔录、绘图、拍照、录音、录像、复制设计和生产图纸等保全措施。

第十三条 当事人无正当理由拒不配合或者妨害证据保全，致使无法保全证据的，人民法院可以确定由其承担不利后果。构成民事诉讼法第一百一十一条规定情形的，人民法院依法处理。

第十四条 对于人民法院已经采取保全措施的证据，当事人擅自拆装证据实物、篡改证据材料或者实施其他破坏证据的行为，致使证据不能使用的，人民法院可以确定由其承担不利后果。构成民事诉讼法第一百一十一条规定情形的，人民法院依法处理。

第十五条 人民法院进行证据保全，可以要求当事人或者诉讼代理人到场，必要时可以根据当事人的申请通知有专门知识的人到场，也可以指派技术调查官参与证据保全。

证据为案外人持有的，人民法院可以对其持有的证据采取保全措施。

第十六条 人民法院进行证据保全，应当制作笔录、保全证据清单，记录保全时间、地点、实施人、在场人、保全经过、保全标的物状态，由实施人、在场人签名或者盖章。有关人员拒绝签名或者盖章的，不影响保全的效力，人民法院可以在笔录上记明并拍照、录像。

第十七条 被申请人对证据保全的范围、措施、必要性等提出异议并提供相关证据，人民法院经审查认为异议理由成立的，可以变更、终止、解除证据保全。

第十八条 申请人放弃使用被保全证据，但被保全证据涉及案件基本事实查明或者其他当事人主张使用的，人民法院可以对该证据进行审查认定。

第十九条 人民法院可以对下列待证事实的专门性问题委托鉴定：

（一）被诉侵权技术方案与专利技术方案、现有技术的对应技术特征在手段、功能、效果等方面的异同；

（二）被诉侵权作品与主张权利的作品的异同；

（三）当事人主张的商业秘密与所属领域已为公众所知悉的信息的异同、被诉侵权的信息与商业秘密的异同；

（四）被诉侵权物与授权品种在特征、特性方面的异同，其不同是否因非遗传变异所致；

（五）被诉侵权集成电路布图设计与请求保护的集成电路布图设计的异同；

（六）合同涉及的技术是否存在缺陷；

（七）电子数据的真实性、完整性；

（八）其他需要委托鉴定的专门性问题。

第二十条 经人民法院准许或者双方当事人同意，鉴定人可以将鉴定所涉部分检测事项委托其他检测机构进行检测，鉴定人对根据检测结果出具的鉴定意见承担法律责任。

第二十一条 鉴定业务领域未实行鉴定人和鉴定机构统一登记管理制度的，人民法院可以依照《最高人民法院关于民事诉讼证据的若干规定》第三十二条规定的鉴定人选任程序，确定具有相应技术水平的专业机构、专业人员鉴定。

第二十二条 人民法院应当听取各方当事人意见，并结合当事人提出的证据确定鉴定范围。鉴定过程中，一方当事人申请变更鉴定范围，对方当事人无异议的，人民法院可以准许。

第二十三条 人民法院应当结合下列因素对鉴定意见进行审查：

（一）鉴定人是否具备相应资格；

（二）鉴定人是否具备解决相关专门性问题应有的知识、经验及技能；

（三）鉴定方法和鉴定程序是否规范，技术手段是否可靠；

（四）送检材料是否经过当事人质证且符合鉴定条件；

（五）鉴定意见的依据是否充分；

（六）鉴定人有无应当回避的法定事由；

（七）鉴定人在鉴定过程中有无徇私舞弊或者其他影响公正鉴定的情形。

第二十四条 承担举证责任的当事人书面申请人民法院责令控制证据的对方当事人提交证据，申请理由成立的，人民法院应当作出裁定，责令其提交。

第二十五条 人民法院依法要求当事人提交有关证据，其无正当理由拒不提交、提交虚假证据、毁灭证据或者实施其他致使证据不能使用行为的，人民法院可以推定对方当事人就该证据所涉证明事项的主张成立。

当事人实施前款所列行为，构成民事诉讼法第一百一十一条规定情形的，人民法院依法处理。

第二十六条 证据涉及商业秘密或者其他需要保密的商业信息的，人民法院应当在相关诉讼参与人接触该证据前，要求其签订保密协议、作出保密承诺，或者以裁定等法律文书责令其不得出于本案诉讼之外的任何目的披露、使用、允许他人使用在诉讼程序中接触到的秘密信息。

当事人申请对接触前款所称证据的人员范围作出限制，人民法院经审查认为确有必要的，应当准许。

第二十七条 证人应当出庭作证，接受审判人员及当事人的询问。

双方当事人同意并经人民法院准许，证人不出庭的，人民法院应当组织当事人对该证人证言进行质证。

第二十八条 当事人可以申请有专门知识的人出庭，就专业问题提出意见。经法庭准许，当事人可以对有专门知识的人进行询问。

第二十九条 人民法院指派技术调查官参与庭前会议、开庭审理的，技术调查官可以就案件所涉技术问题询问当事人、诉讼代理人、有专门知识的人、证人、鉴定人、勘验人等。

第三十条 当事人对公证文书提出异议，并提供相反证据足以推翻的，人民法院对该公证文书不予采纳。

当事人对公证文书提出异议的理由成立的，人民法院可以要求公证机构出具说明或者补正，并结合其他相关证据对该公证文书进行审核认定。

第三十一条 当事人提供的财务账簿、会计凭证、销售合同、进出货单据、上市公司年报、招股说明书、网站或者宣传册等有关记载，设备系统存储的交易数据，第三方平台统计的商品流通数据，评估报告，知识产权许可使用合同以及市场监管、税务、金融部门的记录等，可以作为证据，用以证明当事人主张的侵害知识产权赔偿数额。

第三十二条 当事人主张参照知识产权许可使用费的合理倍数确定赔偿数额的，人民法院可以考量下列因素对许可使用费证据进行审核认定：

（一）许可使用费是否实际支付及支付方式，许可使用合同是否实际履行或者备案；

（二）许可使用的权利内容、方式、范围、期限；

（三）被许可人与许可人是否存在利害关系；

（四）行业许可的通常标准。

第三十三条 本规定自 2020 年 11 月 18 日起施行。本院以前发布的相关司法解释与本规定不一致的，以本规定为准。

最高人民法院关于内地与香港特别行政区相互执行仲裁裁决的补充安排

（2020 年 11 月 9 日由最高人民法院审判委员会第 1815 次会议通过　2020 年 11 月 26 日最高人民法院公告公布　第一条、第四条自公布之日起施行，第二条、第三条在香港特别行政区完成有关程序后，由最高人民法院公布生效日期　法释〔2020〕13 号）

依据《最高人民法院关于内地与香港特别行政区相互执行仲裁裁决的安排》（以下简称《安排》）第十一条的规定，最高人民法院与香港特别行政区政府经协商，作出如下补充安排：

一、《安排》所指执行内地或者香港特别行政区仲裁裁决的程序，应解释为包括认可和执行内地或者香港特别行政区仲裁裁决的程序。

二、将《安排》序言及第一条修改为：“根据《中华人民共和国香港特别行政区基本法》第九十五条的规定，经最高人民法院与香港特别行政区（以下简称香港特区）政府协商，现就仲裁裁决的相互执行问题作出如下安排：

“一、内地人民法院执行按香港特区《仲裁条例》作出的仲裁裁决，香港特区法院执行按《中华人民共和国仲裁法》作出的仲裁裁决，适用本安排。”

三、将《安排》第二条第三款修改为：“被申请人在内地和香港特区均有住所地或者可供执行财产的，申请人可以分别向两地法院申请执行。应对方法院要求，两地法院应当相互提供本方执行仲裁裁决的情况。两地法院执行财产的总额，不得超过裁决确定的数额。”

四、在《安排》第六条中增加一款作为第二款：“有关法院在受理执行仲裁裁决申请之前或者之后，可以依申请并按照执行地法律规定采取保全或者强制措施。”

五、本补充安排第一条、第四条自公布之日起施行，第二条、第三条在香港特别行政区完成有关程序后，由最高人民法院公布生效日期。

附：

一、2020年11月份报国务院备案并予以登记的地方性法规、自治条例、单行条例和地方政府规章目录

地方性法规

法规名称	公布日期	备案登记编号
中国（河北）自由贸易试验区条例	2020年9月24日	国司备字［2020002911］
河北省人民代表大会常务委员会关于厉行节约、反对餐饮浪费的规定	2020年9月24日	国司备字［2020002912］
河北省人民代表大会常务委员会关于加强滦河流域水资源保护和管理的决定	2020年9月24日	国司备字［2020002913］
唐山市工业遗产保护与利用条例	2020年9月28日	国司备字［2020002915］
唐山市城市供水用水管理条例	2020年9月28日	国司备字［2020002916］
邯郸市烈士纪念设施保护条例	2020年10月16日	国司备字［2020002917］
邯郸市人民代表大会常务委员会关于废止《邯郸市商业网点建设管理条例》和《邯郸市人民代表大会常务委员会关于废止地方性法规中若干行政许可规定的决定》的决定	2020年10月16日	国司备字［2020002918］
廊坊市院前医疗急救服务条例	2020年10月12日	国司备字［2020002919］
保定市清西陵保护条例	2020年10月10日	国司备字［2020002920］
邢台市养犬管理条例	2020年10月15日	国司备字［2020002921］

续表

法规名称	公布日期	备案登记编号
邢台市禁止燃放烟花爆竹规定	2020 年 10 月 15 日	国司备字［2020002992］
张家口市城市市容和环境卫生管理条例	2020 年 10 月 13 日	国司备字［2020002922］
沧州市城市建筑垃圾管理条例	2020 年 10 月 1 日	国司备字［2020002923］
辽宁省矛盾纠纷多元预防化解条例	2020 年 9 月 27 日	国司备字［2020002956］
辽宁省测绘地理信息条例	2020 年 9 月 27 日	国司备字［2020002957］
大连市生活垃圾分类管理条例	2020 年 10 月 19 日	国司备字［2020002958］
本溪市人民代表大会常务委员会关于废止和修改部分地方性法规的决定	2020 年 8 月 25 日	国司备字［2020002959］
本溪市人民代表大会常务委员会关于修改部分地方性法规的决定	2020 年 10 月 15 日	国司备字［2020002960］
丹东市人民代表大会常务委员会关于修改《丹东市地热水资源保护管理条例》的决定	2020 年 10 月 20 日	国司备字［2020002961］
长春市人民代表大会常务委员会关于修改部分地方性法规的决定	2019 年 8 月 15 日	国司备字［2020003016］
上海市人民代表大会常务委员会关于加强检察公益诉讼工作的决定	2020 年 6 月 18 日	国司备字［2020002925］
上海市人民代表大会常务委员会关于修改本市部分地方性法规的决定	2020 年 5 月 14 日	国司备字［2020003086］
江苏省公安机关警务辅助人员管理条例	2020 年 9 月 25 日	国司备字［2020002962］
南京市供水和节约用水管理条例	2020 年 10 月 13 日	国司备字［2020002963］
苏州市人民代表大会常务委员会关于修改《苏州市禁止猎捕陆生野生动物条例》的决定	2020 年 9 月 30 日	国司备字［2020002964］

续表

法规名称	公布日期	备案登记编号
苏州市道路交通安全条例	2020年9月30日	国司备字[2020003000]
无锡市人民代表大会常务委员会关于修改《无锡市轨道交通条例》的决定	2020年10月10日	国司备字[2020002965]
无锡市人民代表大会常务委员会关于修改《无锡市不动产登记条例》的决定	2020年10月10日	国司备字[2020002966]
徐州市生活垃圾管理条例	2020年10月9日	国司备字[2020002967]
盐城市安全生产条例	2020年10月9日	国司备字[2020002968]
扬州市住宅物业管理条例	2020年10月9日	国司备字[2020002969]
镇江市电梯安全管理条例	2020年10月10日	国司备字[2020002970]
泰州市住宅物业管理条例	2020年9月30日	国司备字[2020002971]
连云港市旅游促进条例	2020年10月9日	国司备字[2020002972]
宿迁市机动车停车场管理条例	2020年9月30日	国司备字[2020002973]
浙江省人民代表大会常务委员会关于修改《浙江省房屋使用安全管理条例》等七件地方性法规的决定	2020年9月24日	国司备字[2020002990]
宁波市电梯安全条例	2020年10月10日	国司备字[2020003003]
宁波市人民代表大会常务委员会关于修改《宁波市职业教育校企合作促进条例》的决定	2020年10月10日	国司备字[2020003004]
湖州市法治乡村建设条例	2020年10月9日	国司备字[2020003005]

续表

法规名称	公布日期	备案登记编号
绍兴市道路交通安全管理若干规定	2020年10月9日	国司备字［2020003116］
安徽省实施《中华人民共和国人民防空法》办法	2020年10月9日	国司备字［2020003118］
安徽省人民代表大会常务委员会关于修改《安徽省实施〈中华人民共和国产品质量法〉若干规定》的决定	2020年10月9日	国司备字［2020003119］
安徽省人民代表大会常务委员会关于修改《安徽省预防接种管理条例》的决定	2020年10月9日	国司备字［2020003120］
安徽省人民代表大会常务委员会关于修改《安徽省农产品质量安全条例》等法规的决定	2020年10月9日	国司备字［2020003121］
合肥市河道管理条例	2020年9月30日	国司备字［2020003122］
合肥市制止餐饮浪费行为条例	2020年9月30日	国司备字［2020003123］
宿州市制止餐饮浪费行为条例	2020年10月22日	国司备字［2020003124］
蚌埠市人民代表大会常务委员会关于修改《蚌埠市城市生活垃圾管理条例》的决定	2020年10月20日	国司备字［2020003125］
阜阳市城镇燃气管理条例	2020年11月2日	国司备字［2020003126］
安庆市人民代表大会常务委员会关于修改《安庆市燃放烟花爆竹管理条例》的决定	2020年10月29日	国司备字［2020003127］
淮北市人民代表大会常务委员会关于修改《淮北市文明行为促进条例》的决定	2020年10月19日	国司备字［2020003128］
亳州市文明行为促进条例	2020年10月27日	国司备字［2020003129］
六安市文明行为促进条例	2020年10月26日	国司备字［2020003130］

续表

法规名称	公布日期	备案登记编号
黄山市文明行为促进条例	2020 年 10 月 20 日	国司备字［2020003131］
黄山市制止餐饮浪费行为条例	2020 年 10 月 20 日	国司备字［2020003132］
福州市人民代表大会常务委员会关于修改《福州市人民代表大会常务委员会任免国家机关工作人员条例》的决定	2020 年 9 月 29 日	国司备字［2020002981］
厦门市人民代表大会常务委员会关于修改《厦门市砂、石、土资源管理规定》的决定	2020 年 10 月 10 日	国司备字［2020002982］
厦门经济特区鼓浪屿世界文化遗产保护条例	2019 年 6 月 28 日	国司备字［2020003029］
厦门市人民代表大会常务委员会关于修改《厦门市经济特区生态文明建设条例》的决定	2019 年 6 月 28 日	国司备字［2020003030］
厦门市人民代表大会常务委员会关于修改《厦门经济特区水资源条例》的决定	2019 年 8 月 30 日	国司备字［2020003031］
厦门市人民代表大会常务委员会关于修改《厦门经济特区机动车排气污染防治条例》的决定	2019 年 10 月 25 日	国司备字［2020003032］
厦门经济特区旅游条例	2019 年 10 月 25 日	国司备字［2020003033］
漳州市大气污染防治条例	2020 年 10 月 10 日	国司备字［2020002983］
泉州市市容和环境卫生管理条例	2020 年 10 月 13 日	国司备字［2020002984］
三明市公共文明行为促进条例	2020 年 9 月 29 日	国司备字［2020002985］
莆田市文明行为促进条例	2020 年 9 月 29 日	国司备字［2020002986］
南平市停车场建设和管理办法	2020 年 10 月 13 日	国司备字［2020002987］

续表

法规名称	公布日期	备案登记编号
龙岩市长汀历史文化名城保护条例	2020 年 9 月 29 日	国司备字［2020002988］
宁德市城市市容和环境卫生管理条例	2020 年 10 月 9 日	国司备字［2020002989］
江西省人民代表大会常务委员会关于废止 1 件和修改 11 件地方性法规的决定	2019 年 9 月 28 日	国司备字［2020003061］
江西省人民代表大会常务委员会关于修改《江西省反窃电办法》等 45 件地方性法规的决定	2019 年 9 月 28 日	国司备字［2020003062］
江西省人民代表大会常务委员会关于废止《江西省资源综合利用条例》等 3 件地方性法规的决定	2019 年 11 月 27 日	国司备字［2020003063］
江西省人民代表大会常务委员会关于修改《江西省林木种子条例》等 18 件地方性法规的决定	2019 年 11 月 27 日	国司备字［2020003064］
江西省开发区条例	2019 年 8 月 7 日	国司备字［2020003080］
江西省生态文明建设促进条例	2019 年 9 月 28 日	国司备字［2020003081］
江西省红十字会条例	2019 年 11 月 27 日	国司备字［2020003082］
赣州市人民代表大会常务委员会关于修改《赣州市城市管理条例》等 3 件地方性法规的决定	2020 年 4 月 20 日	国司备字［2020003034］
赣州市文明行为促进条例	2020 年 10 月 21 日	国司备字［2020003087］
吉安市文明行为促进条例	2020 年 10 月 20 日	国司备字［2020003088］
中国(山东)自由贸易试验区条例	2020 年 9 月 25 日	国司备字［2020002899］

续表

法规名称	公布日期	备案登记编号
山东省优化营商环境条例	2020 年 9 月 25 日	国司备字［2020002900］
山东省公共法律服务条例	2020 年 9 月 25 日	国司备字［2020002901］
山东省通信基础设施建设与保护条例	2020 年 9 月 25 日	国司备字［2020002903］
济南市历史文化名城保护条例	2020 年 9 月 25 日	国司备字［2020002904］
济南市节约用水条例	2020 年 9 月 25 日	国司备字［2020002905］
淄博市人民代表大会常务委员会关于修改《淄博市节约能源条例》等九件地方性法规的决定	2020 年 9 月 28 日	国司备字［2020003001］
东营市人民代表大会常务委员会关于修改《东营市湿地保护条例》的决定	2020 年 10 月 10 日	国司备字［2020002906］
威海市精致城市建设条例	2020 年 9 月 28 日	国司备字［2020002907］
临沂市美丽乡村条例	2020 年 9 月 25 日	国司备字［2020002908］
菏泽市餐厨废弃物管理条例	2020 年 9 月 28 日	国司备字［2020002909］
日照市文物保护条例	2020 年 9 月 25 日	国司备字［2020002993］
聊城市历史文化名城名镇名村保护条例	2020 年 9 月 29 日	国司备字［2020002910］
郑州市城市公共汽车客运条例	2020 年 9 月 8 日	国司备字［2020003103］
洛阳市城市河渠管理条例	2020 年 8 月 25 日	国司备字［2020003104］
洛阳市城市轨道交通条例	2020 年 8 月 25 日	国司备字［2020003105］

续表

法规名称	公布日期	备案登记编号
南阳市生态文明建设促进条例	2020年9月9日	国司备字［2020003109］
焦作市生活垃圾分类管理条例	2020年8月31日	国司备字［2020003107］
鹤壁市人民代表大会常务委员会关于修改《鹤壁市循环经济生态城市建设条例》的决定	2020年8月31日	国司备字［2020003106］
漯河市城市绿化条例	2020年9月17日	国司备字［2020003108］
周口市大气污染防治条例	2020年9月10日	国司备字［2020003110］
十堰市文明行为促进条例	2020年10月21日	国司备字［2020003014］
湖南省实施《中华人民共和国土壤污染防治法》办法	2020年3月31日	国司备字［2020002784］
广东省规章设定罚款限额规定	2020年7月29日	国司备字［2020002785］
广东省标准化条例	2020年7月29日	国司备字［2020002786］
广东省不设区的市和市辖区人民代表大会常务委员会街道工作委员会工作条例	2020年7月29日	国司备字［2020002787］
广东省实施《中华人民共和国反家庭暴力法》办法	2020年7月29日	国司备字［2020002788］
广东省人民代表大会常务委员会关于修改《广东省林地保护管理条例》等十六项地方性法规的决定	2020年9月29日	国司备字［2020002924］
广东省村民委员会选举办法	2020年9月29日	国司备字［2020003006］
广东省各级人民代表大会代表建议、批评和意见办理规定	2020年9月29日	国司备字［2020003007］

续表

法规名称	公布日期	备案登记编号
广东省人民代表大会常务委员会关于废止《广东省政务公开条例》《广东省个体工商户和私营企业权益保护条例》的决定	2020年9月29日	国司备字［2020003008］
深圳市人民代表大会常务委员会关于延长《深圳市人民代表大会常务委员会关于暂时调整适用〈深圳经济特区政府投资项目管理条例〉有关规定的决定》和《深圳市人民代表大会常务委员会关于暂时调整适用和暂时停止适用〈深圳经济特区道路交通安全管理条例〉等法规有关规定的决定》期限的决定	2020年6月30日	国司备字［2020002790］
深圳经济特区电梯使用安全若干规定	2020年7月3日	国司备字［2020002791］
深圳市人民代表大会常务委员会关于修改《深圳经济特区知识产权保护条例》的决定	2020年7月3日	国司备字［2020002792］
深圳经济特区平安建设条例	2020年7月3日	国司备字［2020002793］
深圳经济特区科技创新条例	2020年8月28日	国司备字［2020002794］
深圳经济特区生态环境公益诉讼规定	2020年8月31日	国司备字［2020002795］
深圳国际仲裁院条例	2020年8月31日	国司备字［2020002796］
深圳经济特区个人破产条例	2020年8月31日	国司备字［2020002797］
深圳经济特区前海深港现代服务业合作区条例	2020年8月31日	国司备字［2020002798］
深圳经济特区前海蛇口自由贸易试验片区条例	2020年8月31日	国司备字［2020002799］
深圳经济特区突发公共卫生事件应急条例	2020年8月31日	国司备字［2020002800］

续表

法规名称	公布日期	备案登记编号
深圳市人民代表大会常务委员会关于修改《深圳经济特区道路交通安全管理条例》的决定	2020 年 9 月 2 日	国司备字［2020002801］
深圳市人民代表大会常务委员会关于修改《深圳经济特区道路交通安全管理条例》的决定	2020 年 9 月 2 日	国司备字［2020002802］
深圳市人民代表大会常务委员会关于废止《深圳经济特区实施〈中华人民共和国消费者权益保护法〉办法》的决定	2020 年 9 月 2 日	国司备字［2020002803］
深圳市人民代表大会常务委员会关于废止《深圳经济特区查处无照经营行为的规定》的决定	2020 年 9 月 2 日	国司备字［2020002804］
深圳市人民代表大会常务委员会关于修改《深圳经济特区环境噪声污染防治条例》的决定	2020 年 9 月 2 日	国司备字［2020003092］
汕头经济特区文明行为促进条例	2020 年 8 月 13 日	国司备字［2020002805］
汕头经济特区城市绿化条例	2020 年 10 月 28 日	国司备字［2020003038］
东莞市水土保持条例	2020 年 5 月 1 日	国司备字［2020002789］
广西壮族自治区优化营商环境条例	2020 年 5 月 19 日	国司备字［2020002806］
广西北部湾经济区条例	2020 年 7 月 24 日	国司备字［2020002807］
广西壮族自治区开发区条例	2020 年 7 月 24 日	国司备字［2020002808］
广西壮族自治区志愿服务条例	2020 年 7 月 24 日	国司备字［2020002809］
广西壮族自治区物业管理条例	2020 年 7 月 24 日	国司备字［2020002810］

续表

法规名称	公布日期	备案登记编号
中国(广西)自由贸易试验区条例	2020 年 9 月 22 日	国司备字［2020002811］
广西壮族自治区人民代表大会常务委员会关于修改《广西壮族自治区人口和计划生育条例》的决定	2020 年 9 月 22 日	国司备字［2020002812］
广西壮族自治区见义勇为人员奖励和保护条例	2020 年 9 月 22 日	国司备字［2020002813］
广西壮族自治区地方金融监督管理条例	2020 年 9 月 22 日	国司备字［2020002814］
广西壮族自治区水路运输管理条例	2019 年 11 月 29 日	国司备字［2020003024］
南宁市大王滩国家湿地公园保护条例	2020 年 4 月 21 日	国司备字［2020002815］
南宁市电动自行车管理条例	2020 年 5 月 25 日	国司备字［2020002816］
南宁市生活垃圾分类管理条例	2020 年 7 月 31 日	国司备字［2020002817］
柳州市传统村落保护条例	2020 年 4 月 13 日	国司备字［2020002818］
桂林市城乡规划管理条例	2020 年 4 月 21 日	国司备字［2020002819］
桂林市违法建设防控和查处条例	2020 年 4 月 21 日	国司备字［2020002820］
桂林市漓江风景名胜区管理条例	2020 年 6 月 3 日	国司备字［2020002821］
桂林市机动车船和非道路移动机械排气污染防治条例	2020 年 10 月 10 日	国司备字［2020003035］
北海市矿产资源保护条例	2020 年 4 月 14 日	国司备字［2020002822］
玉林市禁止生产销售使用含磷洗涤用品条例	2020 年 10 月 1 日	国司备字［2020003036］

续表

法规名称	公布日期	备案登记编号
防城港市京族文化保护条例	2020 年 8 月 3 日	国司备字［2020002823］
百色市右江流域水环境保护条例	2020 年 10 月 10 日	国司备字［2020003037］
海口市烟花爆竹管理若干规定	2020 年 10 月 14 日	国司备字［2020002979］
重庆市人力资源市场条例	2020 年 7 月 30 日	国司备字［2020003013］
四川省企业和企业经营者权益保护条例	2020 年 6 月 12 日	国司备字［2020002826］
四川省测绘管理条例	2020 年 6 月 12 日	国司备字［2020002827］
四川省人民代表大会常务委员会关于修改《四川省村民委员会选举条例》《四川省〈中华人民共和国城市居民委员会组织法〉实施办法》的决定	2020 年 6 月 12 日	国司备字［2020002828］
四川省人民代表大会常务委员会关于废止《四川省查禁卖淫嫖娼活动的规定》的决定	2020 年 6 月 12 日	国司备字［2020002829］
四川省人民代表大会常务委员会关于废止《四川省人民代表大会常务委员会关于加强上市猪肉卫生质量管理的决定》的决定	2020 年 6 月 12 日	国司备字［2020002830］
四川省人民代表大会常务委员会关于废止《四川省人民代表大会常务委员会关于严厉查处生产、销售假冒伪劣商品违法行为的决定》的决定	2020 年 7 月 31 日	国司备字［2020002831］
四川省司法鉴定管理条例	2020 年 7 月 31 日	国司备字［2020002832］
四川省工伤保险条例	2020 年 7 月 31 日	国司备字［2020002833］
四川省反间谍安全防范条例	2019 年 11 月 28 日	国司备字［2020003021］

续表

法规名称	公布日期	备案登记编号
成都市社区发展治理促进条例	2020 年 10 月 9 日	国司备字［2020002834］
成都市生活垃圾管理条例	2020 年 10 月 9 日	国司备字［2020002835］
成都市违法建设治理条例	2020 年 10 月 9 日	国司备字［2020002836］
泸州市文明行为促进条例	2020 年 10 月 12 日	国司备字［2020002837］
遂宁市文明行为促进条例	2020 年 10 月 12 日	国司备字［2020002838］
广安市公共餐具饮具消毒管理条例	2020 年 10 月 13 日	国司备字［2020002839］
巴中市扬尘污染防治条例	2020 年 10 月 12 日	国司备字［2020002840］
乐山市扬尘污染防治条例	2020 年 9 月 29 日	国司备字［2020002841］
资阳市城区机动车停车条例	2020 年 10 月 14 日	国司备字［2020002842］
阿坝藏族羌族自治州文物保护条例	2020 年 6 月 22 日	国司备字［2020002843］
凉山彝族自治州人民代表大会关于废止《凉山彝族自治州实施〈四川省《中华人民共和国动物防疫法》实施办法〉的补充规定》和《凉山彝族自治州施行〈兽药管理条例〉的变通规定》的决定	2020 年 8 月 9 日	国司备字［2020002845］
凉山彝族自治州民族团结进步条例	2020 年 10 月 14 日	国司备字［2020002846］
贵州省河道条例	2019 年 1 月 17 日	国司备字［2020002928］
贵州省无线电管理条例	2019 年 3 月 29 日	国司备字［2020002929］

续表

法规名称	公布日期	备案登记编号
贵州省组织实施宪法宣誓制度办法修正案	2019 年 3 月 29 日	国司备字［2020002930］
贵州省生态环境保护条例	2019 年 5 月 31 日	国司备字［2020002931］
贵州省全民阅读促进条例	2019 年 5 月 31 日	国司备字［2020002932］
贵州省大数据安全保障条例	2019 年 8 月 1 日	国司备字［2020002933］
贵州省宗教事务条例	2019 年 8 月 1 日	国司备字［2020002934］
贵州省城镇燃气管理条例	2019 年 9 月 27 日	国司备字［2020002935］
贵州省电梯条例	2019 年 9 月 27 日	国司备字［2020002936］
贵州省农作物种子条例	2019 年 9 月 27 日	国司备字［2020002937］
贵州省人民代表大会常务委员会关于修改《贵州省林地管理条例》等地方性法规个别条款的决定	2019 年 3 月 29 日	国司备字［2020003057］
贵阳市青岩古镇保护条例	2019 年 8 月 16 日	国司备字［2020002938］
贵阳市人民代表大会常务委员会关于修改《贵阳市建设生态文明城市条例》等地方性法规个别条款的决定	2019 年 6 月 21 日	国司备字［2020003054］
贵阳市人民代表大会常务委员会关于废止《贵阳市环境噪声污染防治规定》和《贵阳市水污染防治规定》的决定	2019 年 6 月 12 日	国司备字［2020003055］
遵义市城市文明建设若干规定	2019 年 8 月 7 日	国司备字［2020002939］
六盘水市城市地下综合管廊管理条例	2019 年 10 月 25 日	国司备字［2020002940］

续表

法规名称	公布日期	备案登记编号
安顺市城镇绿化条例	2019 年 10 月 11 日	国司备字［2020002941］
毕节市城乡规划条例	2019 年 5 月 13 日	国司备字［2020002942］
毕节市织金古城保护条例	2019 年 10 月 25 日	国司备字［2020002943］
毕节市饮用水水源保护条例修正案	2019 年 6 月 18 日	国司备字［2020003053］
铜仁市农村饮用水管理条例	2019 年 8 月 12 日	国司备字［2020002944］
黔东南苗族侗族自治州月亮山梯田保护条例	2019 年 4 月 8 日	国司备字［2020003056］
云南省创建生态文明建设排头兵促进条例	2020 年 5 月 12 日	国司备字［2020002848］
云南省各级人民代表大会常务委员会规范性文件备案审查条例	2020 年 6 月 11 日	国司备字［2020002849］
云南省实施《中华人民共和国全国人民代表大会和地方各级人民代表大会代表法》办法	2020 年 9 月 28 日	国司备字［2020002850］
昆明市区（市）人民代表大会常务委员会街道工作委员会工作条例	2020 年 9 月 30 日	国司备字［2020002851］
昆明市爱国卫生工作条例	2020 年 9 月 30 日	国司备字［2020002852］
临沧市南汀河保护管理条例	2020 年 10 月 10 日	国司备字［2020002853］
楚雄彝族自治州乡村清洁条例	2020 年 10 月 16 日	国司备字［2020002856］
怒江傈僳族自治州人民代表大会及其常务委员会立法条例	2020 年 4 月 27 日	国司备字［2020002861］
怒江傈僳族自治州非物质文化遗产保护条例	2020 年 10 月 29 日	国司备字［2020003012］

续表

法规名称	公布日期	备案登记编号
迪庆藏族自治州人民代表大会及其常务委员会立法条例	2020 年 8 月 11 日	国司备字［2020002863］
迪庆藏族自治州古树名木保护管理条例	2020 年 8 月 11 日	国司备字［2020002864］
陕西省人民代表大会常务委员会关于修改《陕西省产品质量监督管理条例》等二十七部地方性法规的决定	2019 年 7 月 31 日	国司备字［2020003047］
陕西省实施《中华人民共和国慈善法》办法	2019 年 5 月 30 日	国司备字［2020003066］
陕西省秦岭生态环境保护条例	2019 年 9 月 27 日	国司备字［2020003067］
陕西省煤炭石油天然气开发生态环境保护条例	2019 年 9 月 27 日	国司备字［2020003068］
陕西省测绘条例	2019 年 9 月 27 日	国司备字［2020003069］
陕西省封山禁牧条例	2019 年 9 月 27 日	国司备字［2020003070］
陕西省宗教事务条例	2019 年 11 月 29 日	国司备字［2020003071］
陕西省人民代表大会常务委员会关于修改《陕西省实施〈中华人民共和国环境保护法〉办法》等八部地方性法规的决定	2020 年 6 月 11 日	国司备字［2020003091］
陕西省实施《中华人民共和国反家庭暴力法》办法	2020 年 7 月 30 日	国司备字［2020003133］
西安市人民代表大会常务委员会关于废止《西安市经纪人条例》的决定	2019 年 1 月 10 日	国司备字［2020003060］
西安市急救医疗管理条例	2019 年 1 月 10 日	国司备字［2020003072］
西安市城市轨道交通条例	2019 年 1 月 10 日	国司备字［2020003073］

续表

法规名称	公布日期	备案登记编号
西安市旅游条例	2019年5月10日	国司备字［2020003074］
西安市社区教育促进条例	2019年9月4日	国司备字［2020003083］
西安市水环境保护条例	2020年8月25日	国司备字［2020003134］
西安市查处摩托车和非机动车非法载客若干规定	2020年8月25日	国司备字［2020003135］
西安市生活垃圾分类管理条例	2020年8月25日	国司备字［2020003136］
铜川市河道管理条例	2019年10月29日	国司备字［2020003075］
铜川市文明行为促进条例	2020年8月11日	国司备字［2020003137］
渭南市仓颉墓与庙保护条例	2019年11月20日	国司备字［2020003076］
延安市实施《陕西省延安革命旧址保护条例》办法	2020年9月1日	国司备字［2020003138］
榆林市无定河流域水污染防治条例	2019年4月29日	国司备字［2020003077］
汉中市汉江流域水环境保护条例	2019年4月1日	国司备字［2020003078］
汉中市张骞墓保护条例	2019年8月1日	国司备字［2020003079］
商洛市烟花爆竹燃放管理条例	2020年7月10日	国司备字［2020003139］
甘肃省地方立法条例	2020年6月11日	国司备字［2020002886］
甘肃省人民代表大会常务委员会人事任免办法	2020年6月11日	国司备字［2020002887］

续表

法规名称	公布日期	备案登记编号
甘肃省实施《中华人民共和国水法》办法	2020 年 6 月 11 日	国司备字［2020002888］
甘肃省价格管理条例	2020 年 6 月 11 日	国司备字［2020002889］
甘肃省建设行政执法条例	2020 年 6 月 11 日	国司备字［2020002890］
甘肃省建筑市场管理条例	2020 年 6 月 11 日	国司备字［2020002891］
甘肃省节约用水条例	2020 年 7 月 31 日	国司备字［2020002892］
甘肃省人民代表大会常务委员会关于加强检察公益诉讼工作的决定	2020 年 7 月 31 日	国司备字［2020002893］
甘肃省人民代表大会常务委员会关于废止《甘肃省林地保护条例》的决定	2020 年 7 月 31 日	国司备字［2020002894］
甘肃省人民代表大会常务委员会关于废止《甘肃安西极旱荒漠国家级自然保护区管理条例》的决定	2020 年 7 月 31 日	国司备字［2020002895］
酒泉市锁阳城遗址保护条例	2020 年 5 月 12 日	国司备字［2020002896］
甘南藏族自治州人大常委会关于修改《甘肃省甘南藏族自治州城乡环境卫生综合治理条例》的决定	2020 年 8 月 27 日	国司备字［2020002898］
青海省人民代表大会常务委员会关于修改《青海省预算管理条例》等五十四部地方性法规的决定	2020 年 7 月 22 日	国司备字［2020002927］
西宁市城市园林绿化条例	2020 年 10 月 27 日	国司备字［2020002976］
新疆维吾尔自治区气候资源保护和开发利用条例	2020 年 9 月 19 日	国司备字［2020003009］
新疆维吾尔自治区信访条例	2020 年 9 月 19 日	国司备字［2020003010］

续表

法规名称	公布日期	备案登记编号
新疆维吾尔自治区各级人民代表大会常务委员会规范性文件备案审查条例	2020 年 9 月 19 日	国司备字［2020003011］
吐鲁番市葡萄干质量管理条例	2020 年 10 月 10 日	国司备字［2020003039］
库尔勒市城区养犬管理条例	2020 年 10 月 15 日	国司备字［2020003041］
哈密市文明行为促进条例	2020 年 10 月 21 日	国司备字［2020003042］

自治州、自治县、自治旗的自治和单行条例

条例名称	公布日期	备案登记编号
长白朝鲜族自治县二十三道沟河饮用水水源保护条例	2019 年 8 月 9 日	国司备字［2020003017］
环江毛南族自治县凤腾山古墓群保护条例	2020 年 5 月 26 日	国司备字［2020002824］
三江侗族自治县侗族百家宴保护条例	2020 年 7 月 30 日	国司备字［2020002825］
龙胜各族自治县民族民间传统文化保护条例	2020 年 9 月 23 日	国司备字［2020003111］
阿坝藏族羌族自治州宗教事务条例（修订）	2020 年 6 月 24 日	国司备字［2020002844］
凉山彝族自治州人民代表大会关于修改《凉山彝族自治州水资源管理条例》的决定	2020 年 10 月 14 日	国司备字［2020003002］
峨边彝族自治县人居环境综合治理条例	2020 年 4 月 7 日	国司备字［2020002847］
黔南布依族苗族自治州第十四届人民代表大会第四次会议关于废止《黔南布依族苗族自治州城市水污染防治条例》的决定	2019 年 4 月 15 日	国司备字［2020002945］

续表

条例名称	公布日期	备案登记编号
黔东南苗族侗族自治州人民代表大会关于修改《黔东南苗族侗族自治州氵舞阳河风景名胜区管理条例》的决定	2019 年 6 月 25 日	国司备字［2020003052］
黔西南布依族苗族自治州草地生态畜牧业发展条例	2019 年 8 月 19 日	国司备字［2020003049］
道真仡佬族苗族自治县第八届人民代表大会第三次会议关于废止《道真仡佬族苗族自治县水资源管理条例》的决定	2019 年 4 月 4 日	国司备字［2020002946］
松桃苗族自治县松江流域保护条例	2019 年 6 月 6 日	国司备字［2020002947］
关岭布依族苗族自治县关岭牛保护和发展条例	2019 年 8 月 12 日	国司备字［2020002948］
威宁彝族回族苗族自治县城乡规划建设管理条例	2019 年 10 月 10 日	国司备字［2020002949］
威宁彝族回族苗族自治县第十七届人民代表大会关于修改《威宁彝族回族苗族自治县草海保护条例》《威宁彝族回族苗族自治县水资源保护管理条例》的决定	2019 年 7 月 1 日	国司备字［2020003051］
务川仡佬族苗族自治县洪渡河生态环境保护条例修正案	2019 年 10 月 22 日	国司备字［2020002950］
紫云苗族布依族自治县第十六届人民代表大会第四次会议关于废止《紫云苗族布依族自治县非公有制经济发展保护条例》的决定	2019 年 8 月 2 日	国司备字［2020003048］
沿河土家族自治县乌江沿岸生态环境保护条例	2019 年 5 月 31 日	国司备字［2020003050］
云南省文山壮族苗族自治州自治条例修正案	2020 年 4 月 27 日	国司备字［2020002854］
云南省文山壮族苗族自治州文山三七发展条例	2020 年 4 月 27 日	国司备字［2020002855］
云南省西双版纳傣族自治州自治条例修正案	2020 年 6 月 23 日	国司备字［2020002857］

续表

条例名称	公布日期	备案登记编号
云南省西双版纳傣族自治州旅游条例	2020 年 6 月 23 日	国司备字［2020002858］
西双版纳傣族自治州第十三届人民代表大会第五次会议关于废止《云南省西双版纳傣族自治州禁毒条例》的决定	2020 年 6 月 23 日	国司备字［2020002859］
云南省大理白族自治州自治条例修正案	2020 年 8 月 27 日	国司备字［2020003100］
云南省德宏傣族景颇族自治州自治条例修正案	2020 年 4 月 30 日	国司备字［2020002860］
云南省怒江傈僳族自治州自治条例修正案	2020 年 4 月 27 日	国司备字［2020002862］
云南省金平苗族瑶族傣族自治县自治条例修正案	2020 年 6 月 1 日	国司备字［2020002865］
云南省河口瑶族自治县自治条例修正案	2020 年 4 月 24 日	国司备字［2020002866］
云南省屏边苗族自治县自治条例修正案	2020 年 5 月 29 日	国司备字［2020002867］
云南省峨山彝族自治县自治条例修正案	2020 年 5 月 22 日	国司备字［2020002868］
云南省峨山彝族自治县城市管理条例	2020 年 5 月 22 日	国司备字［2020002869］
云南省新平彝族傣族自治县自治条例修正案	2020 年 6 月 23 日	国司备字［2020002870］
云南省元江哈尼族彝族傣族自治县自治条例修正案	2020 年 4 月 27 日	国司备字［2020002872］
云南省宁洱哈尼族彝族自治县自治条例修正案	2020 年 5 月 29 日	国司备字［2020002873］
云南省宁洱哈尼族彝族自治县人民代表大会关于废止《云南省普洱哈尼族彝族自治县计划生育条例》的决议	2020 年 5 月 29 日	国司备字［2020002874］

续表

条例名称	公布日期	备案登记编号
云南省景谷傣族彝族自治县自治条例修正案	2020 年 5 月 29 日	国司备字［2020002875］
云南省寻甸回族彝族自治县自治条例修正案	2020 年 6 月 29 日	国司备字［2020002876］
云南省禄劝彝族苗族自治县自治条例修正案	2020 年 9 月 28 日	国司备字［2020002877］
云南省沧源佤族自治县自治条例修正案	2020 年 8 月 31 日	国司备字［2020002878］
云南省景东彝族自治县自治条例修正案	2020 年 9 月 28 日	国司备字［2020002879］
云南省镇沅彝族哈尼族拉祜族自治县自治条例修正案	2020 年 8 月 6 日	国司备字［2020002880］
云南省镇沅彝族哈尼族拉祜族自治县传统村落保护条例	2020 年 8 月 6 日	国司备字［2020002881］
云南省孟连傣族拉祜族佤族自治县自治条例修正案	2020 年 8 月 31 日	国司备字［2020002882］
云南省西盟佤族自治县自治条例修正案	2020 年 9 月 9 日	国司备字［2020002883］
云南省玉龙纳西族自治县自治条例修正案	2020 年 9 月 29 日	国司备字［2020002884］
云南省墨江哈尼族自治县自治条例修正案	2020 年 9 月 25 日	国司备字［2020002974］
云南省澜沧拉祜族自治县自治条例修正案	2020 年 9 月 29 日	国司备字［2020002975］
云南省维西傈僳族自治县自治条例修正案	2020 年 9 月 29 日	国司备字［2020003058］
云南省宁蒗彝族自治县自治条例修正案	2020 年 9 月 17 日	国司备字［2020003059］
云南省南涧彝族自治县自治条例修正案	2020 年 8 月 28 日	国司备字［2020003101］

续表

条例名称	公布日期	备案登记编号
云南省巍山彝族回族自治县自治条例修正案	2020 年 9 月 29 日	国司备字［2020003102］
临夏回族自治州人民代表大会关于废止《临夏回族自治州生活饮用水源保护管理条例》的决定	2020 年 9 月 2 日	国司备字［2020002977］
临夏回族自治州第十五届人民代表大会第五次会议关于废止《临夏回族自治州刘家峡库区生态环境保护建设条例》的决定	2020 年 9 月 2 日	国司备字［2020002996］
甘肃省甘南藏族自治州牦牛藏羊保护与发展条例	2020 年 8 月 27 日	国司备字［2020002978］
甘肃省甘南藏族自治州生态环境保护条例	2020 年 8 月 27 日	国司备字［2020002997］
甘肃省天祝藏族自治县市容和环境卫生管理条例	2020 年 10 月 15 日	国司备字［2020002998］
巴音郭楞蒙古自治州人民代表大会关于废止《库尔勒市城区养犬管理条例》的决定	2020 年 10 月 15 日	国司备字［2020003040］

地方政府规章

规章名称	公布日期	备案登记编号
天津市重大行政决策程序规定	2020 年 10 月 14 日	国司备字［2020002871］
山西省铁路安全管理办法	2020 年 10 月 11 日	国司备字［2020003018］
晋中市殡葬管理实施办法	2020 年 9 月 29 日	国司备字［2020002897］
辽宁省人民政府关于废止和修改部分省政府规章的决定	2020 年 10 月 17 日	国司备字［2020002953］

续表

规章名称	公布日期	备案登记编号
沈阳市城市地下管线管理办法	2020年10月16日	国司备字［2020003028］
抚顺市政府规章制定办法	2020年10月10日	国司备字［2020003019］
长春市城市公共交通基础设施管理办法	2020年11月10日	国司备字［2020003117］
上海市农药管理规定	2020年10月14日	国司备字［2020003027］
江苏省地方政府储备粮管理办法	2020年10月24日	国司备字［2020002902］
常州市人民政府规章制定程序规定	2020年10月19日	国司备字［2020003025］
泰州市食品小作坊集中加工中心管理办法	2020年11月4日	国司备字［2020003095］
杭州市公共场所自动体外除颤器管理办法	2020年11月4日	国司备字［2020003023］
安徽省人民政府关于废止《安徽省农业机械安全监督管理办法》的决定	2020年7月22日	国司备字［2020002954］
安徽省人民政府关于修改部分规章的决定	2020年7月22日	国司备字［2020002955］
合肥市人民政府关于废止《合肥市农业技术推广办法》等规章的决定	2020年10月30日	国司备字［2020003043］
黄山市促进美丽乡村建设办法	2020年10月14日	国司备字［2020002991］
烟台市市区生活垃圾分类管理办法	2020年10月27日	国司备字［2020003096］
聊城市生活垃圾分类管理办法	2020年11月10日	国司备字［2020003084］
河南省消防安全责任制实施办法	2020年10月16日	国司备字［2020003046］

续表

规章名称	公布日期	备案登记编号
濮阳市人民政府地方性法规草案和规章制定程序规定	2020 年 9 月 30 日	国司备字［2020002914］
荆门市人民政府关于修改《荆门市城市临街建筑外立面管理办法》的决定	2020 年 10 月 20 日	国司备字［2020003089］
孝感市城镇居民住宅二次供水管理办法	2020 年 10 月 21 日	国司备字［2020003044］
黄冈大别山世界地质公园管理办法	2020 年 10 月 15 日	国司备字［2020003020］
湖南省无障碍环境建设管理办法	2020 年 10 月 24 日	国司备字［2020003045］
岳阳市城市绿线管理办法	2020 年 4 月 16 日	国司备字［2020003113］
岳阳市养犬管理办法	2020 年 6 月 17 日	国司备字［2020003114］
岳阳市燃气管理办法	2020 年 7 月 3 日	国司备字［2020003115］
益阳市电梯安全规定	2020 年 10 月 21 日	国司备字［2020002951］
广州市人民政府关于修改和废止部分市政府规章的决定	2020 年 11 月 11 日	国司备字［2020003097］
广州市拥军优属实施办法	2020 年 10 月 29 日	国司备字［2020003098］
重庆市辐射污染防治办法	2020 年 10 月 30 日	国司备字［2020003099］
四川省人民政府关于中国（四川）自由贸易试验区实施第三批省级管理事项的决定	2020 年 10 月 9 日	国司备字［2020002952］
四川省科学技术奖励办法	2020 年 10 月 21 日	国司备字［2020003022］
四川省节约用水办法	2020 年 11 月 9 日	国司备字［2020003085］

续表

规章名称	公布日期	备案登记编号
巴中市居住证管理办法	2020年9月3日	国司备字［2020002980］
陕西省政府投资管理办法	2020年10月27日	国司备字［2020003094］
金昌市物业管理办法	2020年10月22日	国司备字［2020003093］
西宁市再生资源回收利用管理办法	2020年10月11日	国司备字［2020003026］

二、中华人民共和国新法规汇编 2020年目录索引

法　律

有关法律问题的决定

行政法规

国务院文件

国务院部门规章

司法解释

图书在版编目(CIP)数据

中华人民共和国新法规汇编.2020年.第12辑:总第286辑/司法部编.—北京:中国法制出版社,2021.2

ISBN 978-7-5216-1665-1

Ⅰ.①中… Ⅱ.①司… Ⅲ.①法规-汇编-中国-2020 Ⅳ.①D920.9

中国版本图书馆CIP数据核字(2021)第027612号

中华人民共和国新法规汇编

ZHONGHUA RENMIN GONGHEGUO XIN FAGUI HUIBIAN

(2020年第12辑)

编者/司法部

经销/新华书店

印刷/三河市紫恒印装有限公司

开本/850毫米×1168毫米 32开　　印张/11　字数/319千

版次/2021年2月第1版　　2021年2月第1次印刷

中国法制出版社出版

书号 ISBN 978-7-5216-1665-1　　定价:18.00元

北京西单横二条2号

邮政编码 100031　　传真:010-66031119

网址:http://www.zgfzs.com　　**编辑部电话:010-66066621**

市场营销部电话:010-66033393　　**邮购部电话:010-66033288**

(如有印装质量问题,请与本社印务部联系调换。电话:010-66032926)